/// 国家能源局总工程师杨昆来办检查指导工作。

/// 国家能源局党组成员纪检组长戴晓曙来办指导党风廉政建设工作。

/// 山西省综治委检查组指导工作。

/// 国家能源局党组成员 纪检组组长戴晓曙到寺河矿调研。

/// 山西能源监管办“能源讲堂”第九讲。

深 度 关 注 能 源 经 济

山西能源发展与监管

Shanxi Energy Development And Regulatory

内部刊物 免费交流

2014-4
（总第五期）

主管单位：国家能源局山西监管办公室

主办单位：山西电力咨询中心

2014 年 10 月 18 日出版

依法依规 主动作为 扎实有效开创能源监管新局面

扎实推进煤电节能减排升级改造

国家能源局 15 项举措力推分布式光伏发电应用

山西能源监管办出台分布式发电监管实施细则

山西省电力建设工程质量专项监管正式启动

关于改善山西终端能源消费结构的建议

发电机组能耗现状及节能技术应用分析

山西省内部资料准印证第 K568 号

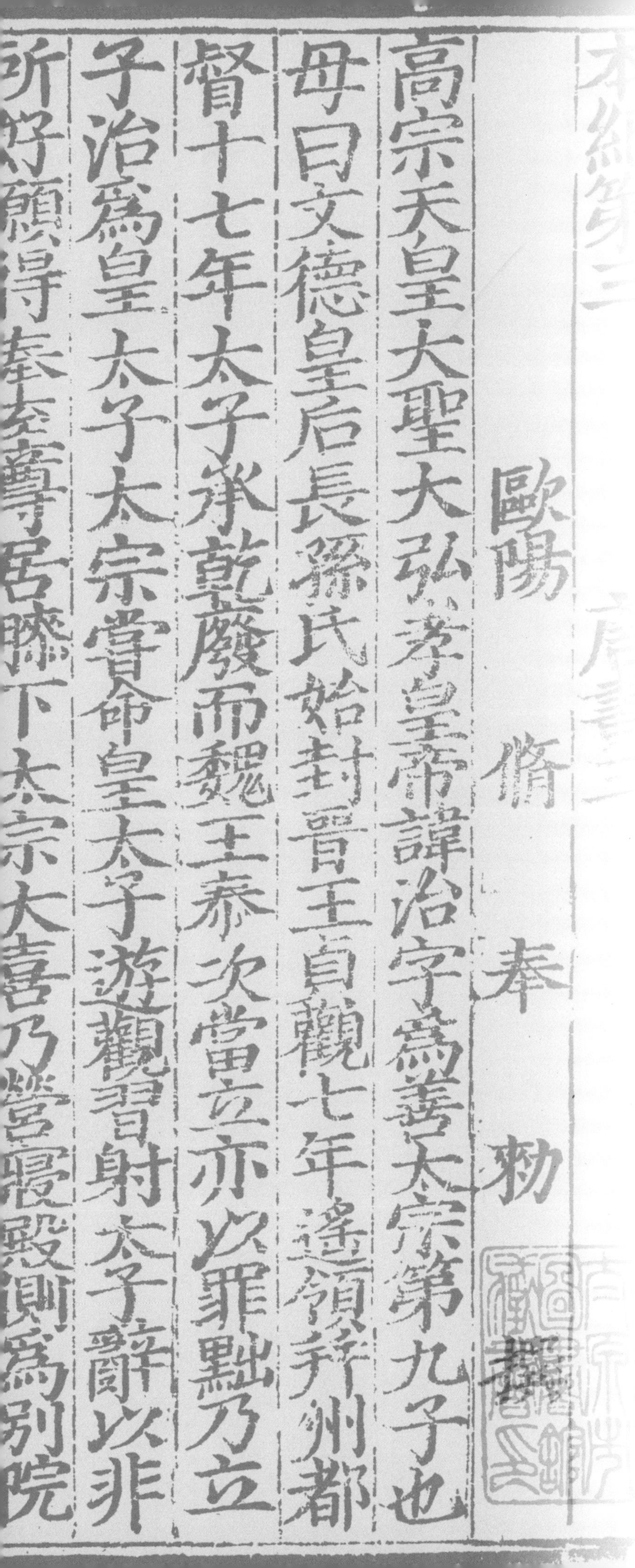
本紀第三　唐書三
歐陽脩　奉　勑　撰
高宗天皇大聖大弘孝皇帝諱治字爲善太宗第九子也
母曰文德皇后長孫氏始封晉王貞觀七年遥領并州都
督十七年太子承乾廢而魏王泰次當立亦以罪黜乃立
子治爲皇太子太宗嘗命皇太子遊觀習射太子辭以非
所好願得奉奏尊居膝下太宗大喜乃營寢殿側爲別院

太原市圖書館珍貴古籍名録圖録

主編　郭欣萍

山西出版傳媒集團
三晉出版社

太原市圖書館珍貴古籍名録圖録
編輯委員會

主　　任　李　鋼

副 主 任　安俊躍

編　　委　郭欣萍　趙晉明　陳欽安　曹永生

　　　　　姚俊身　彭　冬　鄧鳳英　樊明花

主　　編　郭欣萍

副 主 編　陳欽安　鄧鳳英

執行副主編　鄧鳳英

執行編輯　許建花　江　濤　趙　晶

編　　輯　李天平　薛　瑛　張若丹　張建榮

提要撰稿　江　濤　許建花

序

太原市是國家級歷史文化名城，在漫長的社會發展過程中，我們的祖先創造了燦爛的文化，留下了汗牛充棟的典籍，這些典籍反映了晉陽文化日益繁榮與發展的歷程。

二〇一〇年六月太原市圖書館被文化部授予“全國古籍重点保護单位”後，古籍保護工作得到更加深入扎實的開展。为認真貫徹好國务院辦公廳《關於進一步加强古籍保護工作的意見》精神，堅持“保護為主、搶救第一、合理利用、加强管理”的古籍保護工作總方針，按照國家、省、市古籍保護工作的總體安排，太原市圖書館成立了太原市古籍保護中心，制定普查保護方案，培訓普查人员，積極開展古籍普查和珍貴古籍名録申報等工作。截止目前，我館共有二十五部古籍分别入選國家和省級珍貴古籍名錄，其中《唐書二百二十五卷》、《对類二十卷》、《稼軒長短句十二卷》三部入選《國家珍貴古籍名録》;《霜紅龕拾遺不分卷》、《蓮洋集選十二卷》等二十二部入選《山西省珍貴古籍名録》（第一批四部，第二批八部，第三批十部）。

二〇一三年，为繼承和弘揚晉陽文化，加强古籍保護力度，提高古籍利用率，我舘以元大德以來的舘藏珍貴古籍二十五部、書影一百餘幅及版本情况和提要為内容，編輯了這本《太原市圖書舘珍貴古籍名録圖録》。其圖片與文字説明均依權威資料編輯而成，具有很高的版本價值，在我市古籍保護工作中具有里程碑意義。

《太原市圖書舘珍貴古籍名録圖録》的編撰，是我市文化界頗有裨益的一件幸事。它全面展示了我市古籍保護成果，同時對市民了解古籍、認識古籍開啟了通道。我們相信，此書的出版对加强全市重点古籍的保護、提高全社會对古籍工作的認識，對傳承中華文明和晉陽文化，都將起到積極的促進作用。

在編輯出版過程中,我們從傳承中華文化、普及古籍知識的角度出發，在充分研究的基礎上，對入選古籍的作者、内容和版本沿革等以提要形式介紹，向廣大讀者和學界人士提供書目之外的古籍知識和歷史信息。由於是初次嘗試，不周和錯訛之處一定不少，敬請學者和專家指正。

在此書的編纂过程中，太原市政協原副主席、文史專家王繼祖先生以及山西省圖書舘古籍專家們撥冗審讀，指正和校對，使此書能够順利出版，謹表特别的謝意!

太原市圖書舘舘長　郭欣萍

二〇一三年九月

目録

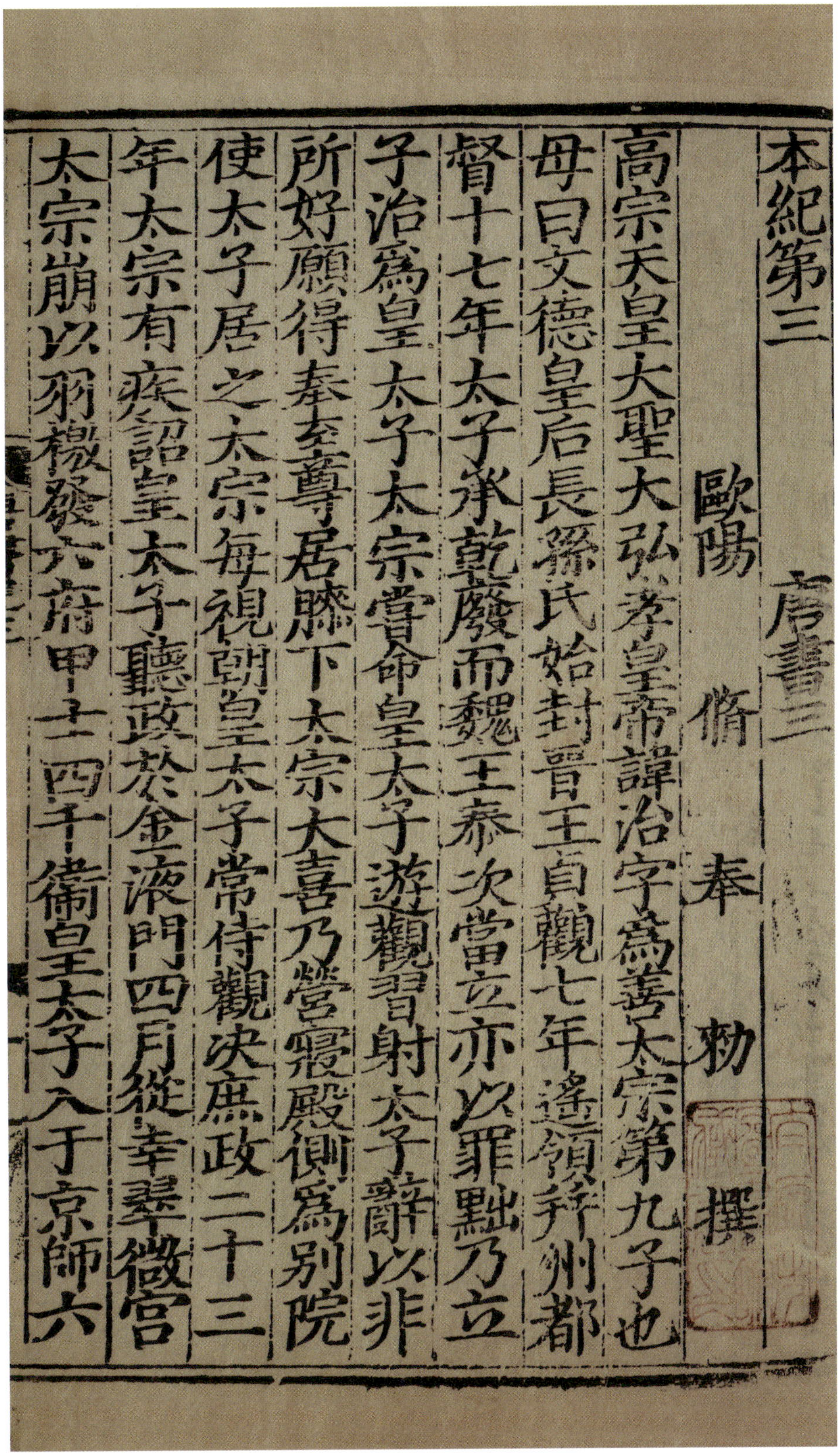
本紀第三　唐書三
歐陽脩　奉　勑　撰
高宗天皇大聖大弘孝皇帝諱治字爲善太宗第九子也
母曰文德皇后長孫氏始封晉王貞觀七年遥領并州都
督十七年太子承乾廢而魏王泰次當立亦以罪黜乃立
子治爲皇太子太宗嘗命皇太子遊觀習射太子辭以非
所好願得奉至尊居膝下太宗大喜乃營寢殿側爲别院
使太子居之太宗每視朝皇太子常侍觀決庶政二十三
年太宗有疾詔皇太子聽政於金液門四月從幸翠微宫
太宗崩以羽檄發六府甲士四千衛皇太子入于京師六

001　唐書二百二十五卷　（宋）歐陽修　宋祁等撰　元大德九年（1305）建康路儒學刻明成化弘治嘉靖南京國子監遞修本

匡高 23 厘米，廣 16 厘米。半葉十行，行二十二字，白口，雙魚尾，四周雙邊。

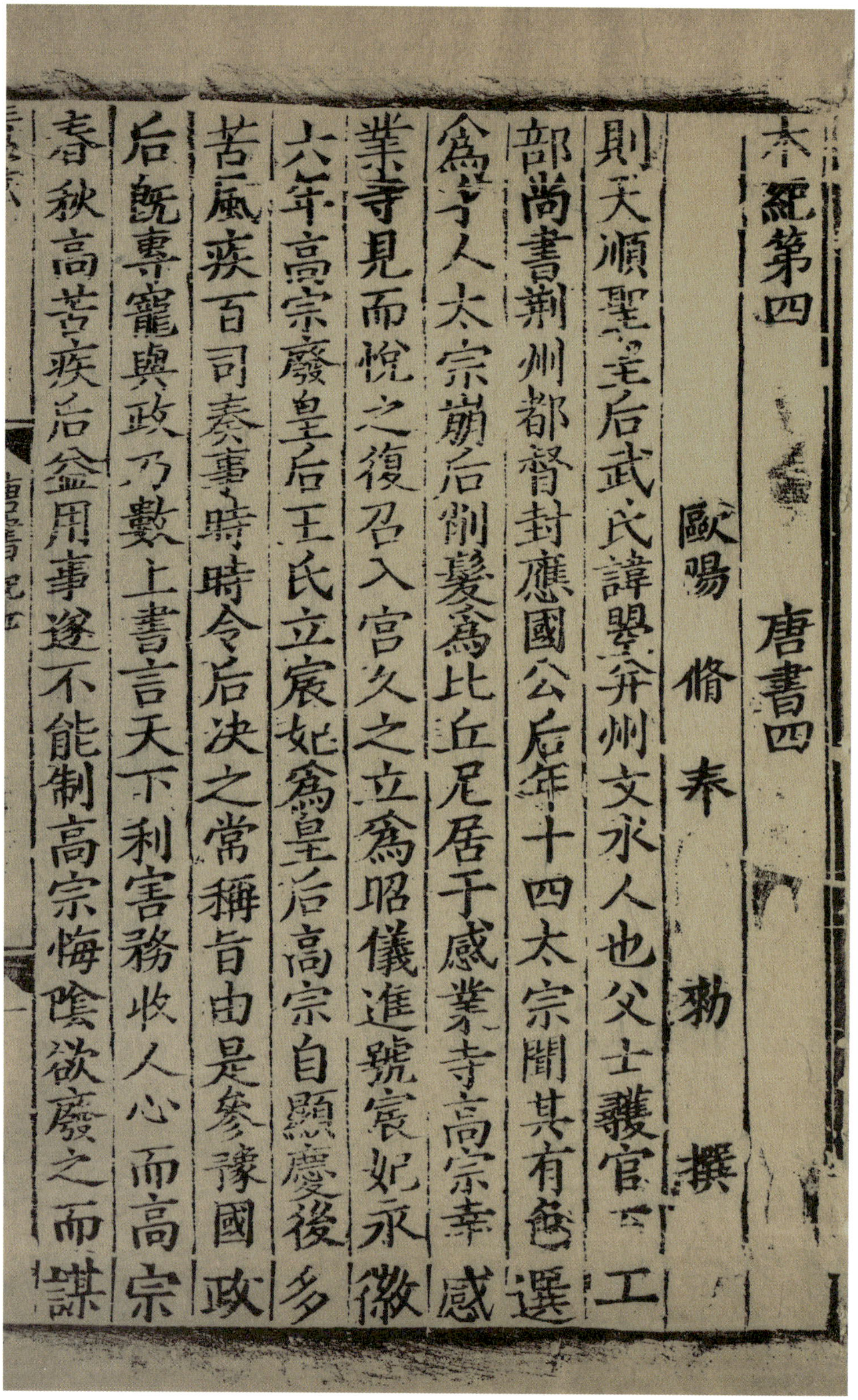

本紀第四　唐書四

歐陽脩奉　勅　撰

則天順聖皇后武氏諱曌并州文水人也父士彠官至工部尚書荊州都督封應國公后年十四太宗聞其有色選爲才人太宗崩后削髮爲比丘尼居于感業寺高宗幸感業寺見而悅之復召入宮久之立爲昭儀進號宸妃永徽六年高宗廢皇后王氏立宸妃爲皇后高宗自顯慶後多苦風疾百司奏事時時令后決之常稱旨由是參豫國政后既專寵與政乃數上書言天下利害務收人心而高宗春秋高苦疾后益用事遂不能制高宗悔陰欲廢之而謀

001　唐書二百二十五卷（2）

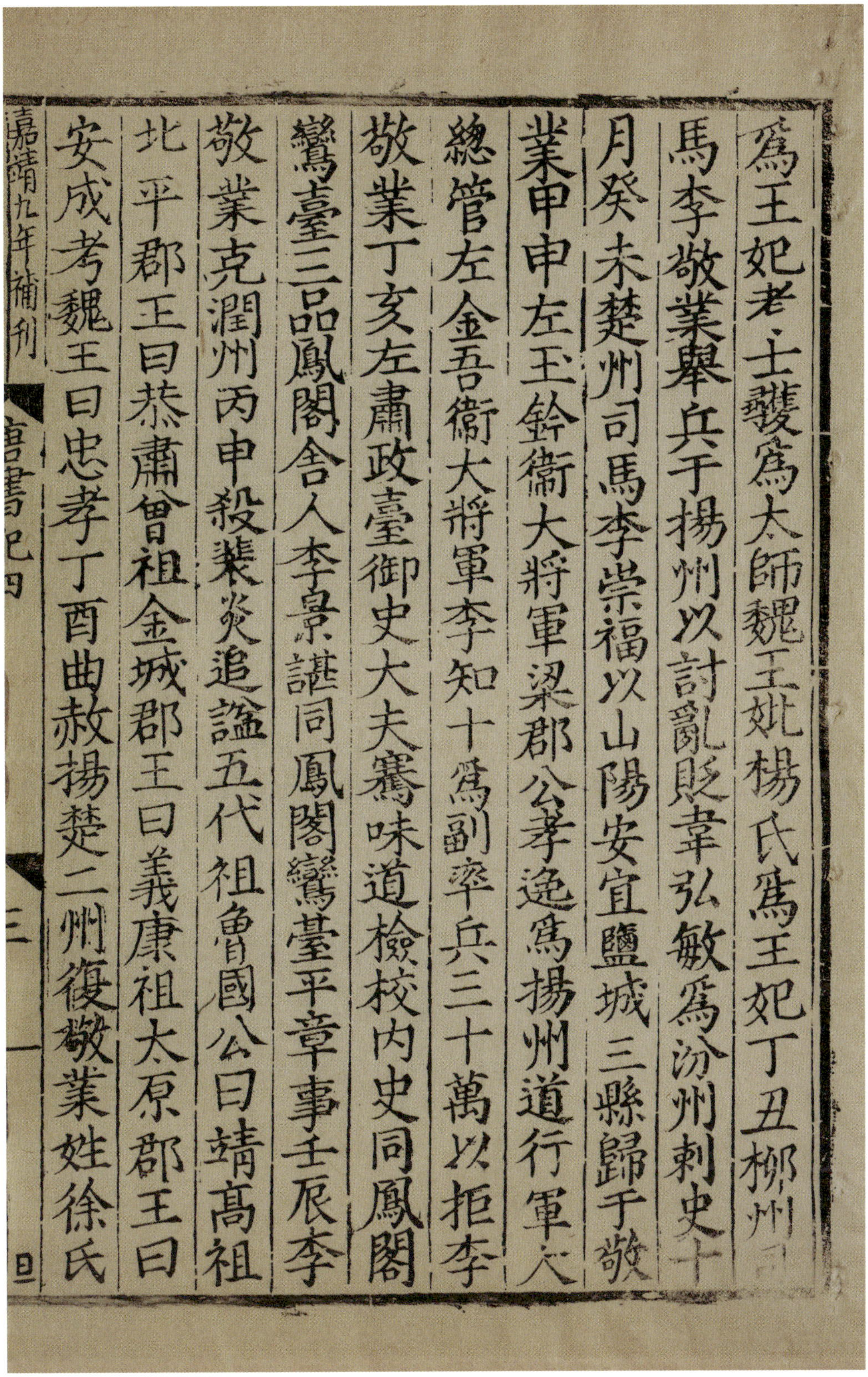
爲王妃考士彠爲太師魏王妣楊氏爲王妃丁丑柳州司
馬李敬業舉兵于揚州以討亂貶韋弘敏爲汾州刺史十
月癸未楚州司馬李崇福以山陽安宜鹽城三縣歸于敬
業甲申左玉鈐衛大將軍梁郡公李孝逸爲揚州道行軍大
總管左金吾衛大將軍李知十爲副率兵三十萬以拒李
敬業丁亥左肅政臺御史大夫騫味道檢校內史同鳳閣
鸞臺三品鳳閣舍人李景諶同鳳閣鸞臺平章事壬辰李
敬業克潤州丙申殺裴炎追謚五代祖魯國公曰靖高祖
北平郡王曰恭肅曾祖金城郡王曰義康祖太原郡王曰
安成考魏王曰忠孝丁酉曲赦揚楚二州復敬業姓徐氏

嘉靖九年補刊 唐書紀四 三

001　唐書二百二十五卷 (3)

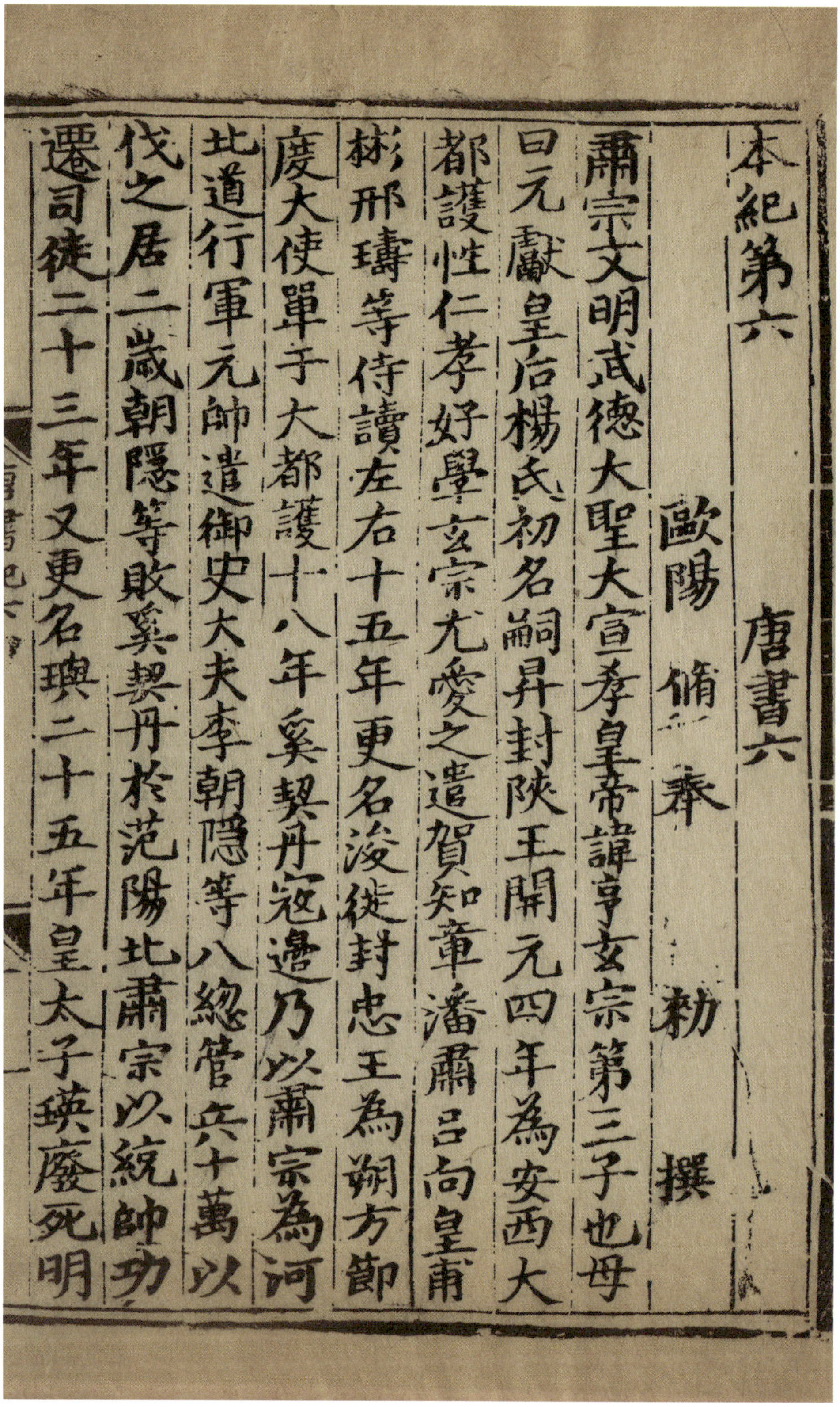

本紀第六　唐書六

歐陽脩　奉　勑　撰

肅宗文明武德大聖大宣孝皇帝諱亨玄宗第三子也母曰元獻皇后楊氏初名嗣昇封陜王開元四年為安西大都護性仁孝好學玄宗尤愛之遣賀知章潘肅呂向皇甫彬邢璹等侍讀左右十五年更名浚徙封忠王為朔方節度大使單于大都護十八年奚契丹寇邊乃以肅宗為河北道行軍元帥遣御史大夫李朝隱等八總管兵十萬以伐之居二歲朝隱等敗奚契丹於范陽北肅宗以統帥功遷司徒二十三年又更名璵二十五年皇太子瑛廢死明

001　唐書二百二十五卷 (4)

001　唐書二百二十五卷

宋歐陽修、宋祁等奉敕撰。元大德九年（1305）建康路儒學刻，明成化、弘治、嘉靖南京國子監遞修本。匡高二十三厘米，廣十六厘米，半葉十行，行二十二字，白口，雙魚尾，四周雙邊。存三十三卷（含本紀三至十卷，志十一至三十、三十六至四十卷），一函七冊。舘藏號：003574—003580。入選第二批《國家珍貴古籍名録》，名録號：02770。入選第一批《山西省珍貴古籍名録》，名録號：00092。

歐陽修（1007—1072），字永叔，號醉翁，晚號六一居士，江西廬陵人。宋代文學家和史學家，「唐宋八大家」之一。宋祁（998—1061），字子京，宋湖北安陸人。歷任官史舘修撰、龍圖閣學士等職。《唐書》是記載中國唐代歷史的紀傳體史書，有新、舊《唐書》之别。後晉官修《唐書》為舊《唐書》。由北宋歐陽修、宋祁等奉敕修撰的《唐書》，史稱新《唐書》。新《唐書》共二百二十五卷，包括本紀十卷，志五十卷，表十五卷，列傳一百五十卷，是研究唐代歷史的基本史料。因内容豐富，歷來為史學界所重，其版本遠多於舊《唐書》。清代之前的版本主要有：宋刻本四種：十四行宋刻本，十六行宋刻本，十行宋刻本，宋紹興刻宋元遞修公文紙印本；元刻本九種：十九字元刻本，十九字元刻明修本，二十二字元大德九年建康路儒學刻本，元大德九年建康路儒學刻明國子監歷次遞修本六種；明刻本三種：明歐陽薇柔刻本，明萬曆間國子監二十一史本及明末毛晉汲古閣十七史本。

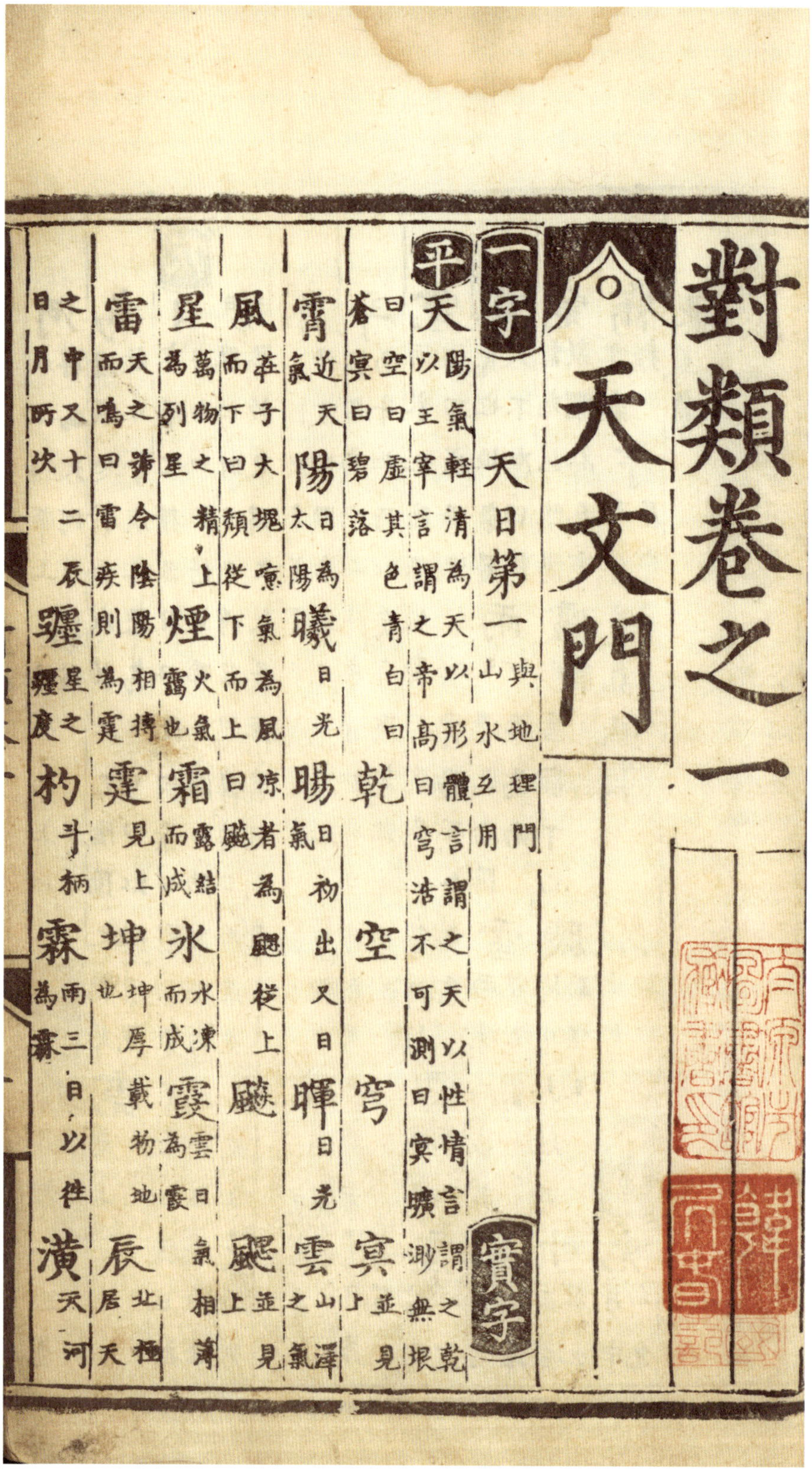

002　對類二十卷　明刻本

匡高 23.1 厘米，廣 16.2 厘米。半葉十二行，行字不等，黑口，雙魚尾，四周雙邊。

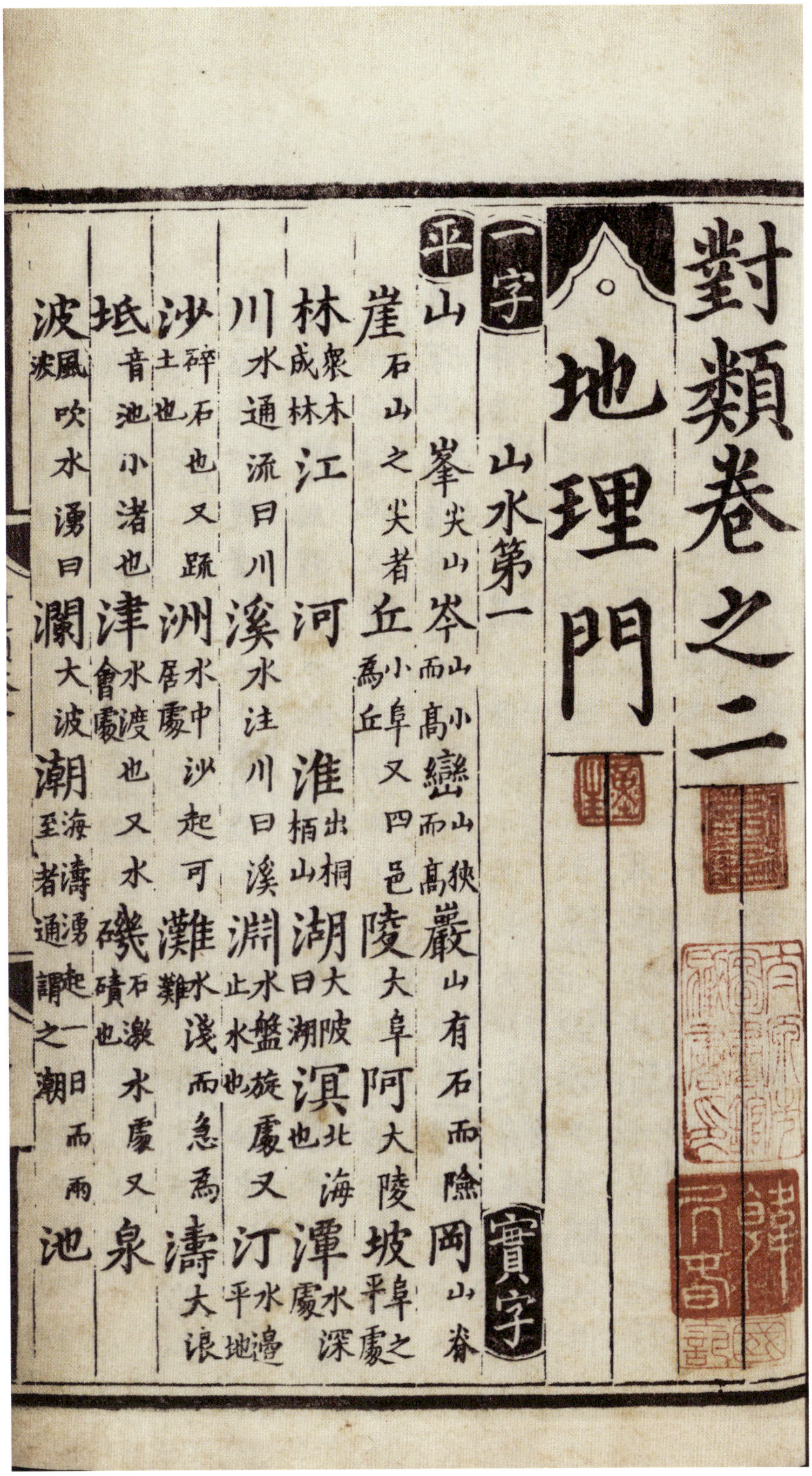

對類卷之二

地理門

一字　山水第一　實字

平

山　峯尖山　岑山小而高　巒山狹而高　巖山有石而險　岡山脊

崖石山之尖者　丘小阜又四邑為丘　陵大阜　阿大陵　坡阜之平處

林衆木成林　江　河　淮出桐栢山　湖大陂曰湖　溟北海也　潭水深處

川水通流曰川　溪水注川曰溪　淵水盤旋處又止水也　汀水邊平地

沙碎石也又跡土也　洲水中沙起可居處　灘水淺而急為灘　濤大浪

坻音池小渚也　津水渡也又水會處　磯石激水處又磧也　泉

波風吹水湧曰波　瀾大波　潮海濤湧起一日而兩至者通謂之潮　池

002　對類二十卷（2）

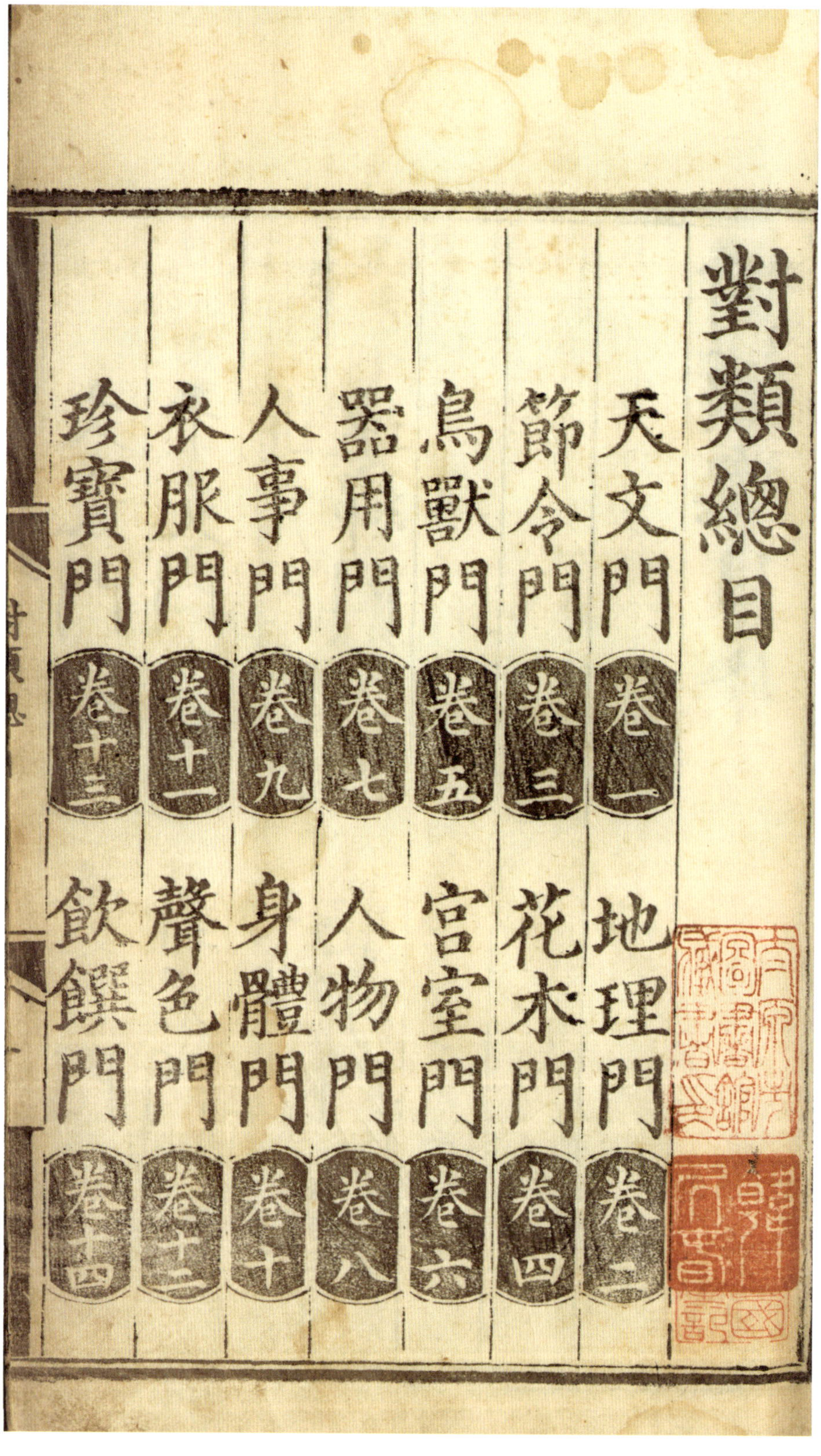
對類總目
天文門 卷一
地理門 卷二
節令門 卷三
花木門 卷四
鳥獸門 卷五
宮室門 卷六
器用門 卷七
人物門 卷八
人事門 卷九
身體門 卷十
衣服門 卷十一
聲色門 卷十二
珍寶門 卷十三
飲饌門 卷十四

002　對類二十卷 (3)

習對定式

【習對要訣】初學琢對先須以對類逐門熟讀而記解徹字義如遇出題便知出者在何門類令以平仄標題各從其類詳加註釋以便檢閱若能精熟之又何患乎不成也

【還對要訣】凡出對句無過即是眼前景物為主意凡還對合先體認上聯緊切主意然後思索以立我之主意不可就閒字上思索此還對之要訣也

平仄指掌圖

反字法

凡調平仄用左手拇指輪食指食指根是平聲食指頭是上聲無名指頭是去聲無名指根是入聲盖初起為平聲升上為上聲過去為去聲下下為入聲中指不與焉象一字之有四角也

002　對類二十卷 (4)

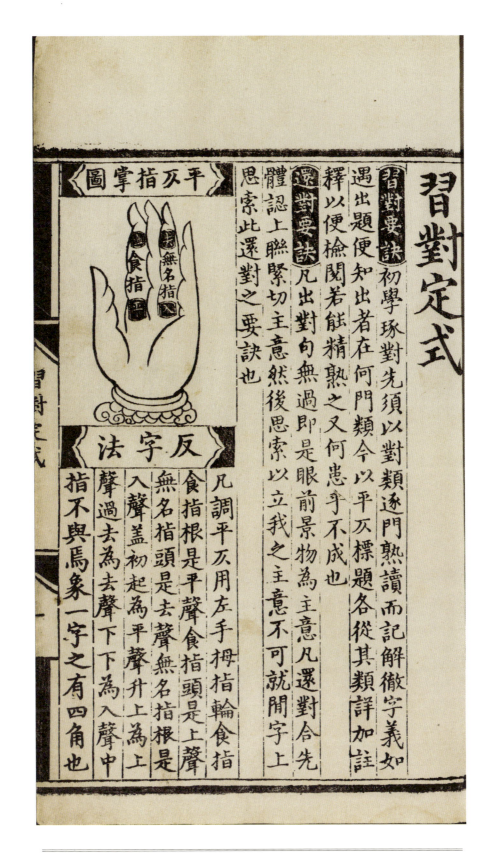

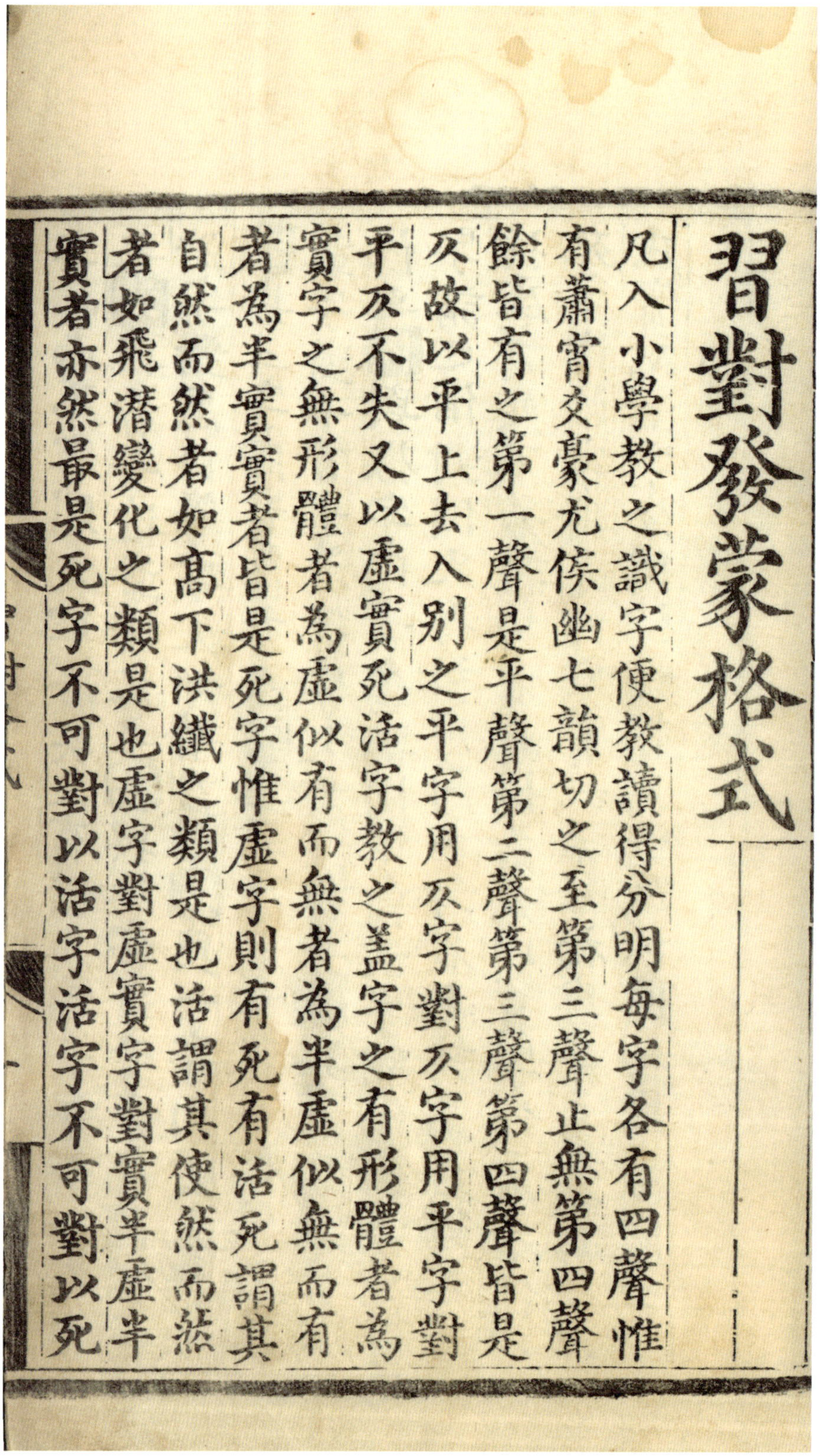

習對發蒙格式

凡入小學教之識字便教讀得分明每字各有四聲惟有蕭宵爻豪尤侯幽七韻切之至第三聲止無第四聲餘皆有之第一聲是平聲第二聲第三聲第四聲皆是仄故以平上去入別之平字用仄字對仄字用平字對平仄不失又以虛實死活字教之盖字之有形體者為實字之無形體者為虛似有而無者為半虛似無而有者為半實實者皆是死字惟虛字則有死有活死謂其自然而然者如高下洪纖之類是也活謂其使然而然者如飛潛變化之類是也虛字對虛實字對實半虛半實者亦然最是死字不可對以活字活字不可對以死

002　對類二十卷 (5)

002　對類二十卷

撰者不詳。明刻本。匡高二十三・一厘米，廣十六・二厘米，半葉十二行，小字雙行，行字不等，黑口，雙魚尾，四周雙邊。兩函十二冊。館藏號：006906-006917。入選第二批《國家珍貴古籍名録》，名録號：04930。入選第一批《山西省珍貴古籍名録》，名録號：00177。

《對類》是一部屬對的類書。《四庫全書總目》云：「不著撰人名氏，亦不詳時代。凡二十門。蓋村塾課蒙之本。」書中的「習對發蒙格式」，是對《對類》的說明和理論體系的總綱，也是《對類》著作的綱要和靈魂，有了「習對發蒙格式」的指導，《對類》便成為一部頗具示範性、概括性，便於觸類旁通的屬對書。書中鈐「韓居春」（白文）等藏書印數枚。

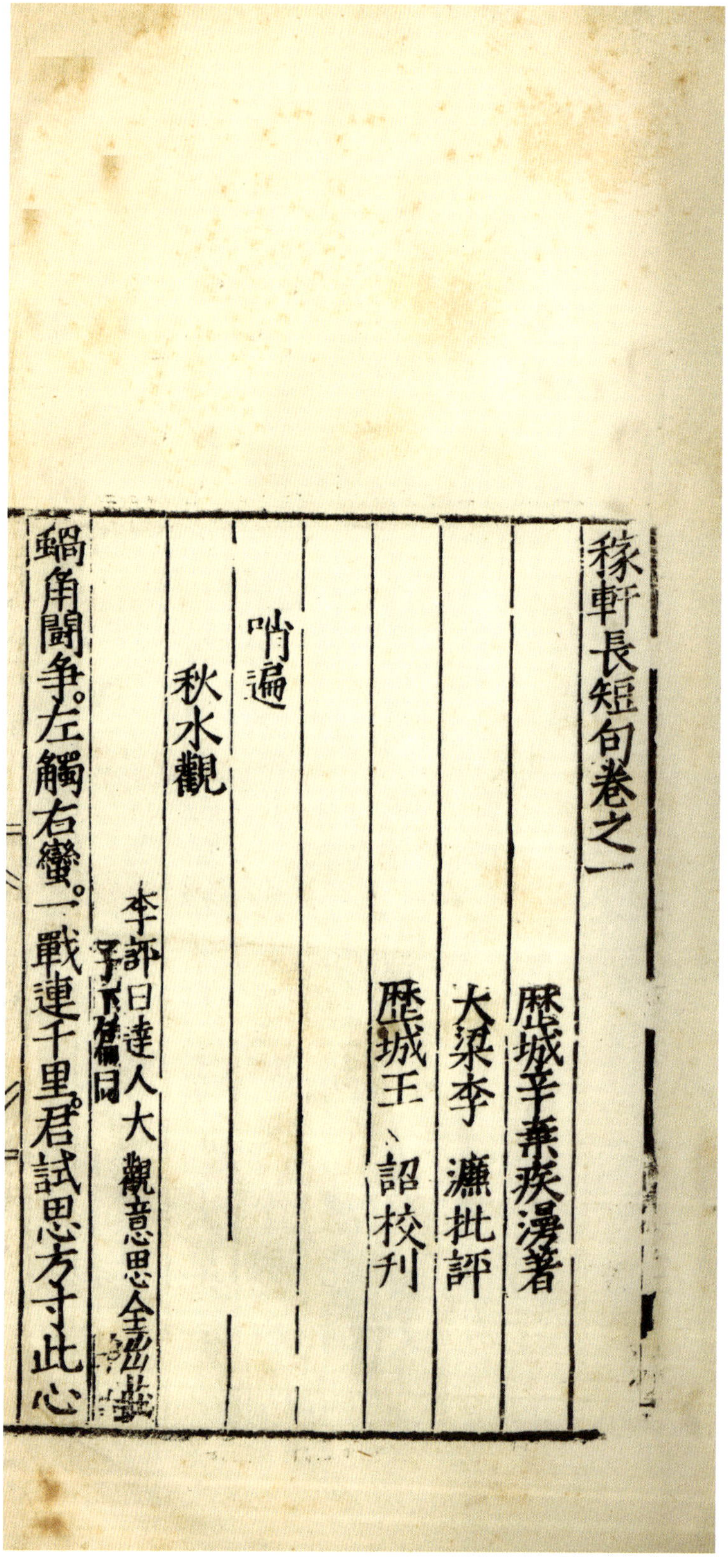
稼軒長短句卷之一
歷城辛棄疾漫著
大梁李　濂批評
歷城王、詔校刊
哨遍
秋水觀
李評曰達人大觀意思全然盡
子下篇曰
蝸角鬬爭。左觸右蠻。一戰連千里。君試思方寸此心

003　批點稼軒長短句十二卷　（宋）辛棄疾撰　（明）李濂評　明嘉靖十五年（1536）王詔刻本

匡高 16 厘米，廣 12.2 厘米。半葉九行，行二十字，白口，雙魚尾，四周單邊。

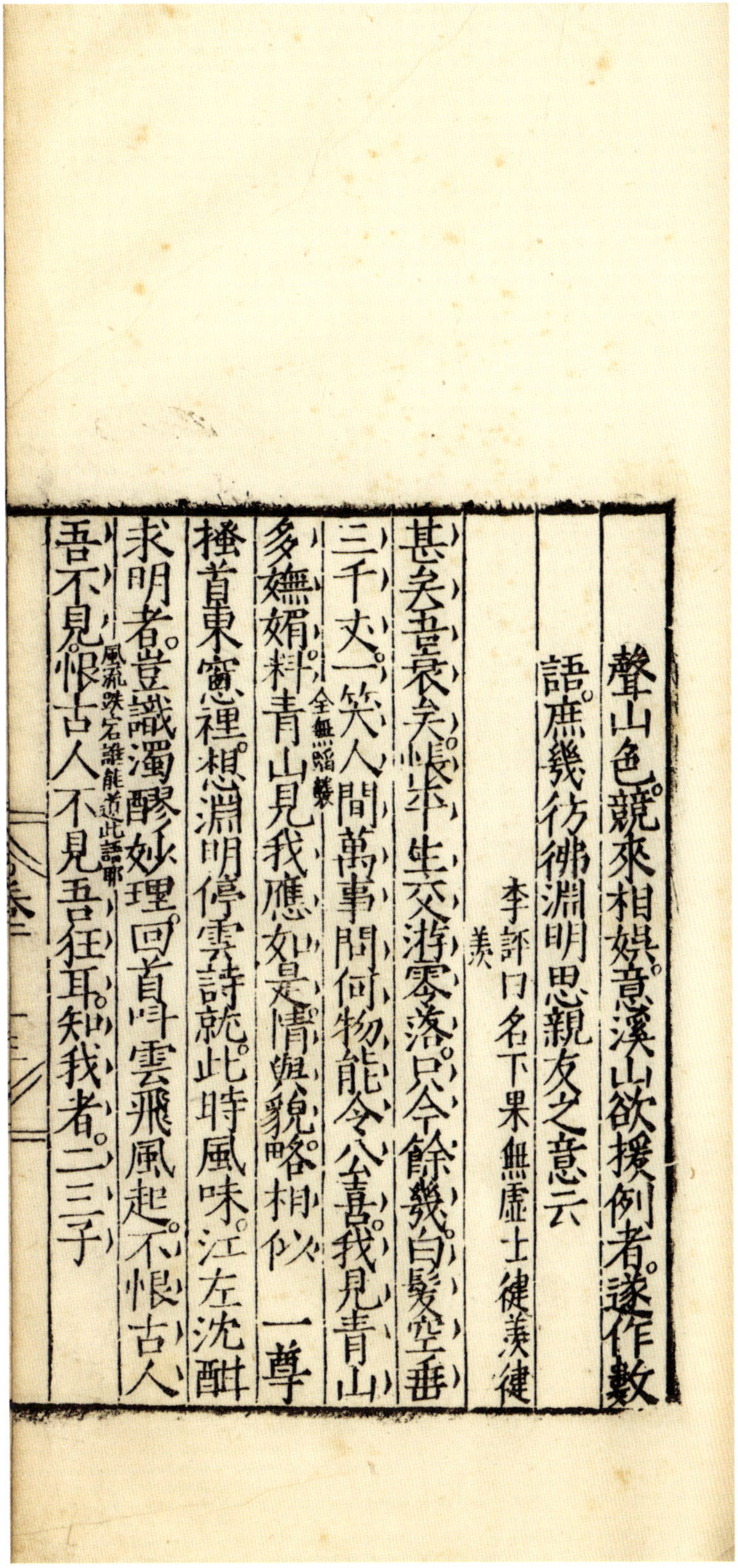
聲山色競來相娛意溪山欲援例者遂作數
語庶幾彷彿淵明思親友之意云
李評曰名下果無虛士健美健美
甚矣吾衰矣悵平生交游零落只今餘幾白髮空垂
三千丈一笑人間萬事問何物能令公喜我見青山
多嫵媚料全無蹈襲青山見我應如是情與貌略相似一尊
搔首東窗裏想淵明停雲詩就此時風味江左沈酣
求明者豈識濁醪妙理回首叫雲飛風起不恨古人風流跌宕誰能道此語耶
吾不見恨古人不見吾狂耳知我者二三子

003　批點稼軒長短句十二卷 (2)

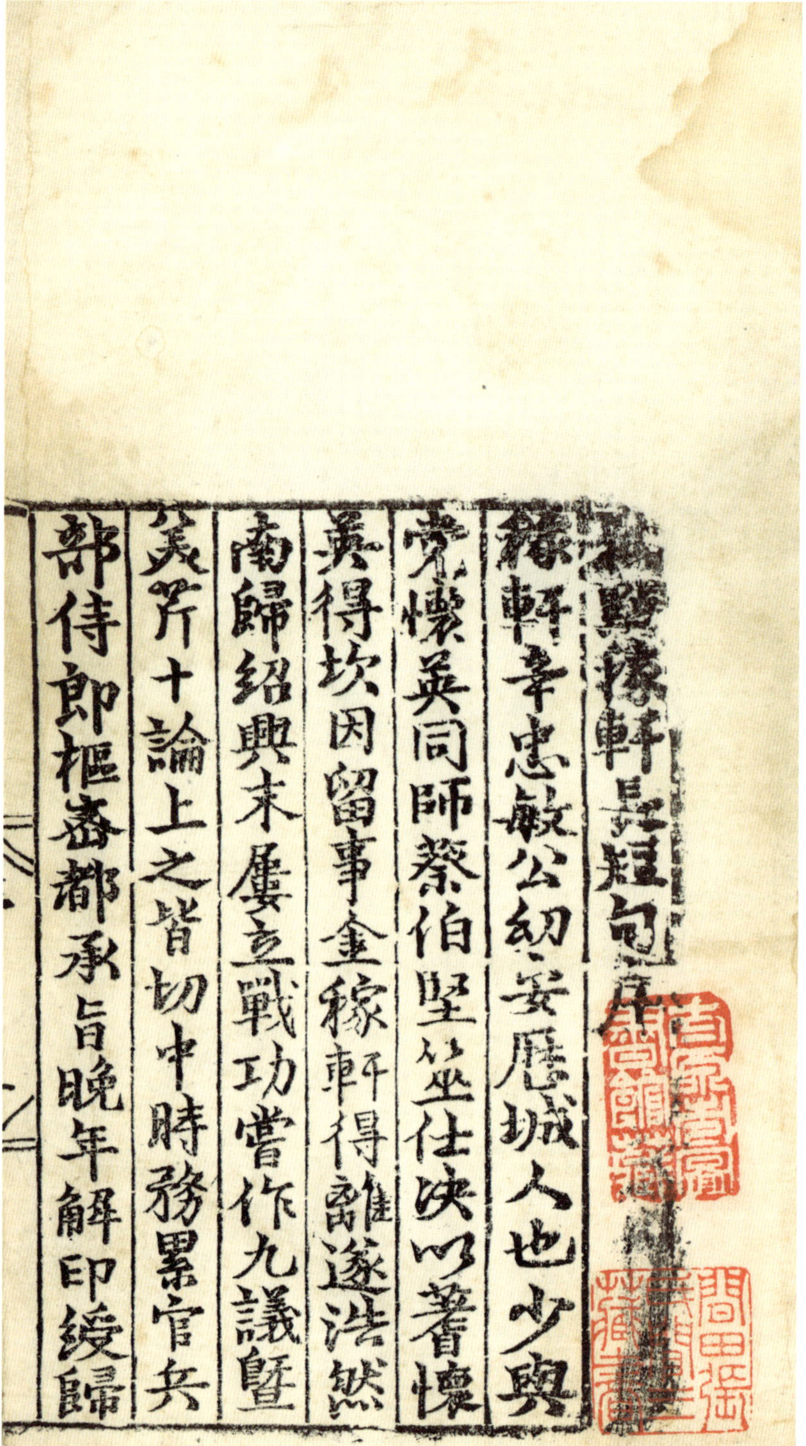
批點稼軒長短句序
稼軒辛忠敏公幼安歷城人也少與
党懷英同師蔡伯堅並仕決以蓍懷
英得坎因留事金稼軒得離遂浩然
南歸紹興末屢立戰功嘗作九議暨
美芹十論上之皆切中時務累官兵
部侍郎樞密都承旨晚年解印綬歸

003　批點稼軒長短句十二卷 (3)

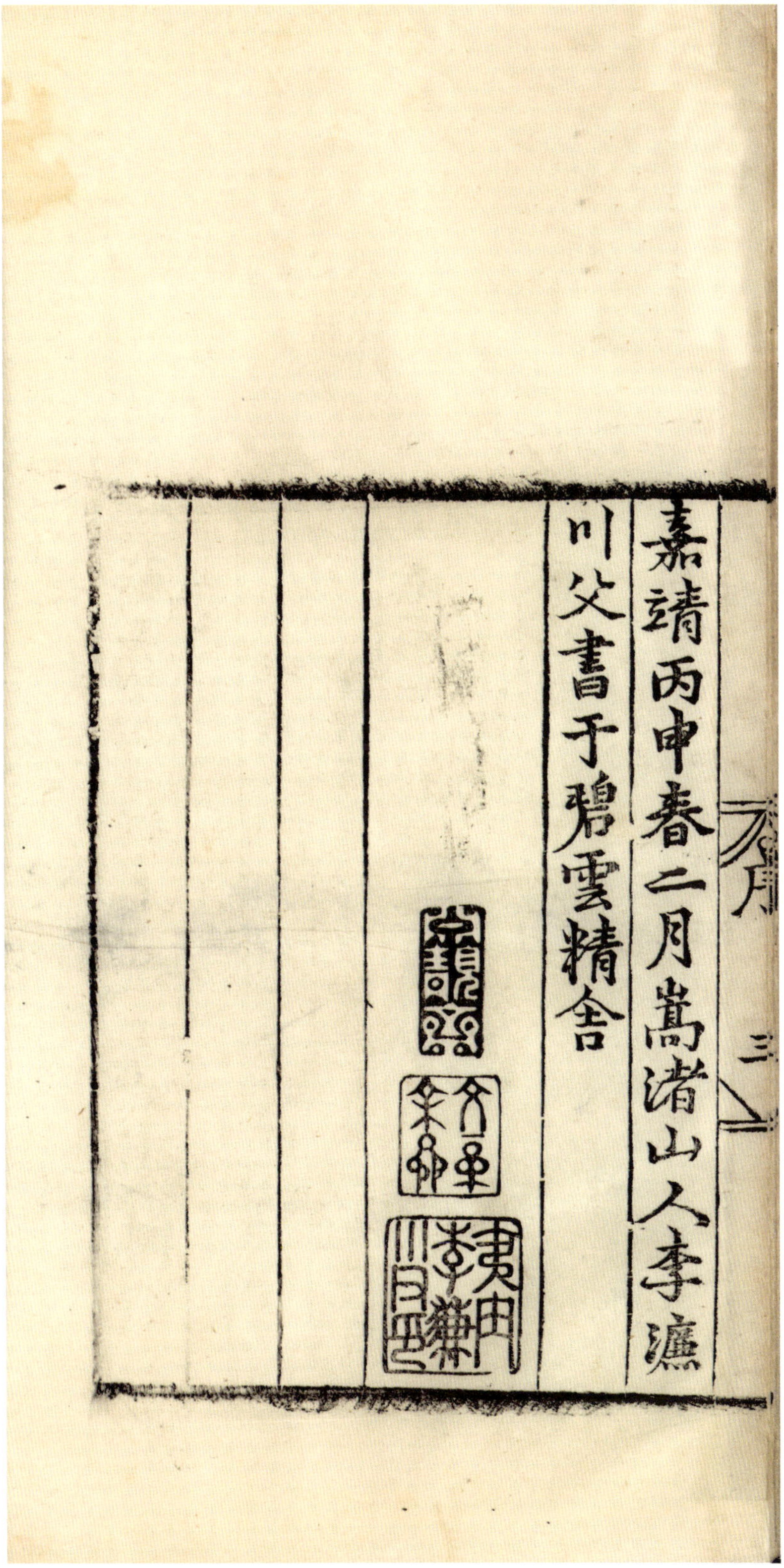
嘉靖丙申春二月嵩渚山人李濂
川父書于碧雲精舍

003　批點稼軒長短句十二卷 (4)

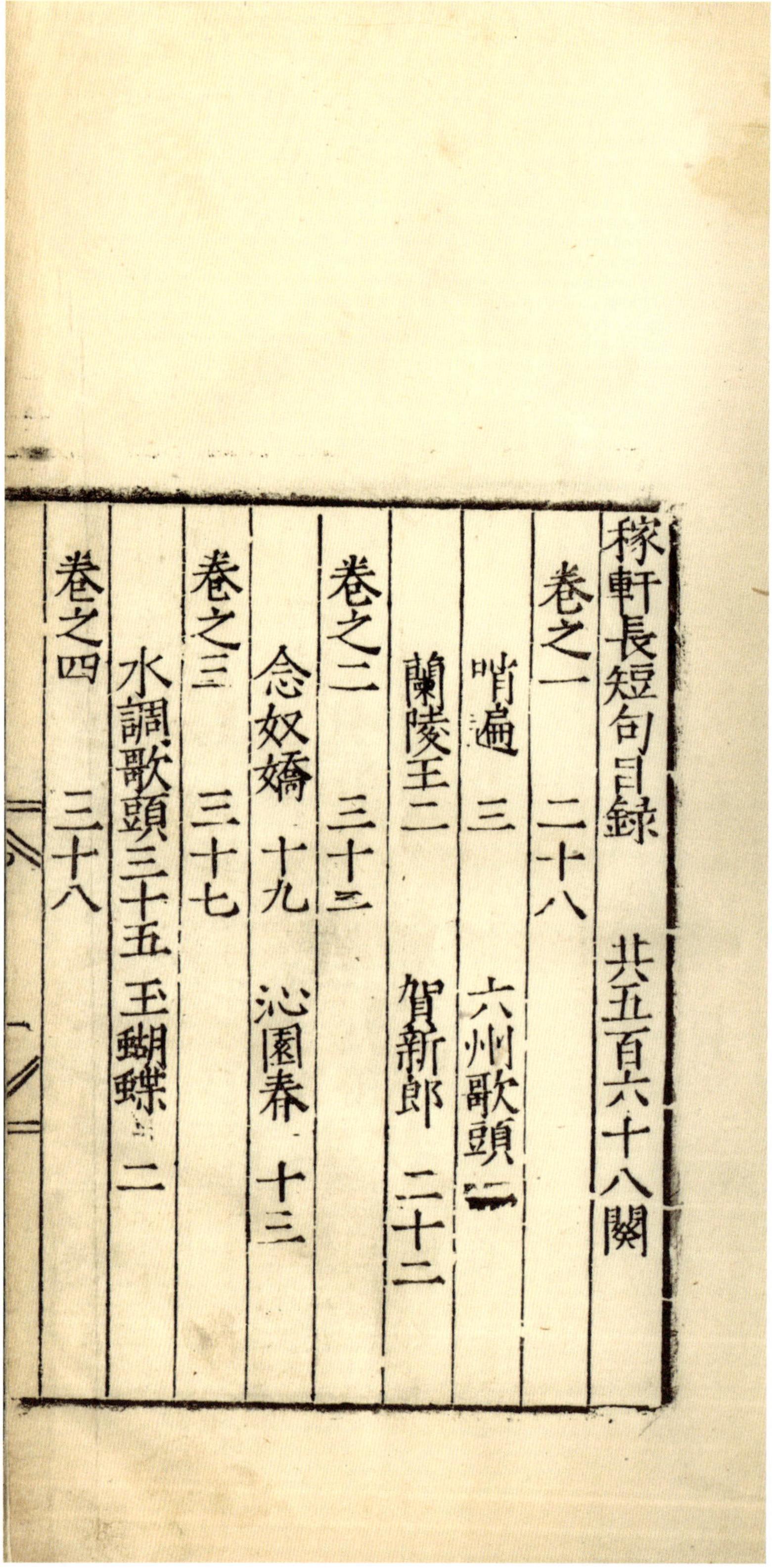
稼軒長短句目録　共五百六十八闋
卷之一　二十八
哨遍　三　六州歌頭　二
蘭陵王　二　賀新郎　二十二
卷之二　三十三
念奴嬌　十九　沁園春　十三
卷之三　三十七
水調歌頭　三十五　玉蝴蝶　二
卷之四　三十八

003　批點稼軒長短句十二卷 (5)

003　批點稼軒長短句十二卷

宋辛棄疾撰，明李濂評。明嘉靖十五年（1536）王詔刻本。匡高十六厘米，廣十二·二厘米，半葉九行，行二十字，白口，雙魚尾，四周雙邊。一函六冊。館藏號：010736—010741。入選第二批《國家珍貴古籍名録》，名録號：06530。入選第一批《山西省珍貴古籍名録》，名録號：00199。

辛棄疾（1140—1207），原字坦夫，改字幼安，別號稼軒居士，山東歷城（今山東濟南）人。南宋政治家、愛國詞人。南宋紹興末期南歸，歷知諸州、路安撫使。本書共收録辛詞五百六十八首，為現存《稼軒長短句》中年代較早且收集較完备的版本。辛棄疾詞在宋代已有多種版本，主要為四卷本和十二卷本兩種。四卷本名《稼軒詞》，分為甲、乙、丙、丁四集，今已不存，僅有汲古閣影宋鈔本及明代吳訥《唐宋名賢百家詞》本傳世。十二卷本又稱《辛棄疾長短句》或《稼軒長短句》，為作者離世後編成，有信州刻本。信州本今也已不傳，但以此為祖本的鈔本或刊本仍然流傳至今。較早的刻本有國家圖書館所藏元大德廣信書院本及本館所藏明嘉靖王詔刻本。據王詔本序言所載：李濂家曾藏有信州舊本，李濂對此本加以評點後交於王詔刻印。據《中國古籍版刻辭典》載：王詔，明嘉靖間山東歷城人，刻印過《批點稼軒長短句》十二卷，萬曆間參與刻印《宋書》一百卷（南監本）。書中鈐「閒田張氏聞三藏書」（朱文）等藏書印數枚。

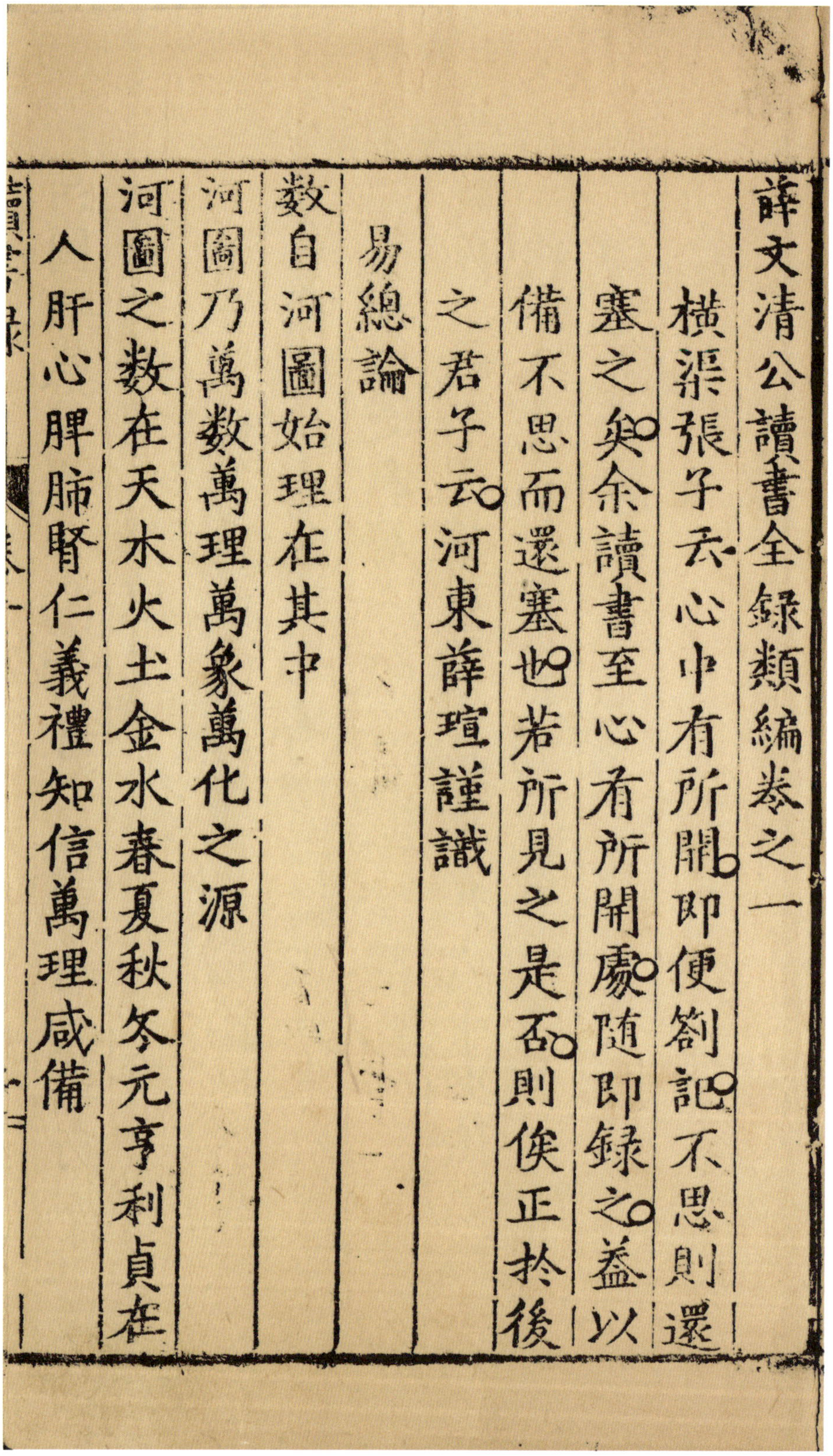

薛文清公讀書全録類編巻之一
橫渠張子云心中有所開即便劄記不思則還
塞之矣余讀書至心有所開處隨即録之蓋以
備不思而還塞也若所見之是否則俟正於後
之君子云河東薛瑄謹識
易總論
數自河圖始理在其中
河圖乃萬數萬理萬象萬化之源
河圖之數在天木火土金水春夏秋冬元亨利貞在
人肝心脾肺腎仁義禮知信萬理咸備

004　薛文清公讀書全錄類編二十卷（明）薛瑄撰　侯鶴輯　明萬曆二十四年（1596）大雅堂刻本

匡高 20.8 厘米，廣 14.1 厘米，半葉十行，行二十字，白口，單魚尾，四周單邊。

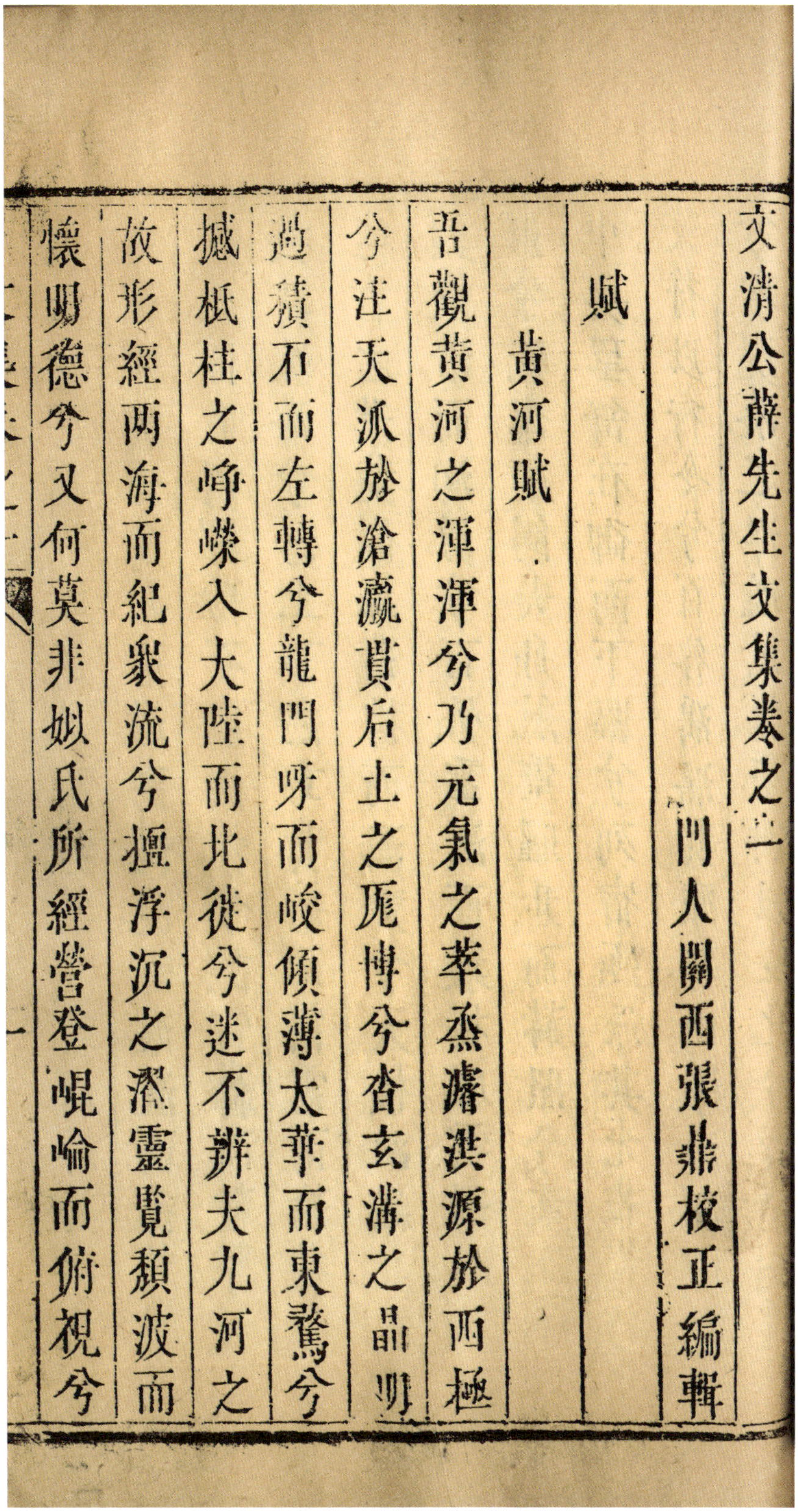
文清公薛先生文集卷之一
門人關西張鼎校正編輯
賦
黄河賦
吾觀黄河之渾渾兮乃元氣之萃烝瀦洪源於西極
兮注天派於滄瀛貫后土之厖博兮沓玄溝之晶明
過積石而左轉兮龍門呀而峻傾薄太華而東騖兮
撼柢柱之崢嶸入大陸而北徙兮迷不辨夫九河之
故形經兩海而紀衆流兮擅浮沉之深靈覽頹波而
懷明德兮又何莫非姒氏所經營登崐崘而俯視兮

004　薛文清公讀書全録類編二十卷（2）

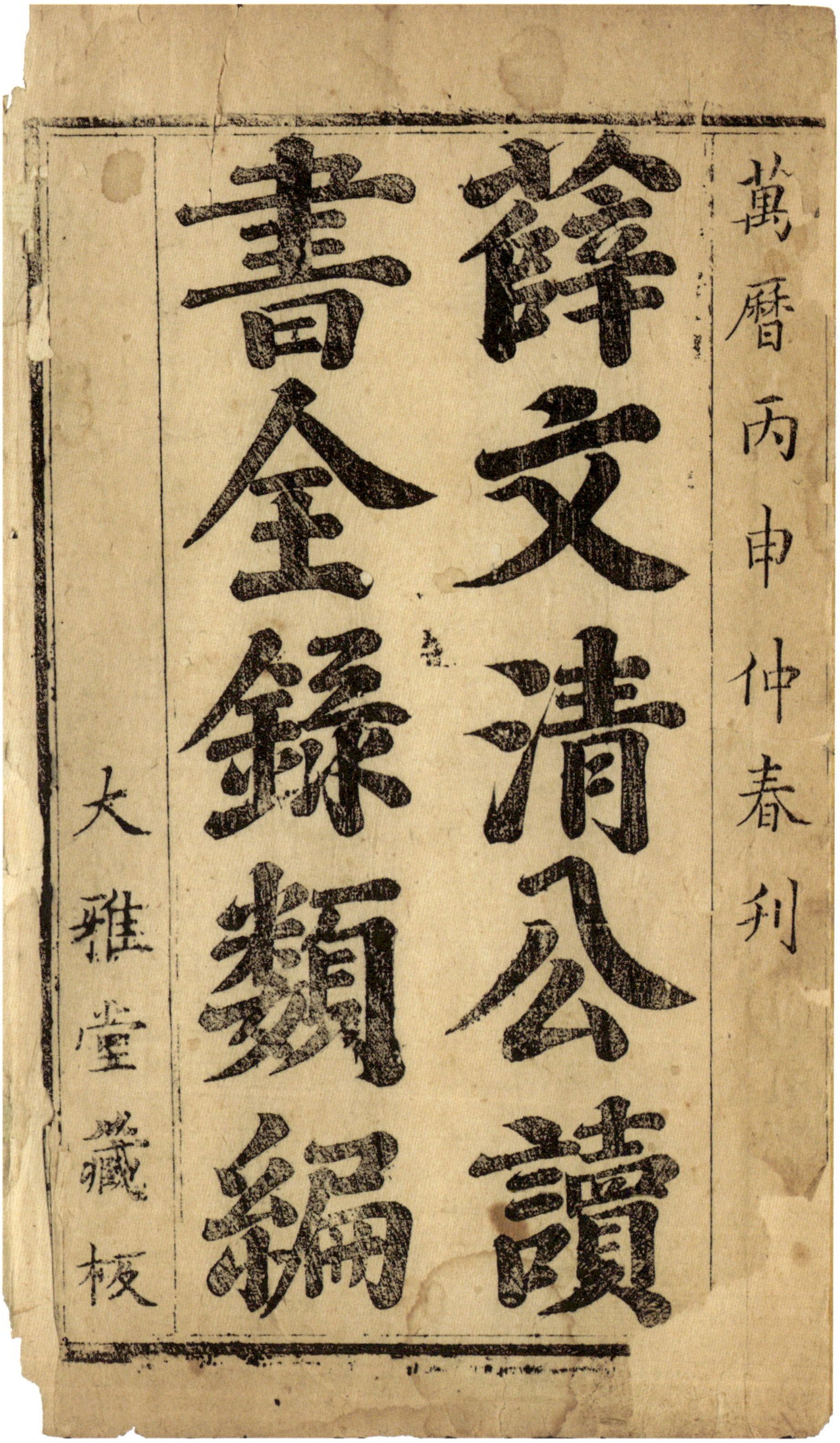
萬曆丙申仲春刊
薛文清公讀
書全錄類編
大雅堂藏板

004　薛文清公讀書全錄類編二十卷（3）

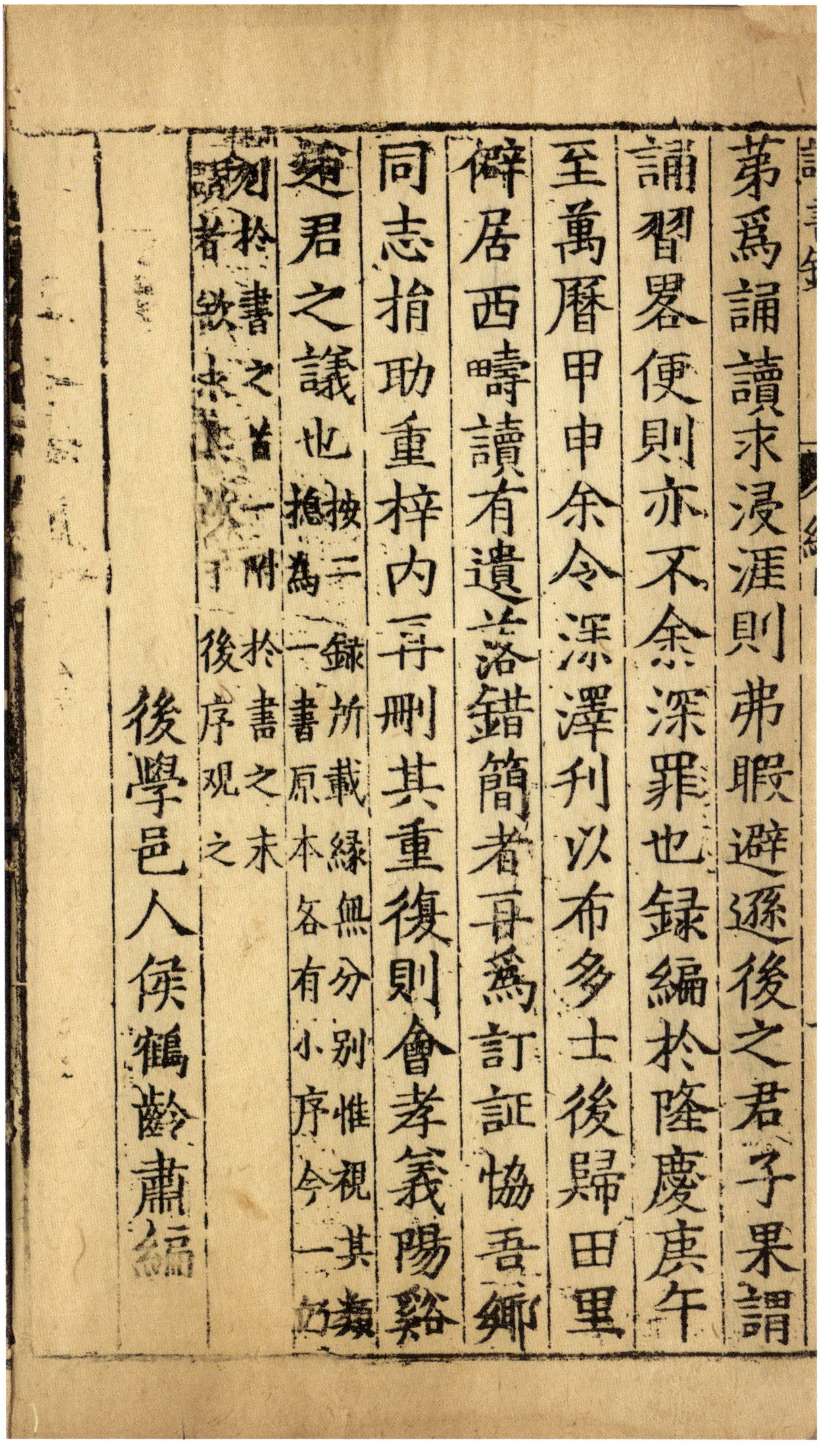

茀爲誦讀求浸涯則弗暇避遜後之君子果謂誦習畧便則亦不余深罪也録編於隆慶庚午至萬曆甲申余令深澤刊以布多士後歸田里僻居西疇讀有遺落錯簡者再爲訂証協吾鄉同志捐助重梓内再刪其重復則會孝義陽谿通君之議也按二録所載緑無分別惟視其類摠爲一書原本各有小序今一并列於書之首一附於書之末讀者欲求[illegible]于後序观之

後學邑人侯鶴齡肅編

004　薛文清公讀書全録類編二十卷（4）

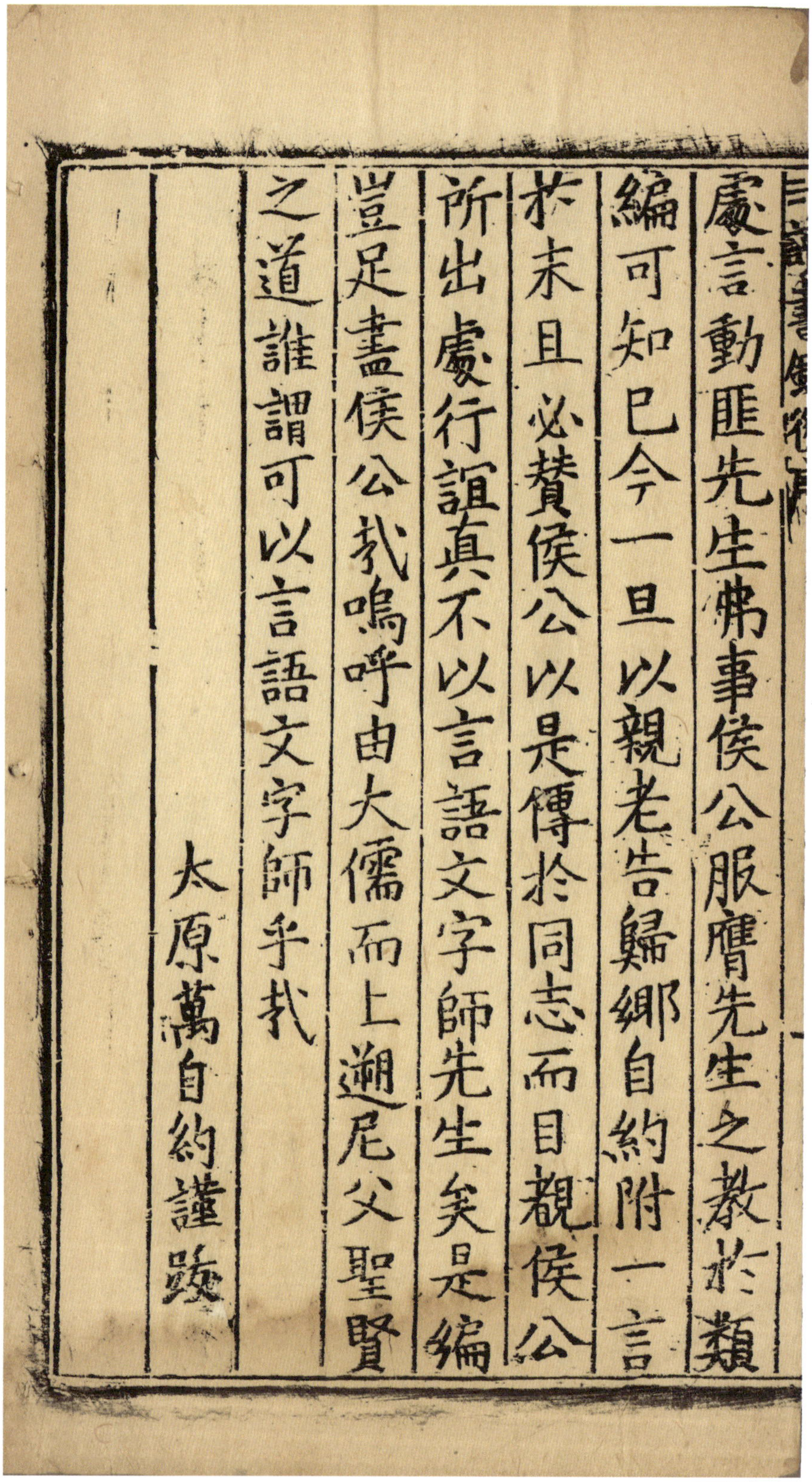

處言動匪先生彿事侯公服膺先生之教於類
編可知已今一旦以親老告歸鄉自約附一言
於末且必賛侯公以是傳於同志而目覩侯公
所出處行誼真不以言語文字師先生矣是編
豈足盡侯公哉嗚呼由大儒而上遡尼父聖賢
之道誰謂可以言語文字師乎哉
太原萬自約謹跋

004　薛文清公讀書全録類編二十卷（5）

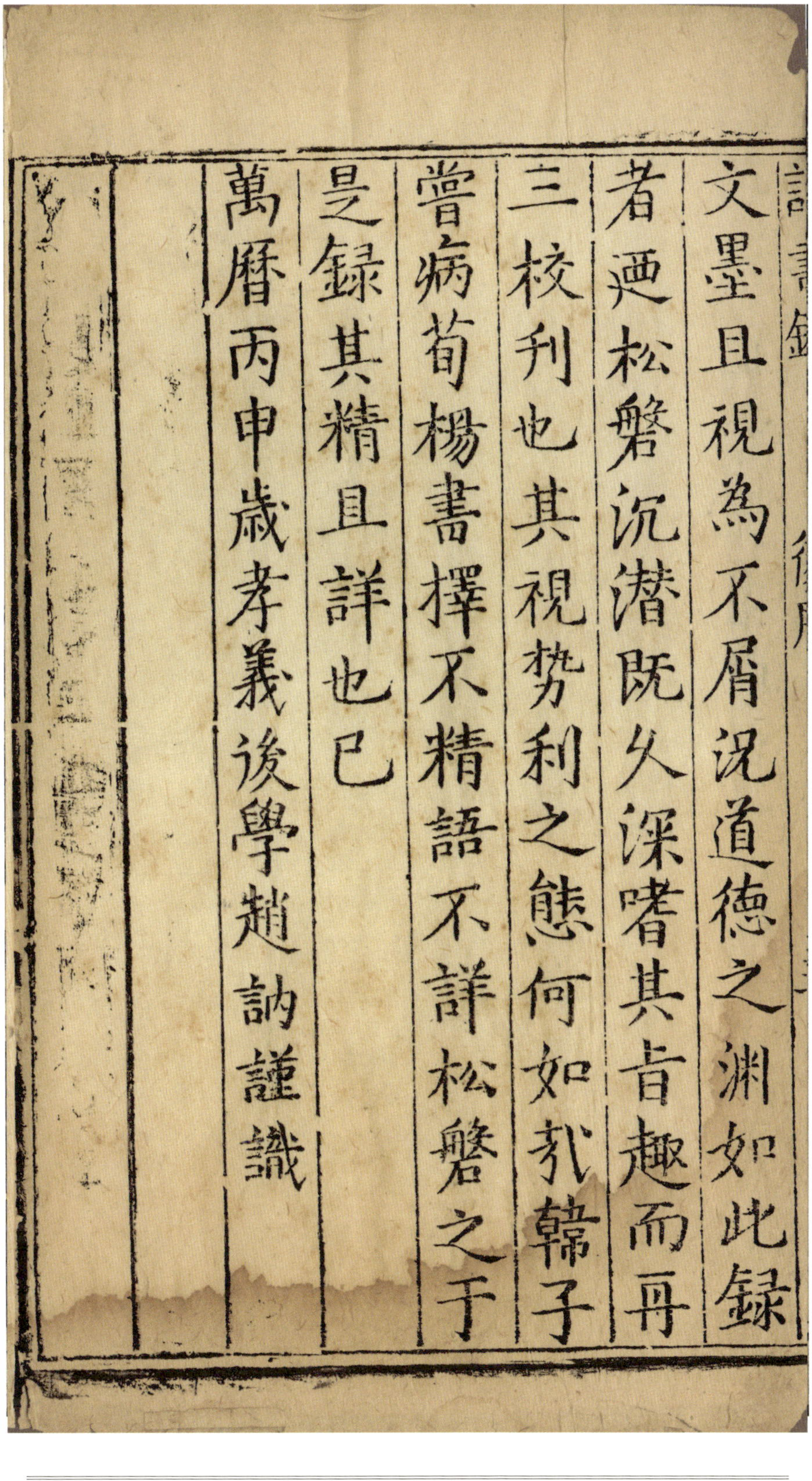
文墨且視為不屑況道德之淵如此録
者迺松磐沉潛既久深嗜其旨趣而再
三校刋也其視势利之態何如哉韓子
嘗病荀楊書擇不精語不詳松磐之于
是録其精且詳也已
萬曆丙申歲孝義後學趙訥謹識

004　薛文清公讀書全録類編二十卷（6）

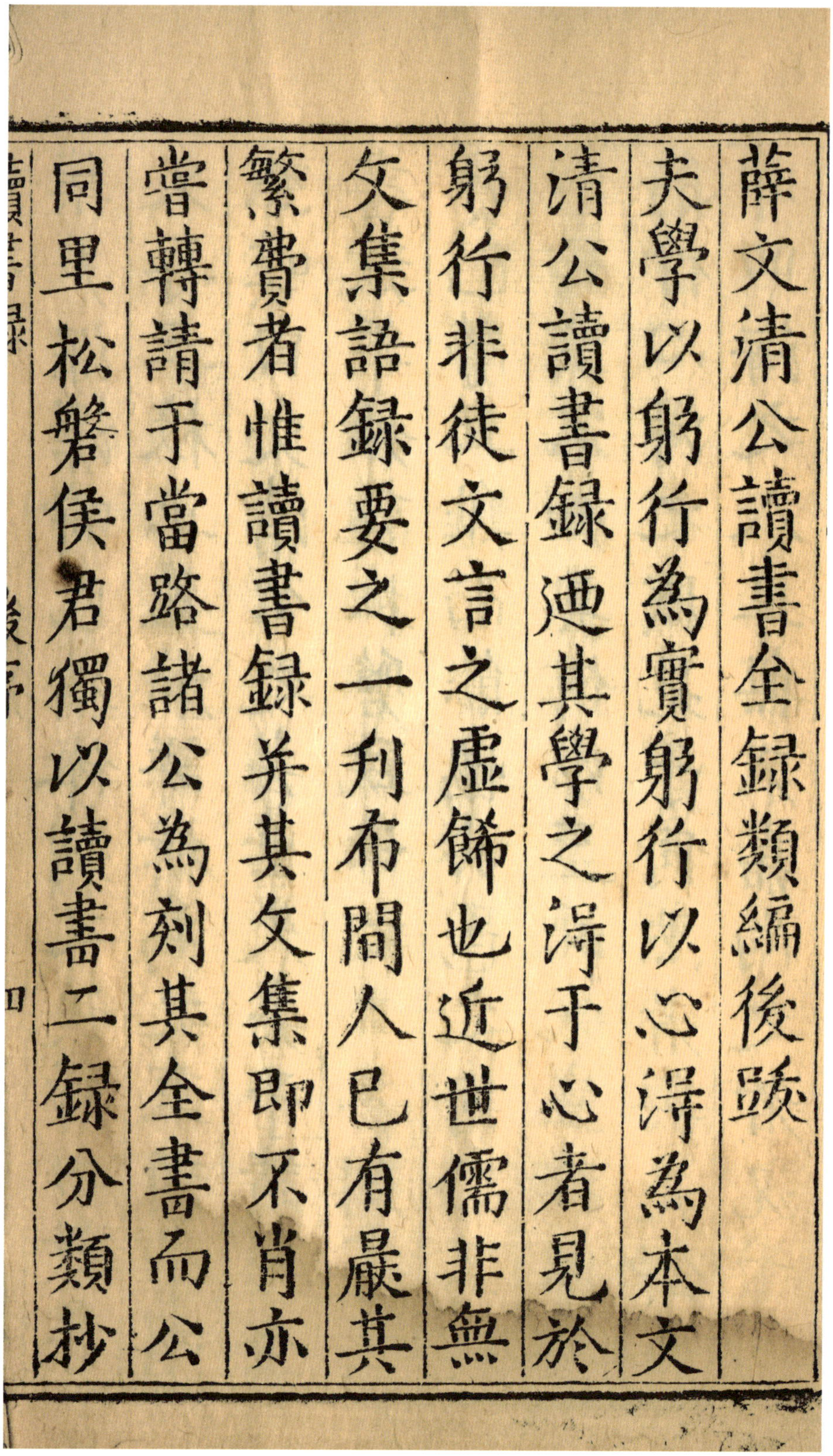

薛文清公讀書全録類編後跋
夫學以躬行為實躬行以心得為本文
清公讀書録洒其學之得于心者見於
躬行非徒文言之虛飾也近世儒非無
文集語録要之一刋布閒人已有厭其
繁費者惟讀書録并其文集即不肖亦
嘗轉請于當路諸公為刻其全書而公
同里松磐侯君獨以讀書二録分類抄
讀書録　後序　四

004　薛文清公讀書全錄類編二十卷（7）

004　薛文清公讀書全録類編二十卷

明薛瑄撰，侯鶴輯。明萬曆二十四年（1596）大雅堂刻本。匡高二十·八厘米，廣十四·一厘米，半葉十行，行二十字，白口，單魚尾，四周雙邊。二函二十册。館藏號：009763–009782。入選第一批《山西省珍貴古籍名録》，名録號：00070。

薛瑄(1389—1464)，字德温，號敬軒，山西河津人。明永樂十九年(1421)進士，宣德間授御史，正統六年（1442)官大理寺正卿。英宗復辟，拜禮部右侍郎兼翰林院學士，入閣參機務，卒謚文清。為明代理學大師，河東學派的締造者。其學一本程朱，以復性為主，嘗謂朱子後，斯道大明，無煩著作，直須躬行。留世著作有《讀書録》《從政名言》《薛文清集》。是書為瑄于公務之餘，手録《性理大全》一書，潛心研讀，思有所得，即起而燃燭記之，久而積為《讀書録》和《讀書續録》，共二十三卷。侯氏將二書重新組合，分門别類編為二十卷，成為薛氏在理學方面的重要論著。《四庫提要》稱：「瑄，嘗言樂有雅鄭，書亦有之。諸聖之書，雅也，嗜者嘗少，以其味之淡也。百家小説，淫詞綺語，怪誕不經之書，鄭也，莫不喜談而樂道之，蓋不待教督而好之矣，其味之甘也。淡則人心平而天理存，甘則人心迷而人慾肆。觀瑄是録，可謂不愧其言矣。」明刻本除萬曆本外，還有趙府味經室刻本，嘉靖二年蕭鳴鳳刻本，嘉靖四年刻本，嘉靖三十四年沈藩刻本四種。

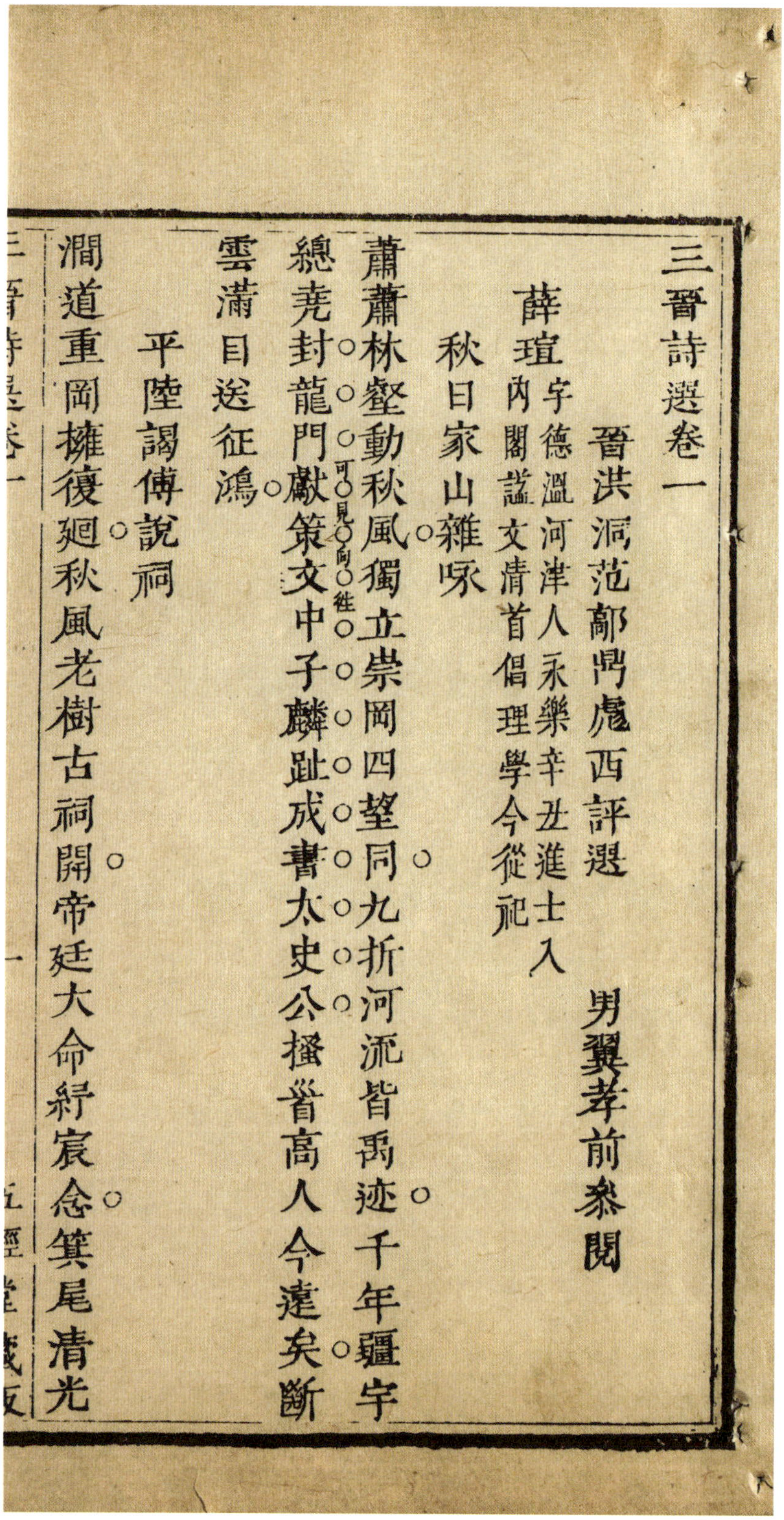
三晉詩選卷一
晉洪洞范鄗鼎彪西評選　男翼孝前參閱
薛瑄 字德溫河津人永樂辛丑進士入内閣謚文清首倡理學今從祀
秋日家山雜咏
蕭蕭林壑動秋風獨立崇岡四望同九折河流皆禹迹千年疆宇
總堯封龍門獻策文中子麟趾成書太史公搔首高人今遠矣斷
（可見向往）
雲滿目送征鴻
平陸謁傅說祠
澗道重岡擁複廻秋風老樹古祠開帝廷大命紆宸念箕尾清光
三晉詩選卷一　一　五經堂藏板

005　三晉詩選十四卷　（清）范鄗鼎輯　清康熙十二年（1673）五經堂刻本

匡高 18.8 厘米，廣 11.8 厘米。半葉九行，行二十五字，小字雙行，白口，四周雙邊。

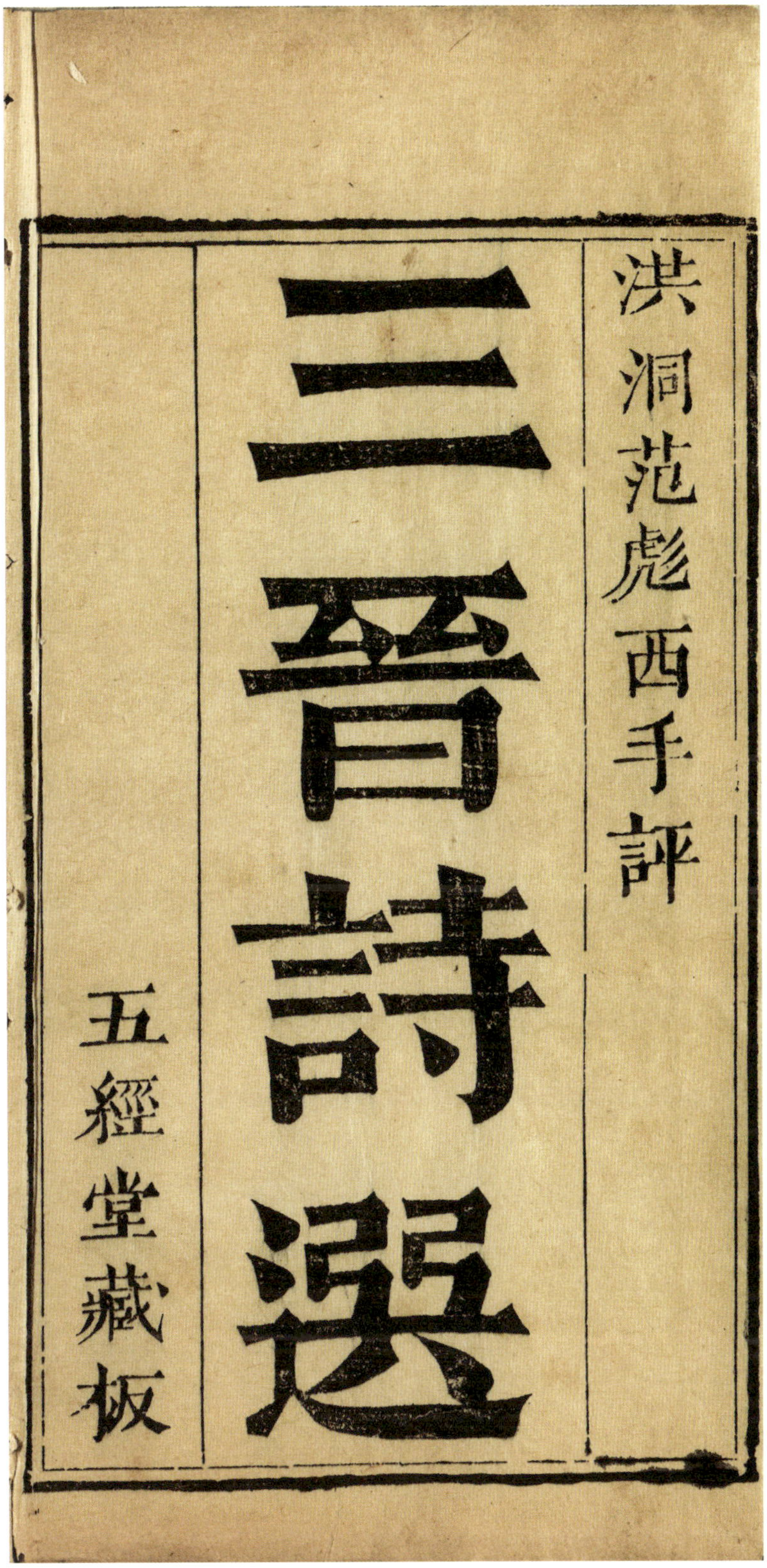

洪洞范彪西手評

三晉詩選

五經堂藏板

005　三晉詩選十四卷（2）

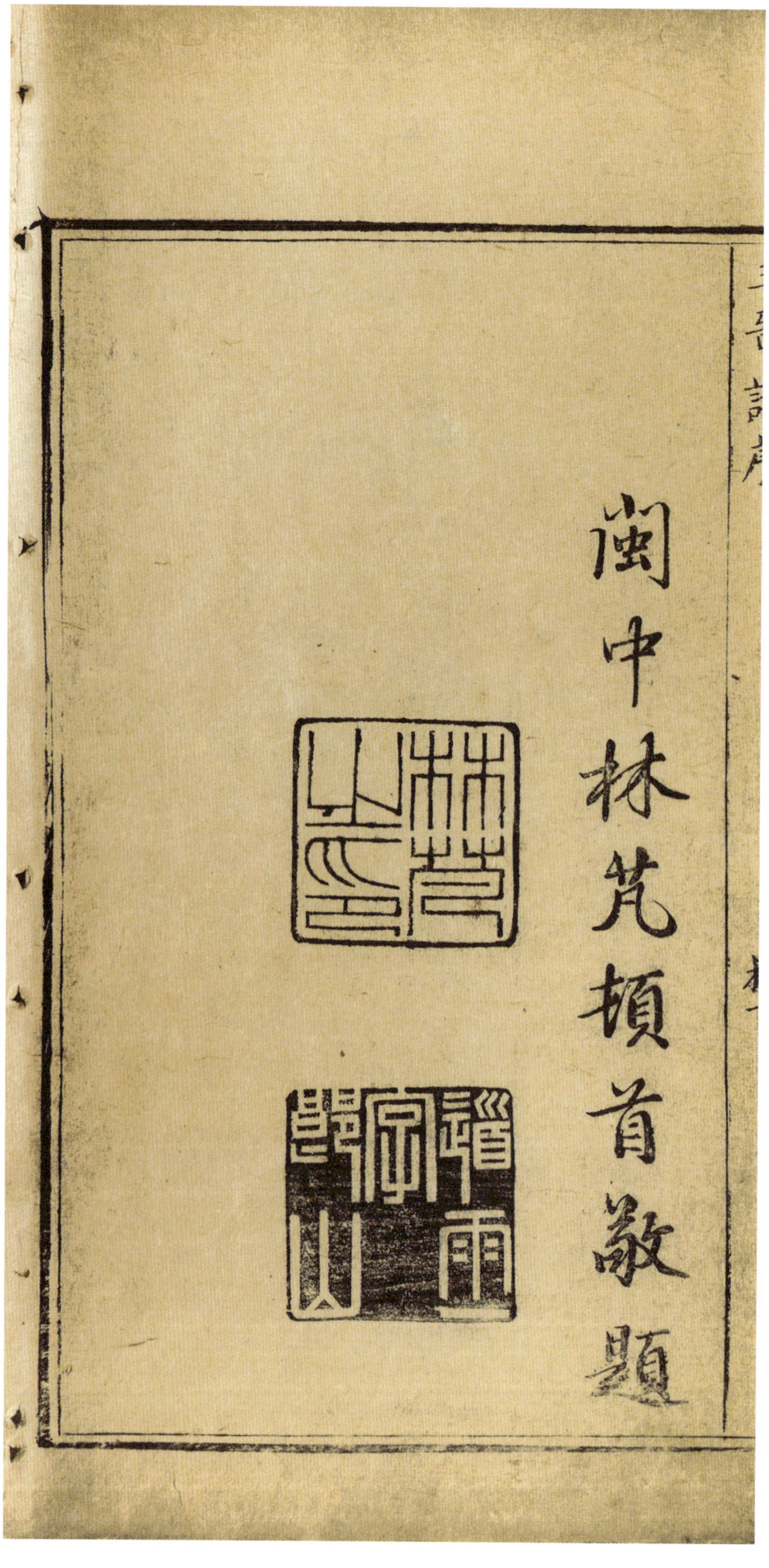

閩中林芃頓首敬題

005　三晉詩選十四卷（3）

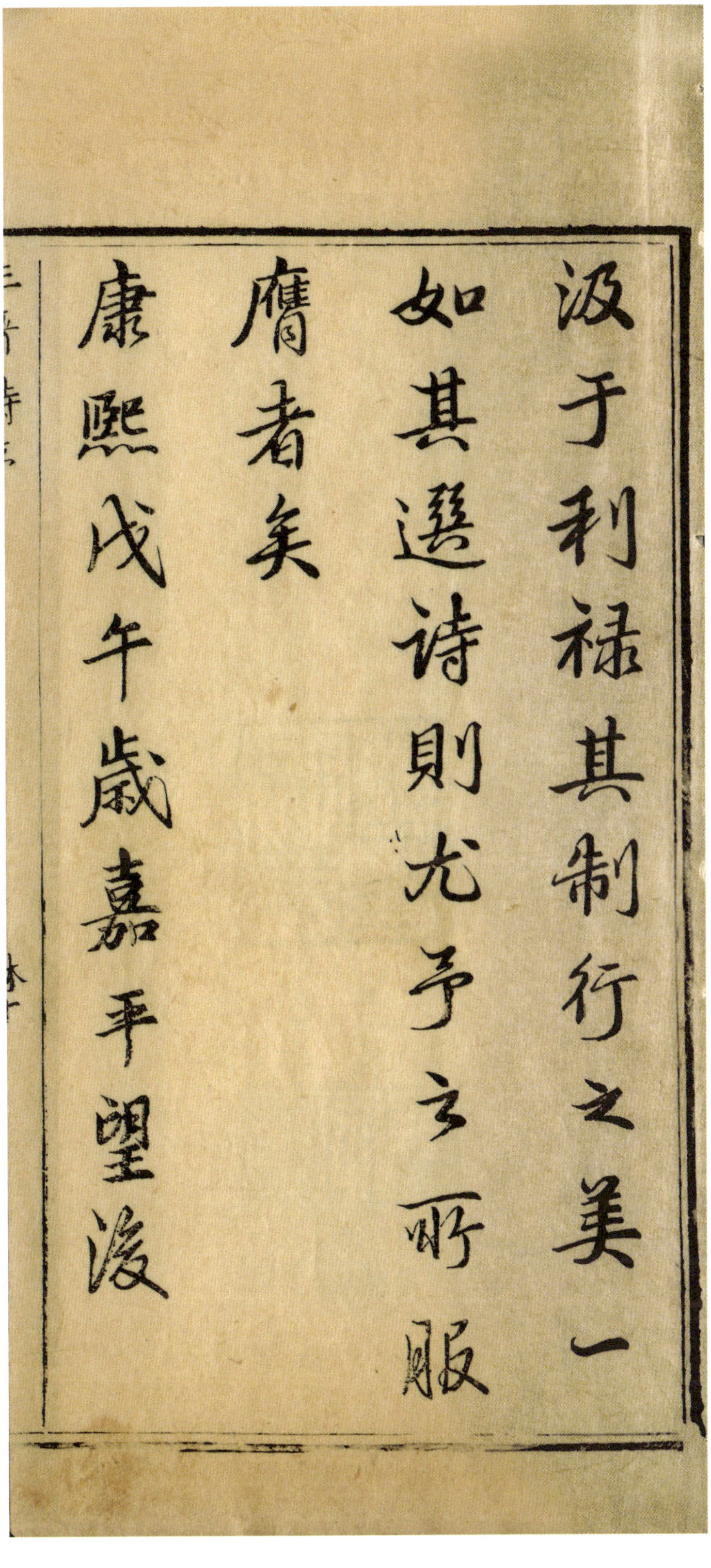

汲于利祿其制行之美一
如其選詩則尤予之所服
膺者矣
康熙戊午歲嘉平望後

005　三晉詩選十四卷（4）

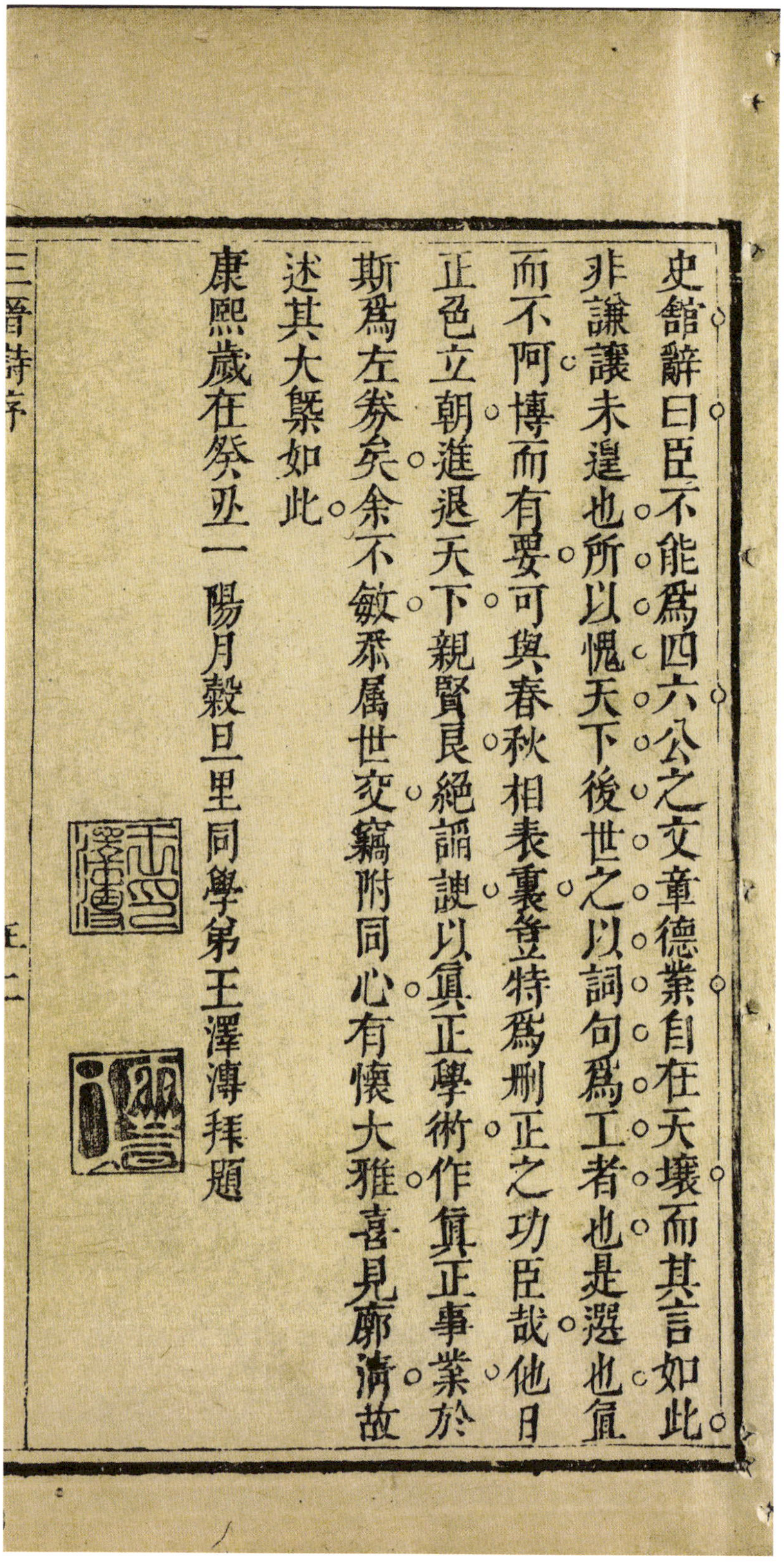

史舘辭曰臣不能爲四六公之文章德業自在天壤而其言如此非謙讓未遑也所以愧天下後世之以詞句爲工者也是選也眞而不阿博而有要可與春秋相表裏豈特爲刪正之功臣哉他日正色立朝進退天下親賢良絕諂諛以眞正學術作眞正事業於斯爲左券矣余不敏忝屬世交竊附同心有懐大雅喜見廓清故述其大槩如此

康熙歲在癸丑一陽月穀旦里同學弟王澤溥拜題

三晉詩序

005　三晉詩選十四卷（5）

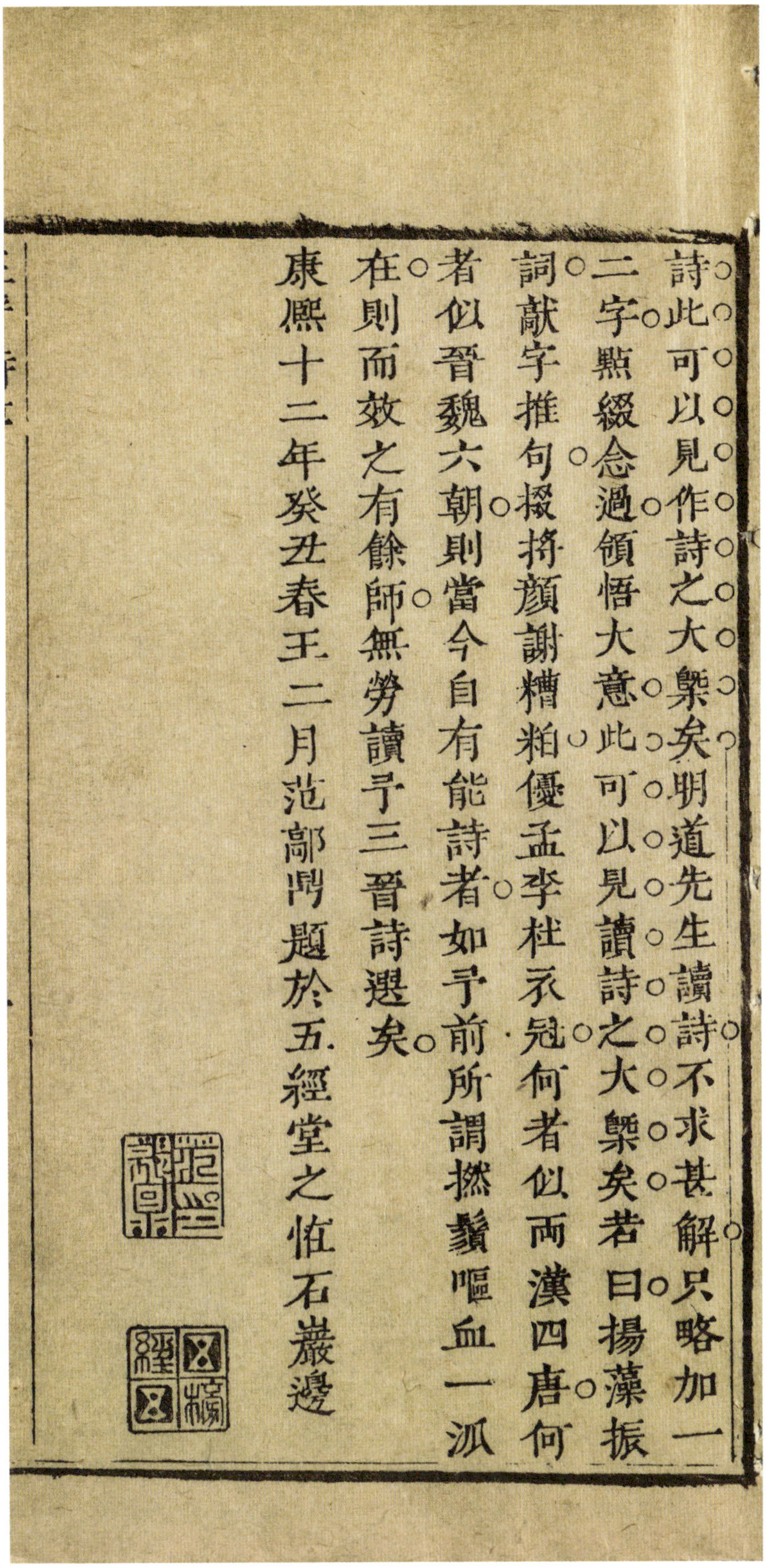

詩此可以見作詩之大槩矣明道先生讀詩不求甚解只略加一
二字點綴念過領悟大意此可以見讀詩之大槩矣若曰揚藻振
詞獻字推句擬撏顏謝糟粕優孟李杜衣冠何者似兩漢四唐何
者似晉魏六朝則當今自有能詩者如予前所謂撚鬚嘔血一泒
在則而效之有餘師無勞讀予三晉詩選矣
康熙十二年癸丑春王二月范鄗鼎題於五經堂之恠石巖邊

005　三晉詩選十四卷（6）

005　三晉詩選十四卷

清范鄗鼎輯。清康熙十二年（1673）五經堂刻本。匡高十八·八厘米，廣十一·八厘米，半葉九行，行二十五字，小字雙行，白口，四周雙邊。一函四冊。館藏號：007922-007925。入選第一批《山西省珍貴古籍名録》，名録號：00074。

范鄗鼎（1626—1703），字彪西，山西洪洞人。清康熙六年（1667）進士，康熙十七年（1678）薦博學宏詞，後以母老辭。歸鄉後設希賢書院，河汾人士多從之受經。著有《理學備考》三十四卷、《五經堂文集》五卷、《三晉詩選》十四卷等。《三晉詩選》收録了明至清初薛瑄、韓文、王雲鳳、喬宇、王瓊等三晉著名思想家、文學家的詩歌作品八百餘首。分十四卷，每卷若干人，排列不以時代先後為序，而是「因於鄉會明經，序以科年，而文學山人與夫科年不詳者，私度次序」。因作品收到有先後，故集內人物時有重複出現者。如薛瑄就出現了四次，但詩作並不重複。每一詩人名下都有生平簡介，每一首詩作後都標有出處。書中間有評點，或評一二首，或圈一二句，並非定例。另外在某些詩人或詩作後間有少量附言，以闡明作者思想。范氏以振興三晉儒學為職志，故所收詩歌不分宗派，不分異同，為研究明至清初三晉詩壇風貌及其代表人物提供了珍貴的原始資料。

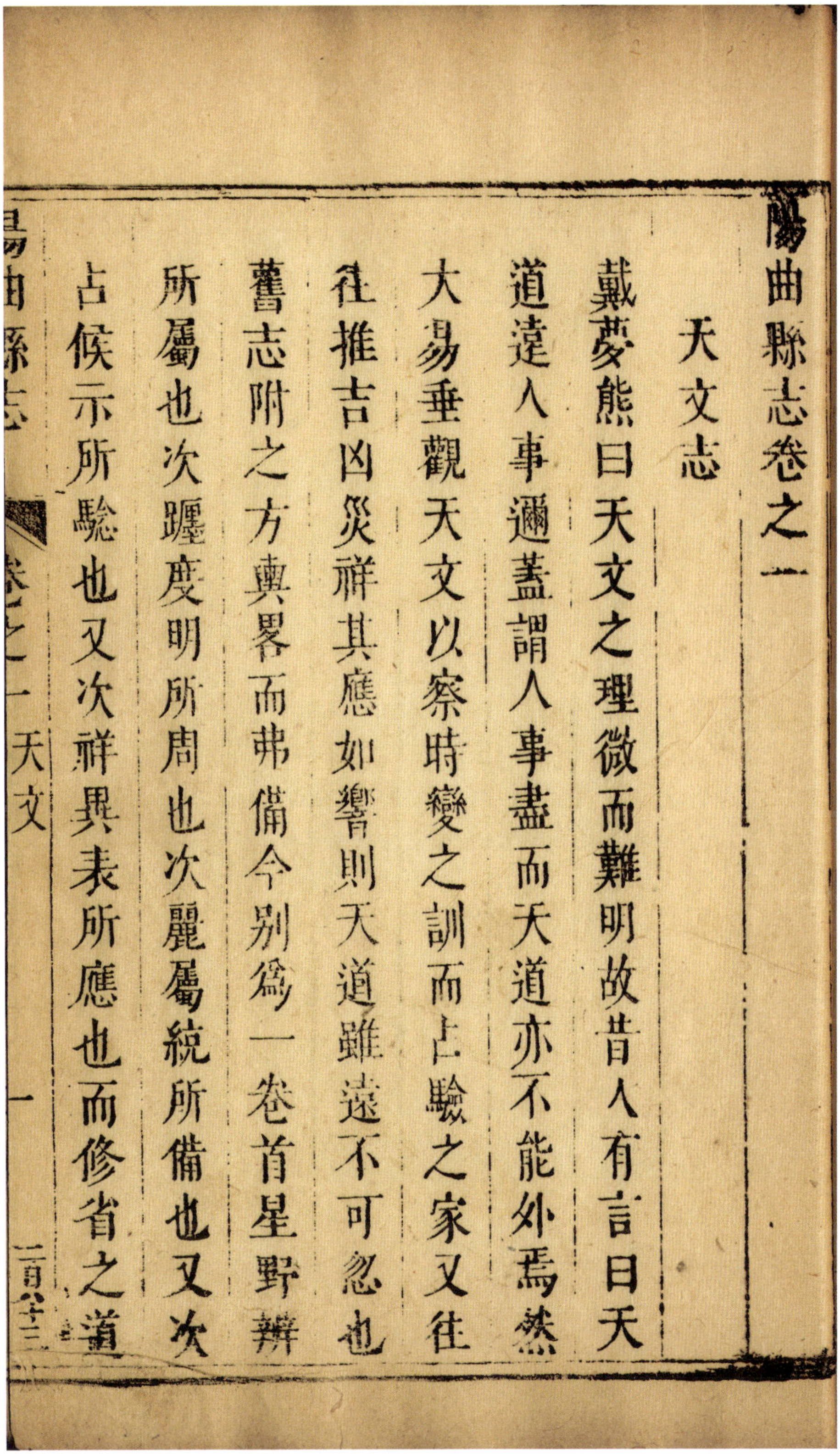

陽曲縣志卷之一

天文志

戴夢熊曰天文之理微而難明故昔人有言曰天道遠人事邇蓋謂人事盡而天道亦不能外焉然大易垂觀天文以察時變之訓而占驗之家又往往推吉凶災祥其應如響則天道雖遠不可忽也舊志附之方輿畧而弗備今别爲一卷首星野辨所屬也次躔度明所周也次麗屬統所備也又次占候示所驗也又次祥異表所應也而修省之道

陽曲縣志　卷之一　天文　一　二百六十三

006　［康熙］陽曲縣志十四卷首一卷　（清）戴夢熊修　李芳蓁　李芳芃等纂　清康熙二十一年（1682）刻本

匡高 20 厘米，廣 14.9 厘米。半葉九行，行二十字，白口，單魚尾，四周雙邊。

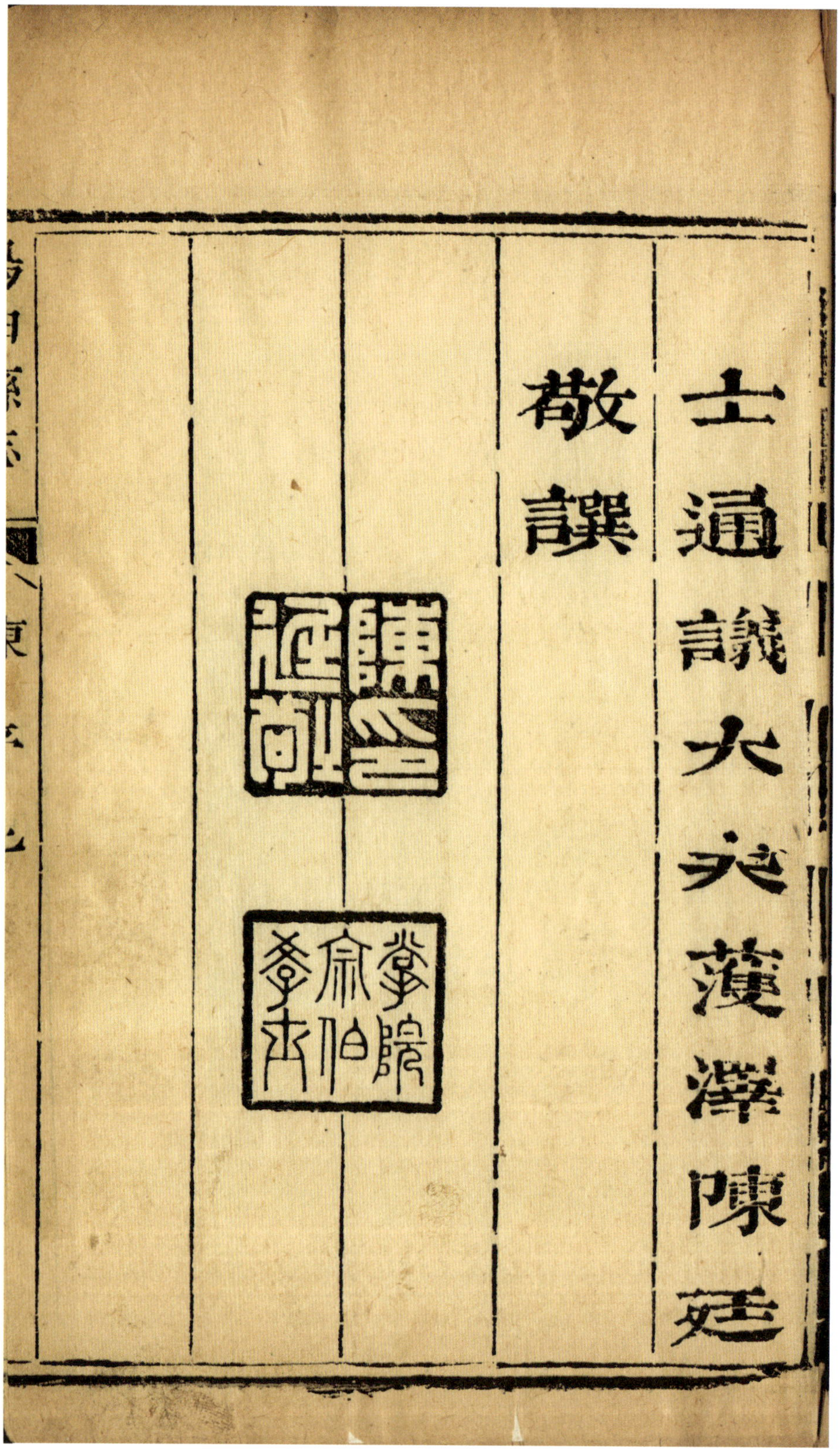
士通議大夫濩澤陳廷
敬譔

006 ［康熙］陽曲縣志十四卷首一卷（2）

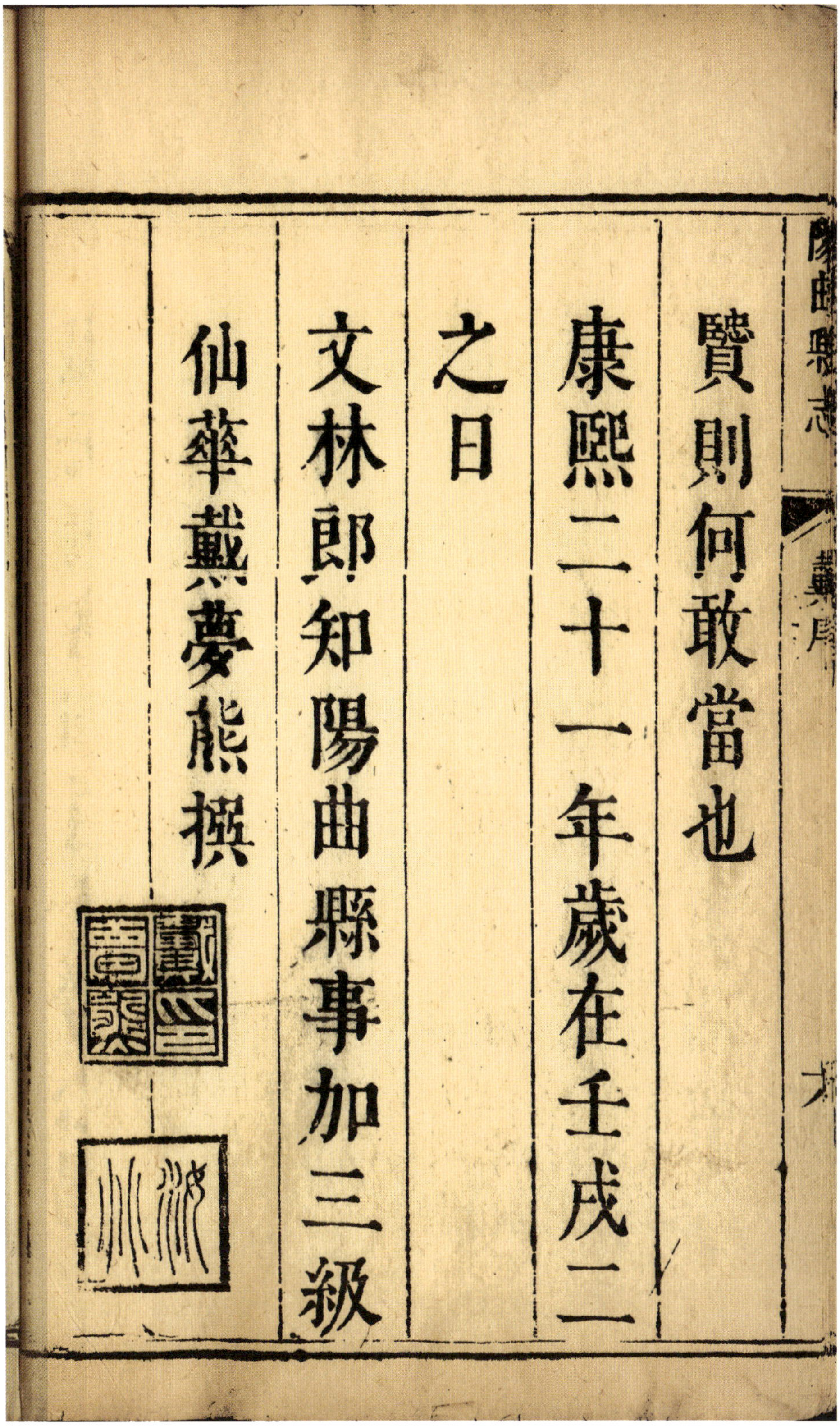
覽則何敢當也
康熙二十一年歲在壬戌二
之日
文林郎知陽曲縣事加三級
仙華戴夢熊撰

006 ［康熙］陽曲縣志十四卷首一卷 (3)

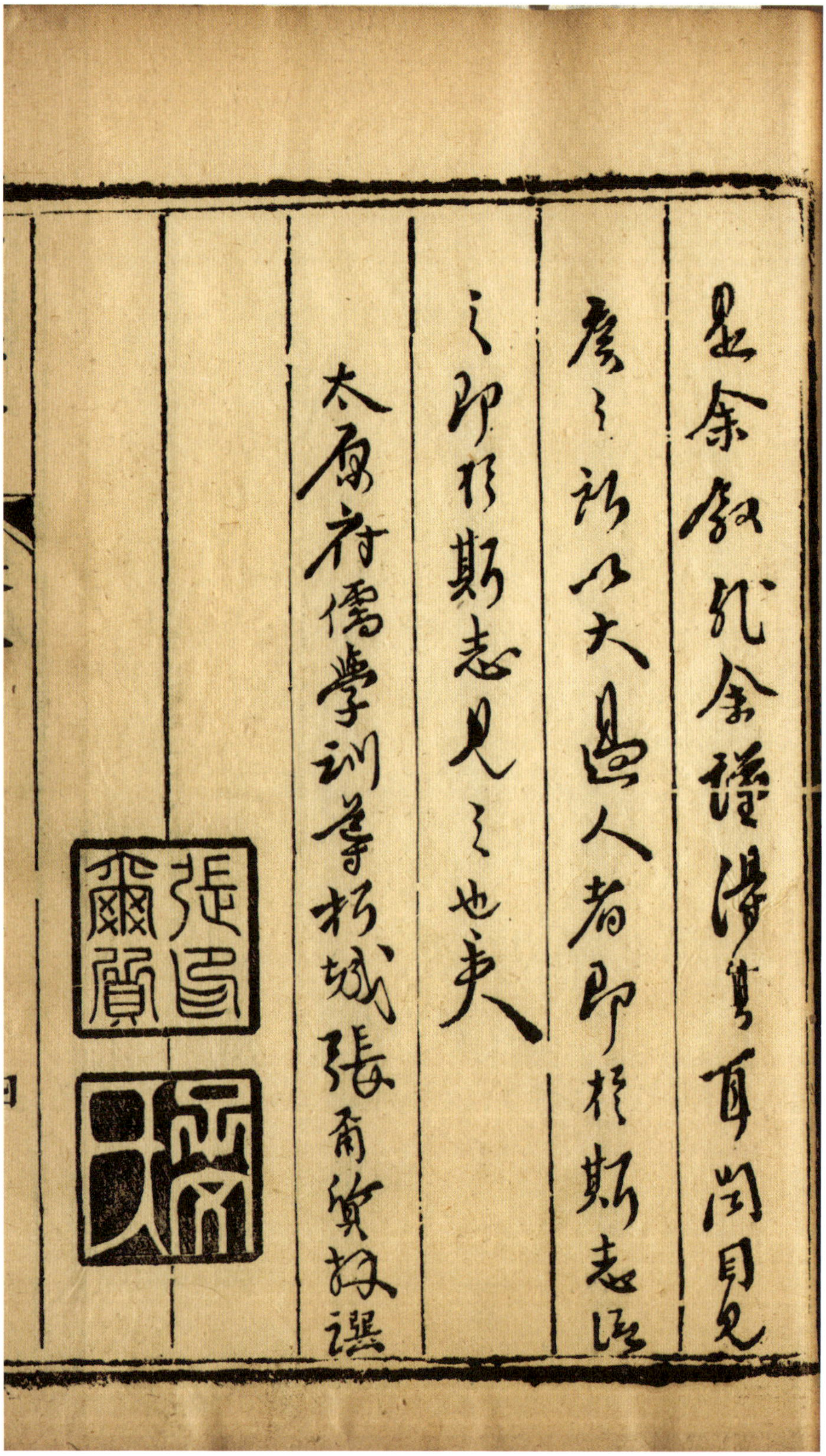

是余敘訖余謹漫集耳聞見
屬之語以大過人者即於斯志焉
之即於斯志見之也夫
太原府儒學訓導於城張爾質撰

006 ［康熙］陽曲縣志十四卷首一卷（4）

006 [康熙] 陽曲縣志十四卷首一卷 (5)

006 ［康熙］陽曲縣志十四卷首一卷 (6)

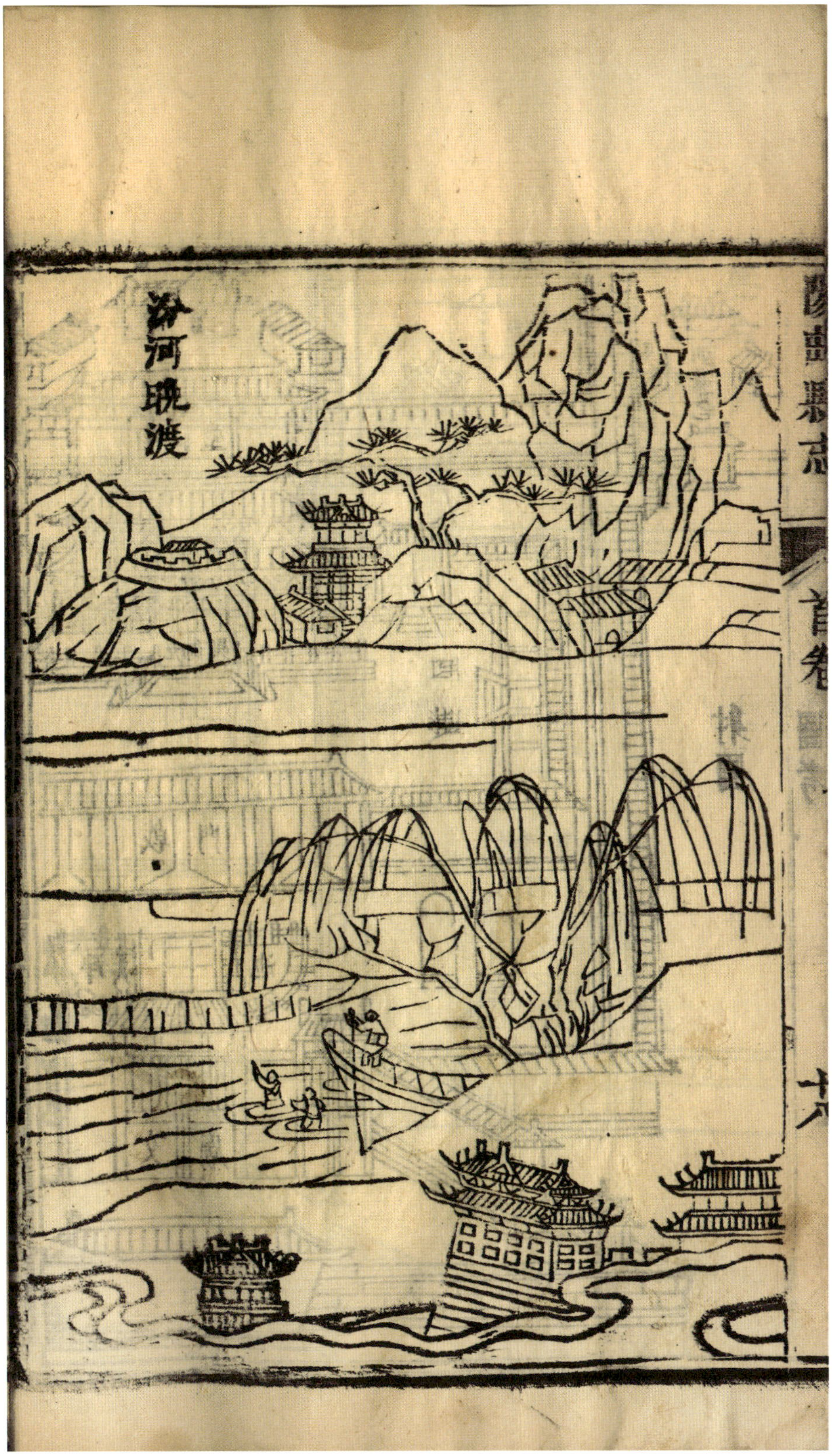

006 [康熙] 陽曲縣志十四卷首一卷 (7)

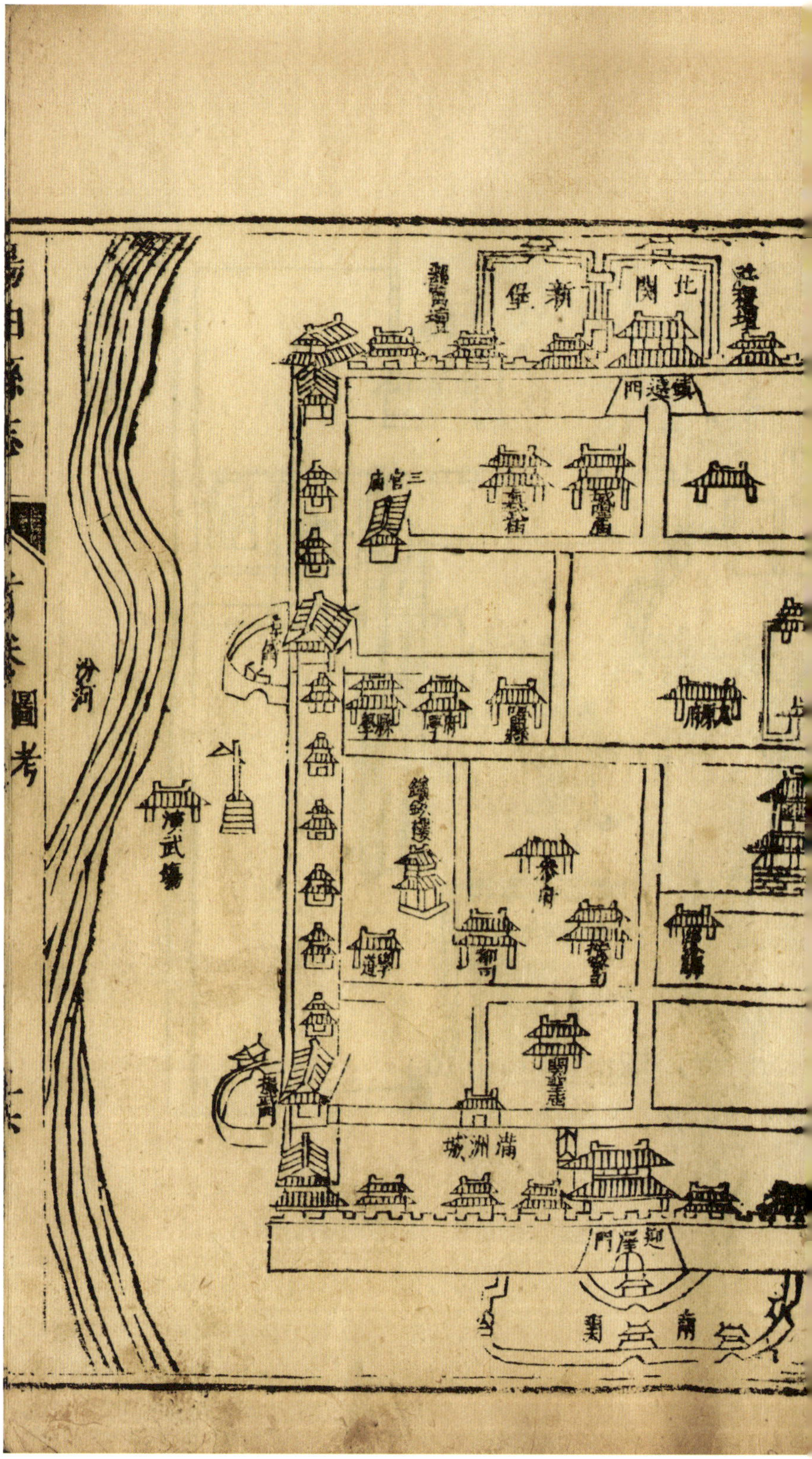

006　［康熙］陽曲縣志十四卷首一卷（8）

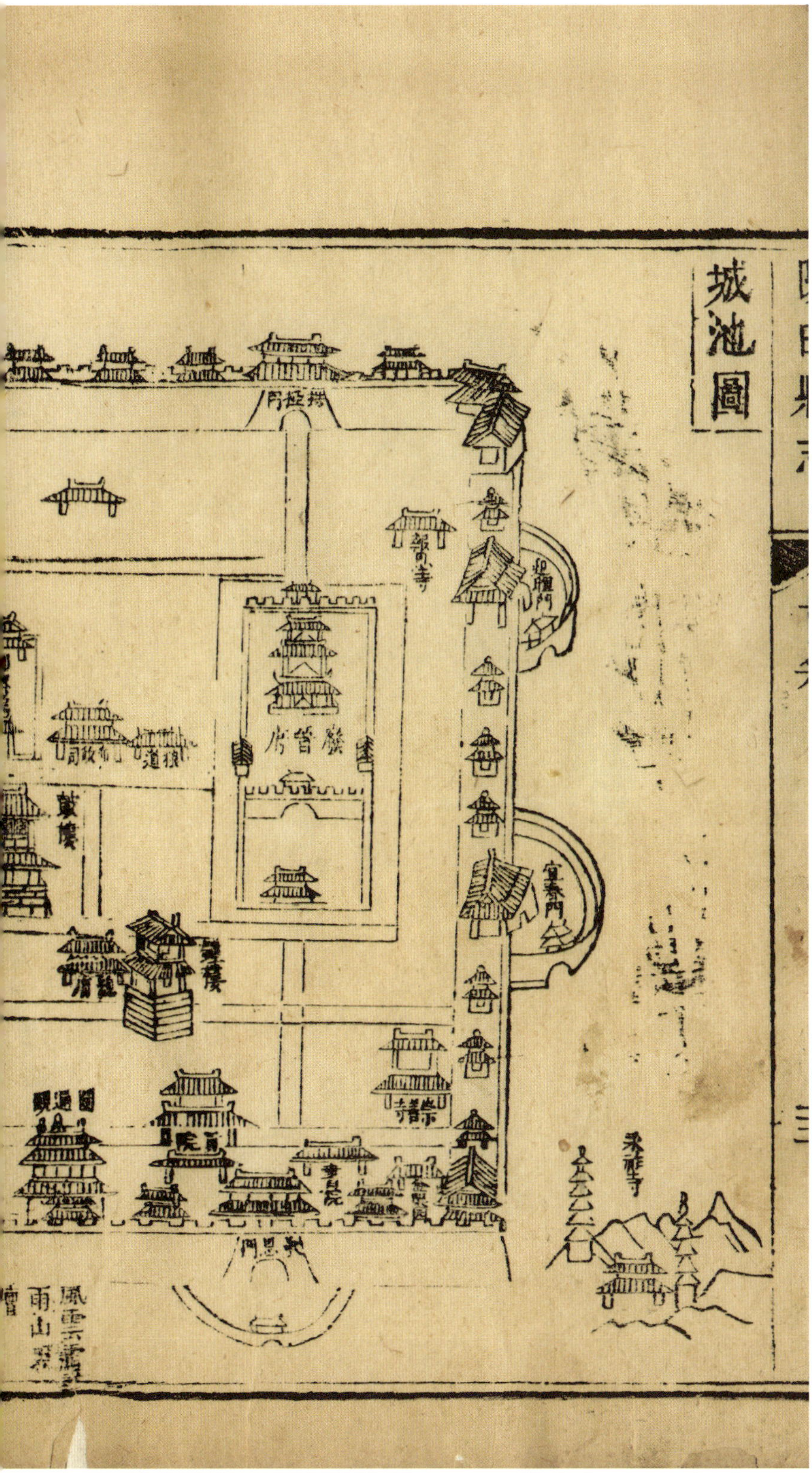
城池圖

006 ［康熙］陽曲縣志十四卷首一卷

清戴夢熊修，李方蓁、李方芃等纂。清康熙二十一年（1682）刻本。匡高二十厘米，廣十四·九厘米，半葉九行，行二十字，白口，單魚尾。一函七冊。館藏號：005239—005245。入選第二批《山西省珍貴古籍名録》，名録號：00270。

戴夢熊，字汝兆，浙江浦江人。監生。清康熙十五年至二十一年曾任陽曲縣知縣。李方蓁，字仙萼，山西曲沃人。廩生。李方芃，字仙葉，山西曲沃人。順治時舉人，任太原府儒學教授。康熙《陽曲縣志》成書時間距明亡僅三十八年，是現存最早的《陽曲縣志》刻本。全志分設圖考、天文、方輿、建置、貢賦、祀典、學校、政令、武備、官秩、名宦、選舉、人物、雜述、藝文共十五門九十六目，附目四。卷首有參宿、疆域、城池、學宮八景凡十二圖。方輿云：陽曲秦屬太原郡狼孟縣地，漢置陽曲，隋初以陽同楊音，惡其曲改曰直，唐于故陽曲城分置汾陽，後又省陽曲改汾陽為陽曲，分置羅陽，復省羅陽又置陽曲；園亭樓閣目載：園亭十六處，樓閣十七處；寺觀載：唐、宋、金、元建築十八處，元所建為多；雜述有帝后目；叢紀目載有李自成事三千餘字；藝文收宋韓琦《并州新修廟學記》、金趙風《廟學文廟記》等，詩文中未見清人作品。志中所記之事，尤其有關於城坊、街巷、店鋪等，均以明末清初太原地區現狀為主，保存了大量當時的社會及人文資料，為今日不可多得的記録早期太原及周邊地區發展的史料寶庫。

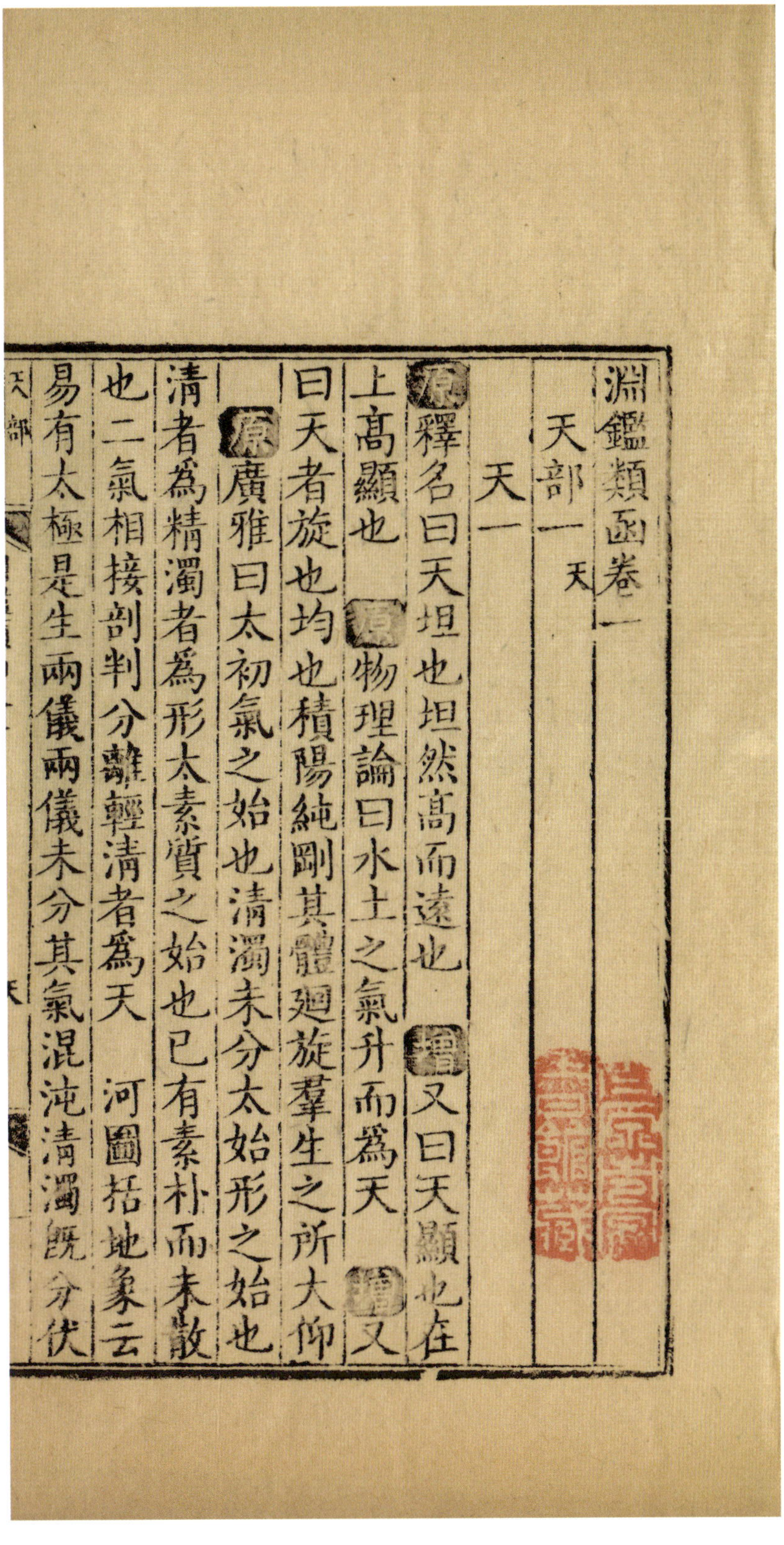

淵鑑類函卷一

天部一 天

天一

原 釋名曰天坦也坦然高而遠也 增 又曰天顯也在上高顯也 原 物理論曰水土之氣升而爲天 增 又曰天者旋也均也積陽純剛其體廻旋羣生之所大仰 原 廣雅曰太初氣之始也清濁未分太始形之始也清者爲精濁者爲形太素質之始也已有素朴而未散也二氣相接剖判分離輕清者爲天 河圖括地象云易有太極是生兩儀兩儀未分其氣混沌清濁既分伏

007 御定淵鑑類函四百五十卷（清）張英　王士禛等纂修　清康熙四十九年（1710）内府刻本

匡高 16.8 厘米，廣 11.8 厘米。半葉十行，行二十一字，上下黑口，雙魚尾，四周雙邊。

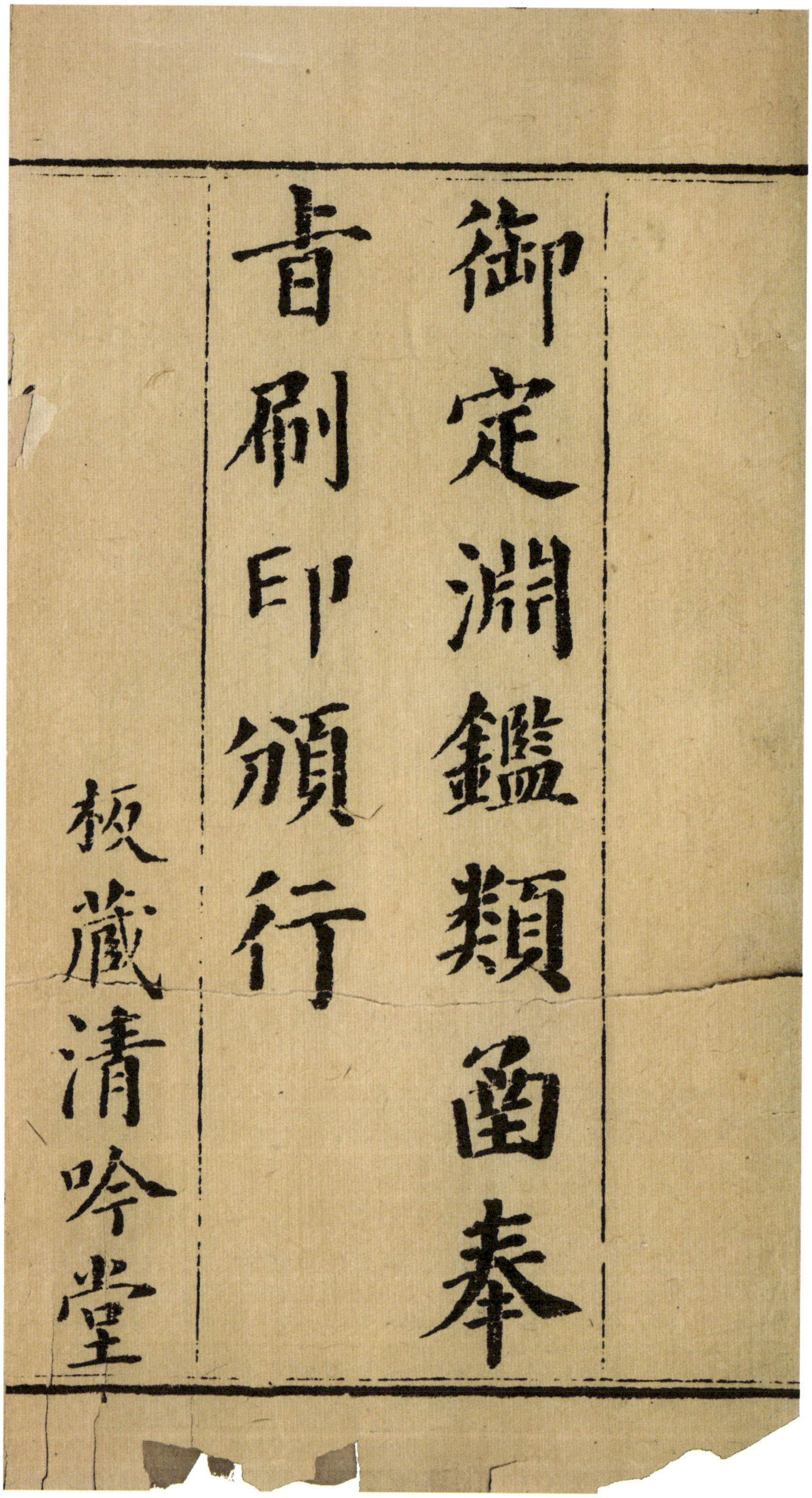

御定淵鑑類函奉
旨刷印頒行
板藏清吟堂

007　御定淵鑑類函四百五十卷（2）

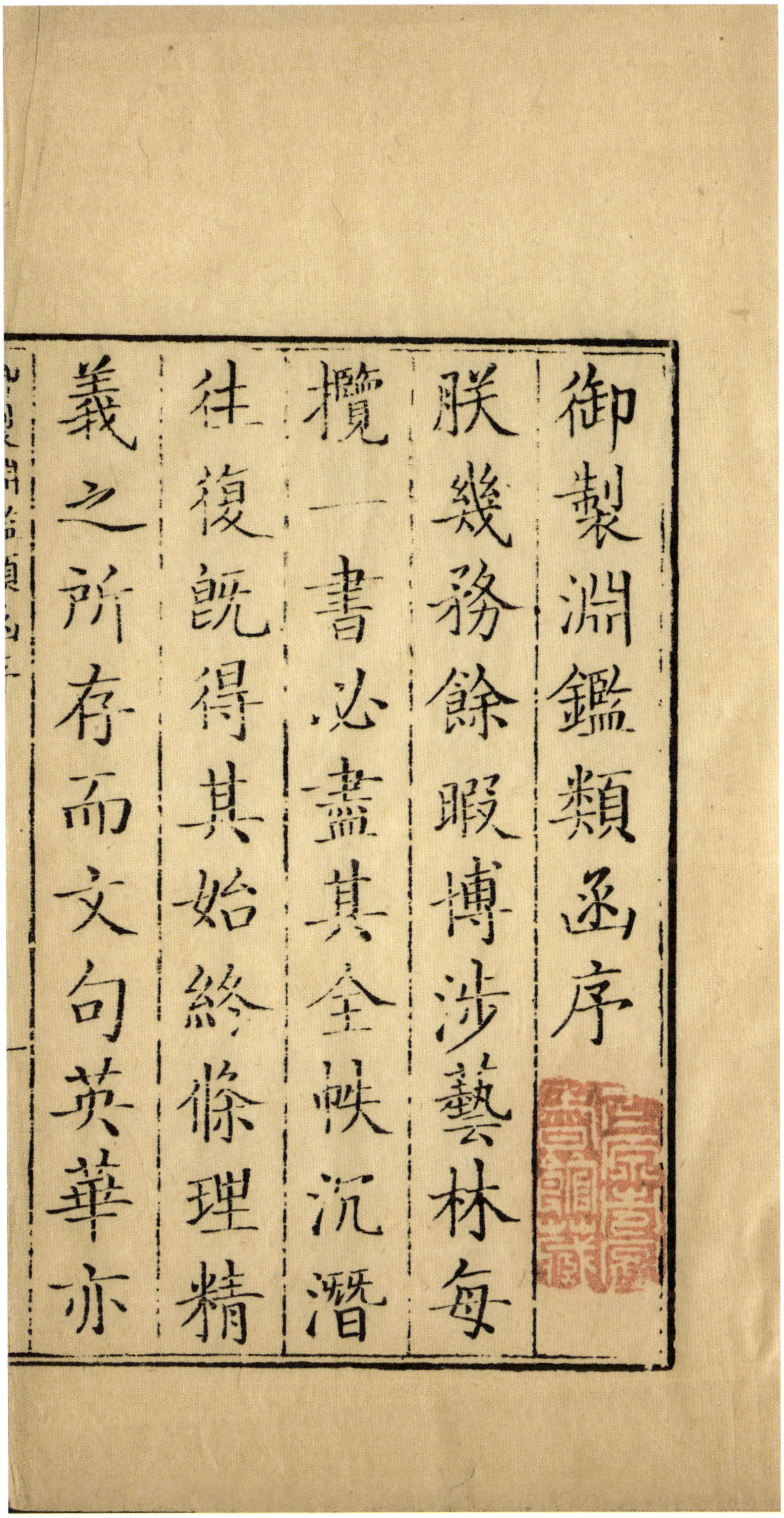
御製淵鑑類函序
朕幾務餘暇博涉藝林每
攬一書必盡其全帙沉潛
往復既得其始終條理精
義之所存而文句英華亦

007　御定淵鑑類函四百五十卷（3）

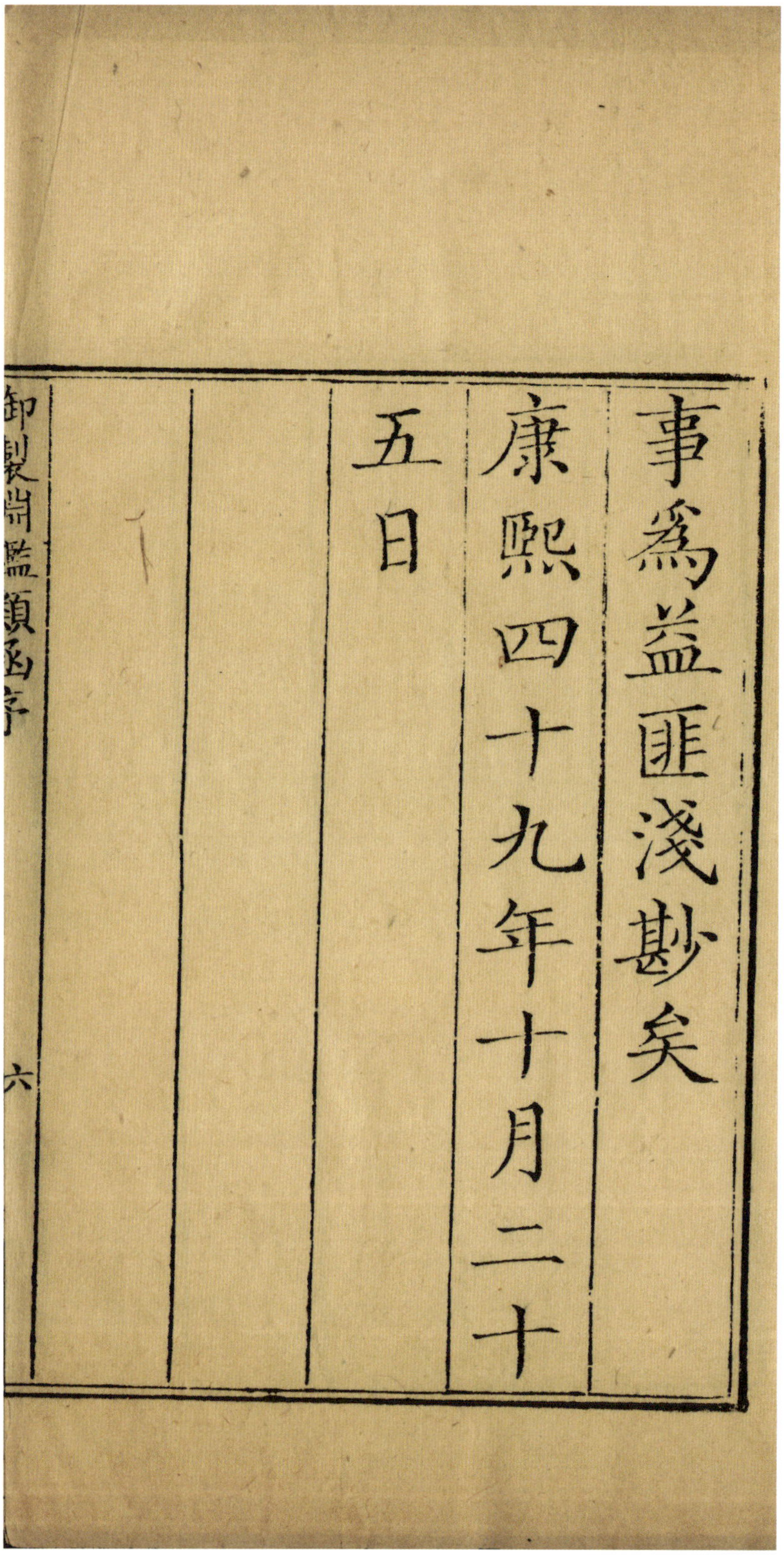
事爲益匪淺尠矣
康熙四十九年十月二十五日
御製淵鑑類函序 六

007 御定淵鑑類函四百五十卷（4）

007　御定淵鑑類函四百五十卷

清張英、王士禛等奉敕纂辑。清康熙四十九年（1710）內府刻本。匡高十六・八厘米，廣十一・八厘米，半葉十行，行二十一字，上下黑口，雙魚尾，四周雙邊。二十函一百四十冊。館藏號：007082-007220。入選第三批《山西省珍貴古籍名録》，名録號：000497。

《淵鑑類函》是清康熙帝命張英、王士禛等人編纂的類書。是檢索唐宋元明（嘉靖前）典故、詞藻及其源流的重要工具。因其內容龐雜浩繁，堪稱「萬寶全書」。其以《唐類函》為藍本，並搜集《太平御覽》《玉海》《白孔六帖》《山堂考索》《天中記》《山堂肆考》《王氏類苑》《翰苑新書》《文苑英華》及二十一史，子集稗編而成。全書分天部、地部、帝王部、後妃部、儲宮部、禮儀部、樂部、文學部等四十五部，各目仍以《唐類函》之舊，每部下分類計 2500 餘類，每類又以釋名、總論、沿革、緣起居首，典故、對偶、摘句、詩文最後，以時代先後為次，其下各注明出處。凡《唐類函》原有之文字，在前標「原」字，增補部分則標「增」字，所有典故、對偶、摘句等，以明嘉靖年為下限。詩文部分則大多標明篇目，故源流本末一目了然，頗實用。其卷數雖不及《太平御覽》的二分之一，但由於每卷篇幅大增，實際字數遠勝之。

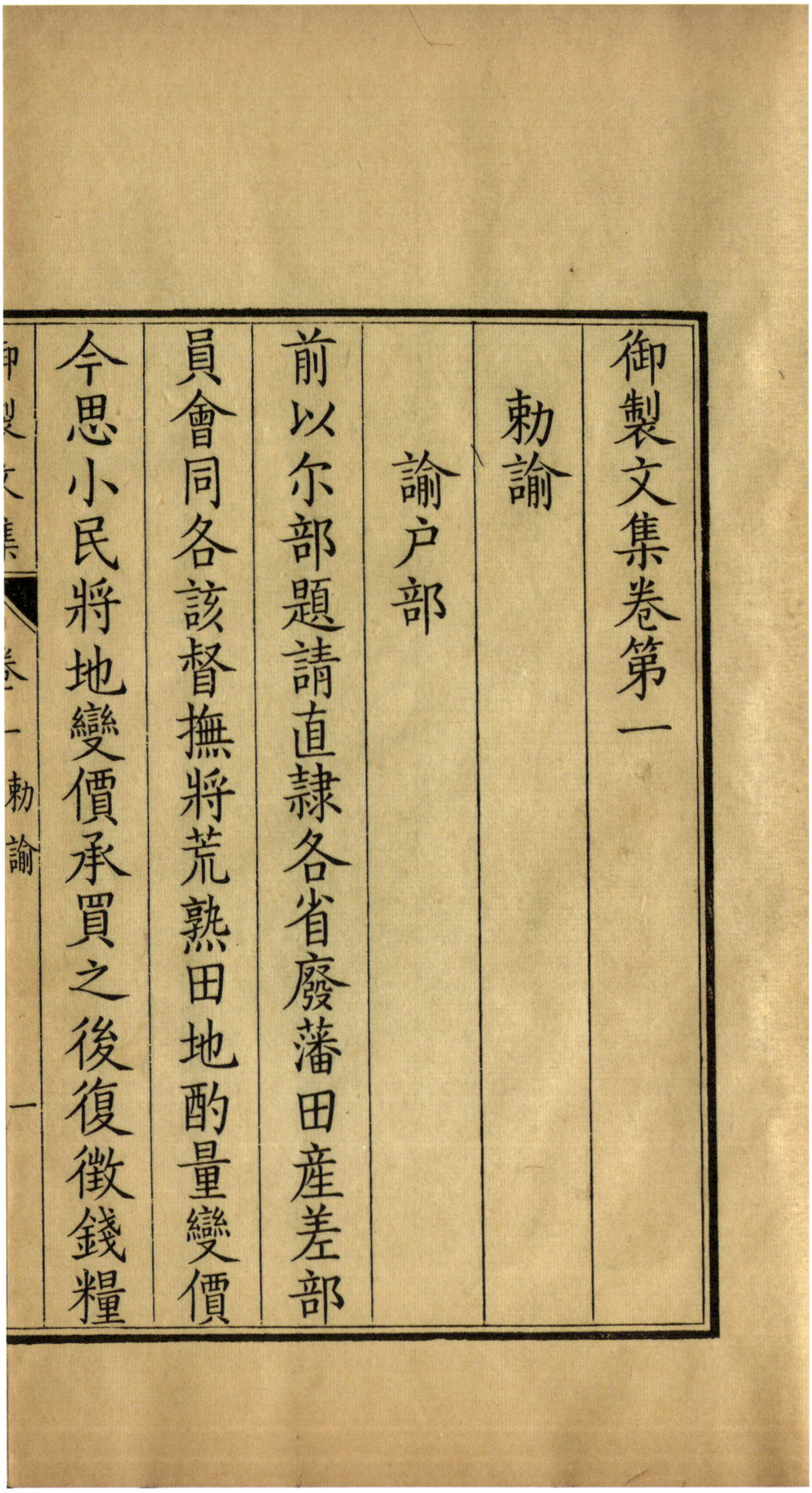
御製文集卷第一

勅諭

諭户部

前以尔部題請直隸各省廢藩田産差部員會同各該督撫將荒熟田地酌量變價今思小民將地變價承買之後復徵錢糧

御製文集　卷一　勅諭　一

008　御製文集四十卷总目五卷二集五十卷总目六卷三集五十卷总目六卷

（清）愛新覺羅·玄燁撰　蔣漣等校　清康熙五十三年（1714）内府刻本

匡高 18.5 厘米，廣 13.5 厘米。半葉六行，行十六字，白口，單魚尾，四周雙邊。

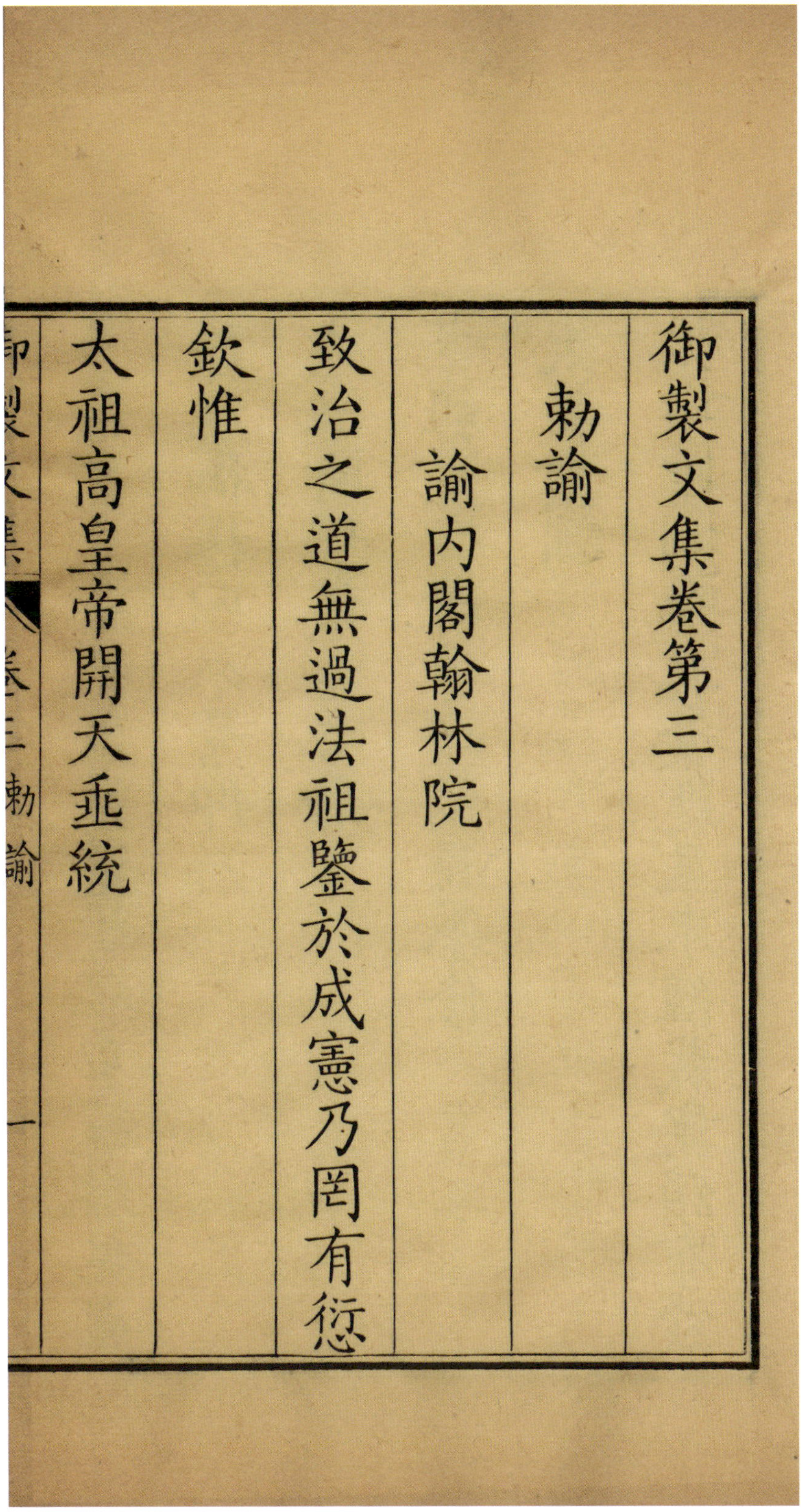

御製文集卷第三

勅諭

諭内閣翰林院

致治之道無過法祖鑒於成憲乃罔有愆

欽惟

太祖高皇帝開天垂統

008　御製文集四十卷总目五卷二集五十卷总目六卷三集五十卷总目六卷（2）

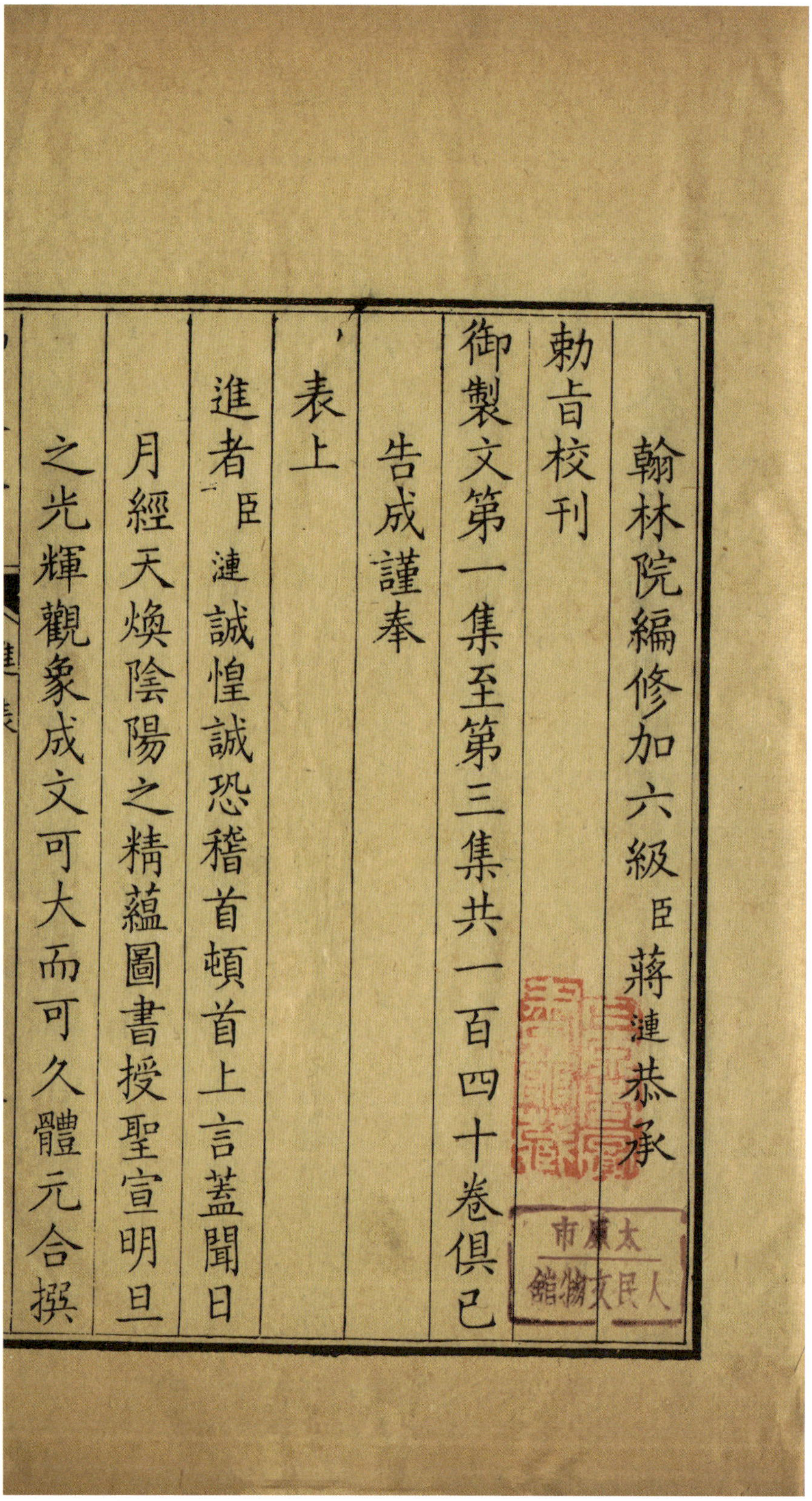
翰林院編修加六級臣蔣漣恭承
勅旨校刊
御製文第一集至第三集共一百四十卷俱已
告成謹奉
表上
進者臣漣誠惶誠恐稽首頓首上言蓋聞日
月經天煥陰陽之精蘊圖書授聖宣明旦
之光輝觀象成文可大而可久體元合撰

008　御製文集四十卷总目五卷二集五十卷总目六卷三集五十卷总目六卷（3）

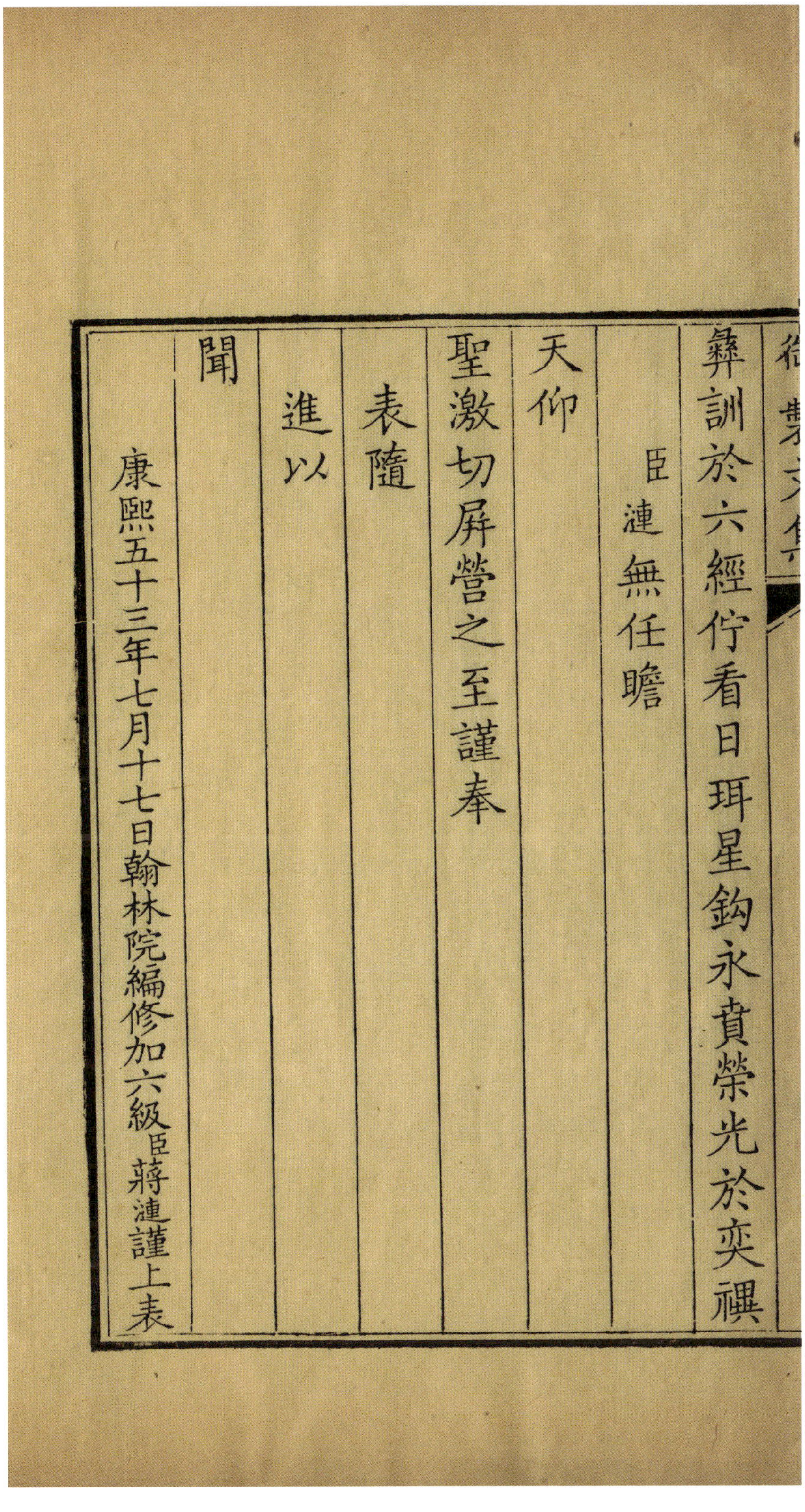
彝訓於六經佇看日珥星鈎永賁榮光於奕禩
臣漣無任瞻
天仰
聖激切屏營之至謹奉
表隨
進以
聞
康熙五十三年七月十七日翰林院編修加六級臣蔣漣謹上表

008　御製文集四十卷总目五卷二集五十卷总目六卷三集五十卷总目六卷（4）

008 御制文集四十卷總目五卷二集五十卷總目六卷三集五十卷總目六卷

清愛新覺羅·玄燁撰，蔣漣等校。清康熙五十三年(1714)內府刻本。匡高十八·五厘米，廣十三·五厘米，半葉六行，行十六字，白口，單魚尾，四周雙邊。四函四十冊，舘藏號：007994-008033。入選第三批《山西省珍貴古籍名録》，名録號：00533。

愛新覺羅·玄燁(1654－1722)，清朝第四位皇帝，年號康熙，八歲登基，在位六十一年，是中國歷史上在位時間最長的君主。蔣漣（1675–1758），字檀人，號省庵，江蘇常熟（今蘇州市）人。清康熙四十八年進士，選翰林院庶吉士。歷官編修至太仆寺卿。《御制文集》為清康熙帝詩文集。文與詩賦合編一書，以年為序。清康熙二十二年(1683)前為初集，清康熙二十三年(1684)至清康熙三十六年(1697)為二集，清康熙三十七年(1698)至清康熙五十年(1711)為三集，清康熙五十一年(1711)至清康熙六十一(1722)年為四集。前三集是康熙皇帝在位時編輯刻印的，第四集系清雍正時編印。此書的編輯目的在於記録史實，以當朝皇帝之模訓，為「後聖之楷模」。是研究清康熙時期歷史掌故及記録康熙皇帝一生文治武功過程中思想變化的珍貴史料。

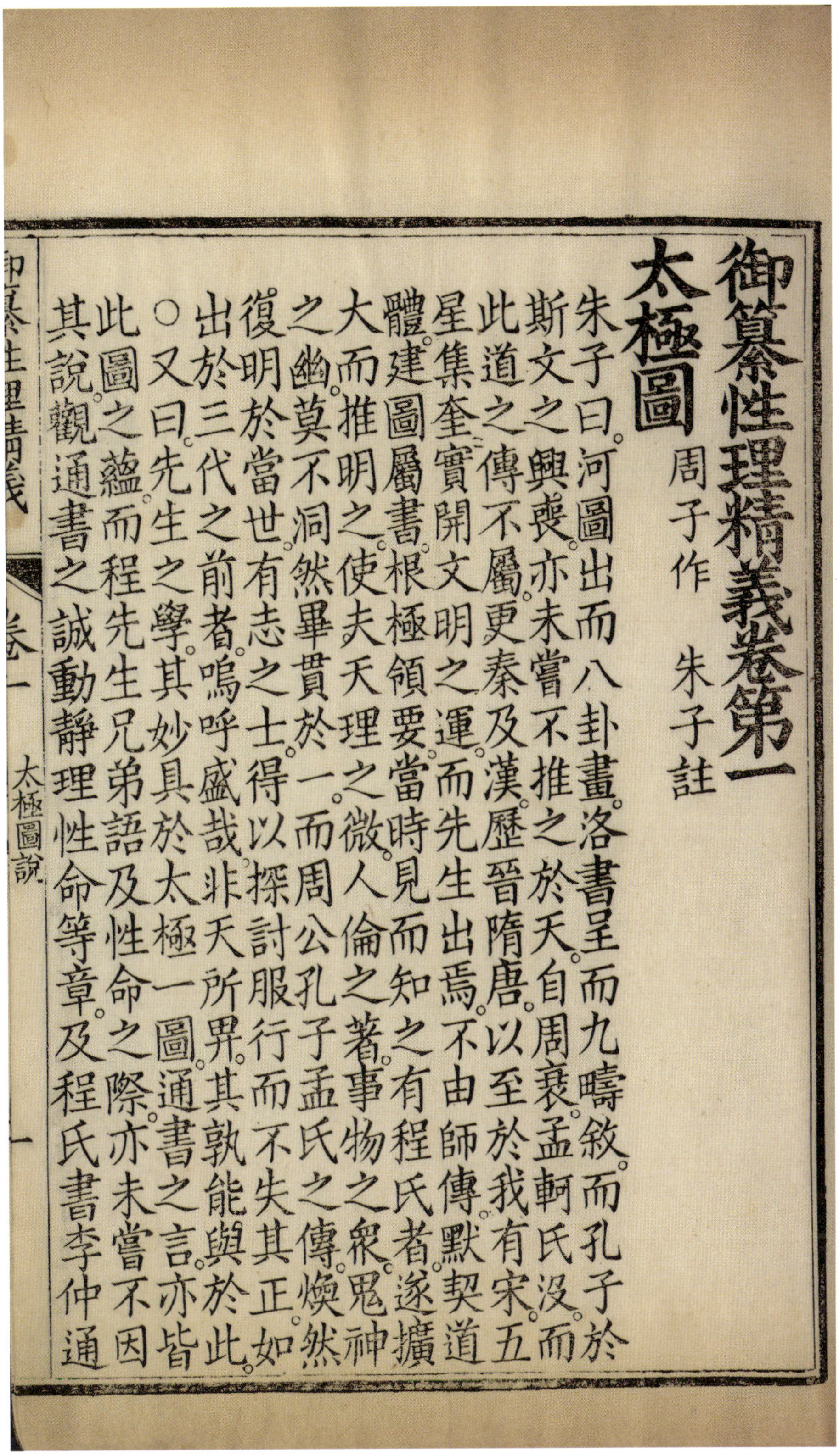

御纂性理精義卷第一

太極圖

周子作　朱子註

朱子曰河圖出而八卦畫洛書呈而九疇敘而孔子於斯文之興喪亦未嘗不推之於天自周衰孟軻氏沒而此道之傳不屬更秦及漢歷晉隋唐以至於我有宋五星集奎實開文明之運而先生出焉不由師傳默契道體建圖屬書根極領要當時見而知之有程氏者遂擴大而推明之使夫天理之微人倫之著事物之衆鬼神之幽莫不洞然畢貫於一而周公孔子孟氏之傳煥然復明於當世有志之士得以探討服行而不失其正如出於三代之前者嗚呼盛哉非天所畀其孰能與於此

○又曰先生之學其妙具於太極一圖通書之言亦皆此圖之蘊而程先生兄弟語及性命之際亦未嘗不因其說觀通書之誠動靜理性命等章及程氏書李仲通

御纂性理精義　卷一　太極圖說　一

009　御纂性理精義十二卷　（清）李光地等奉敕編輯　清康熙五十四年（1715）內府刻本

匡高 22.5 厘米，廣 16 厘米。半葉八行，行二十二字，小字雙行，白口，單魚尾，四周雙邊。

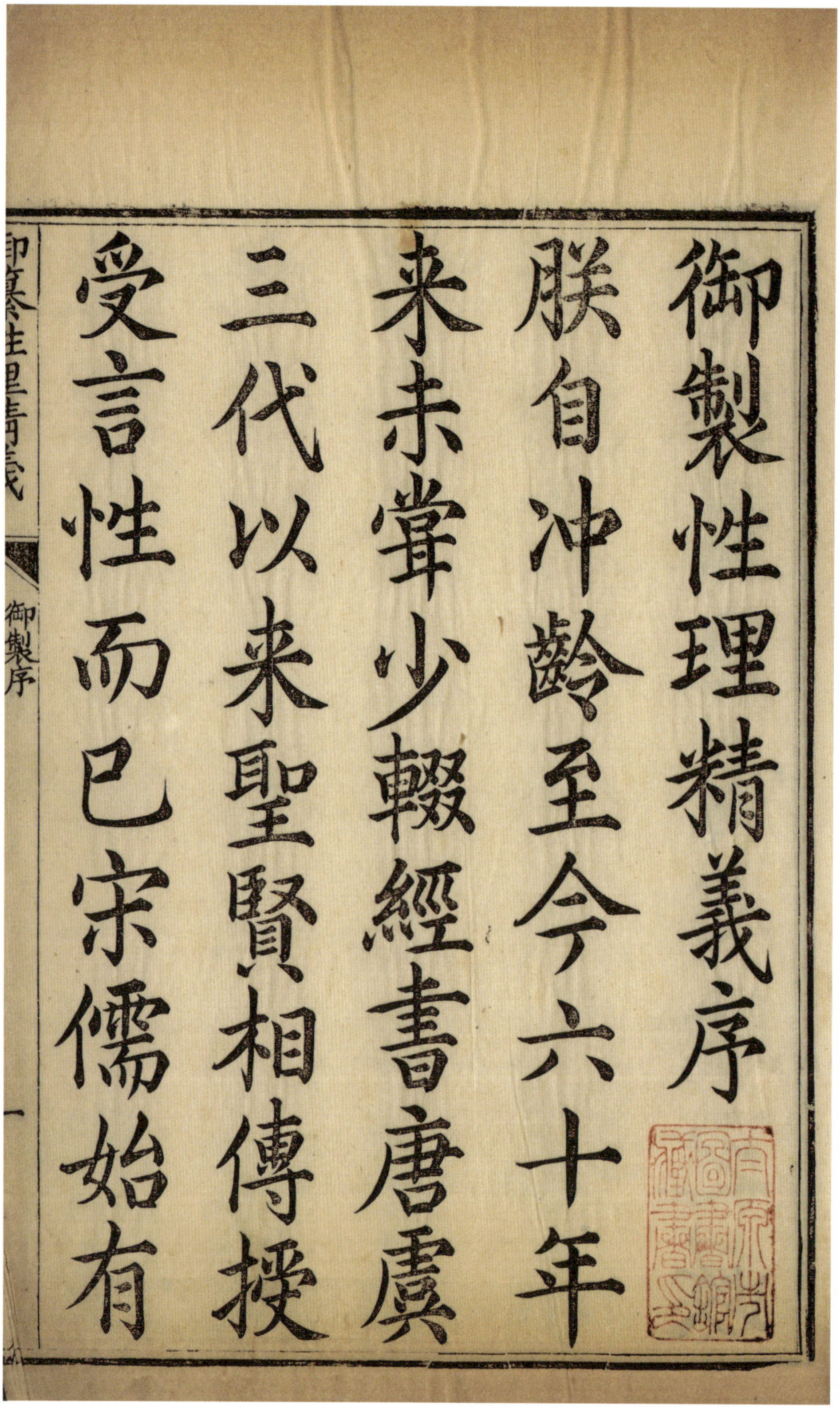
御製性理精義序
朕自冲齡至今六十年
来未甞少輟經書唐虞
三代以来聖賢相傳授
受言性而已宋儒始有

御纂性理精義　御製序　一

009　御纂性理精義十二卷（2）

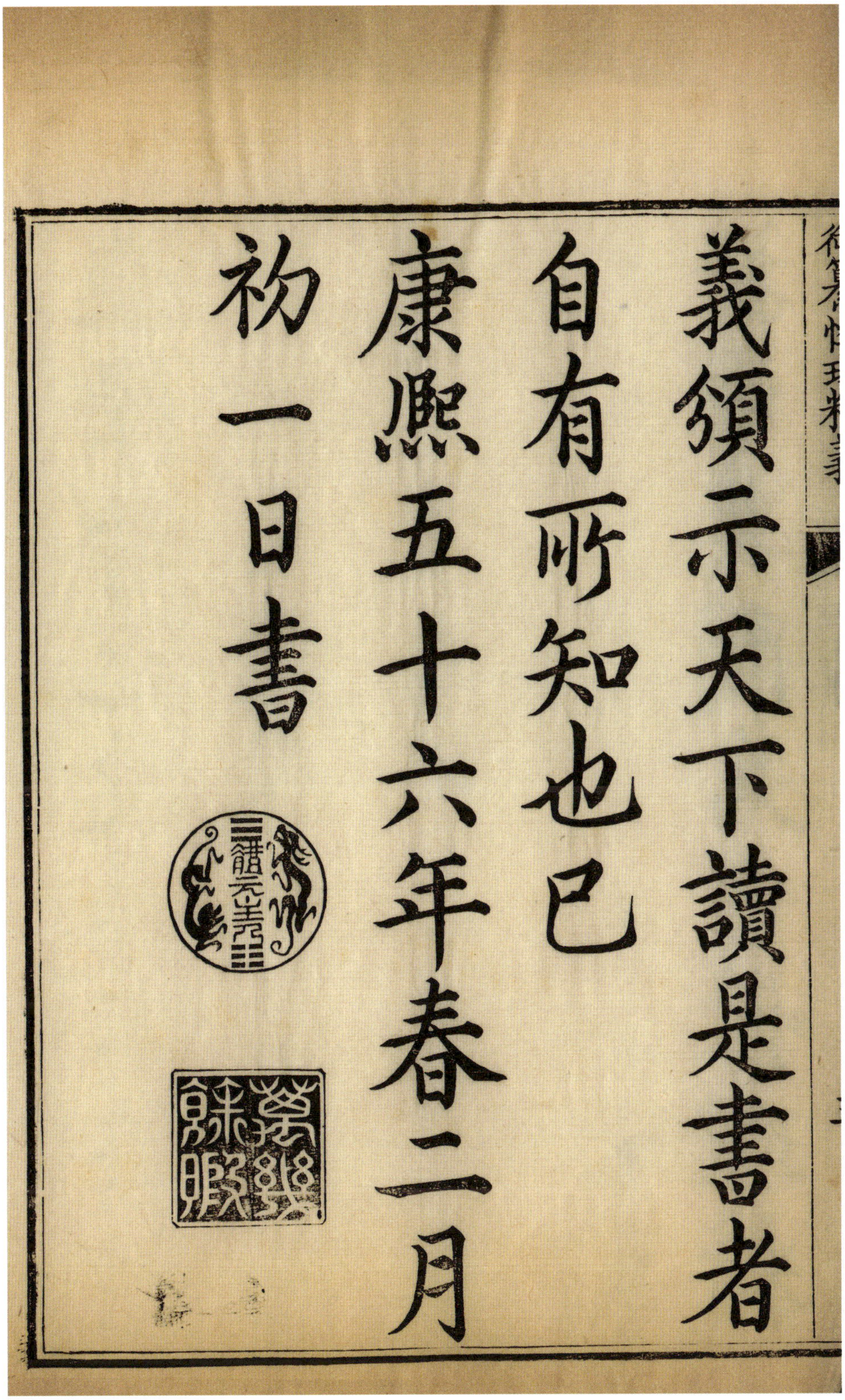
義須示天下讀是書者
自有所知也已
康熙五十六年春二月
初一日書

009　御纂性理精義十二卷（3）

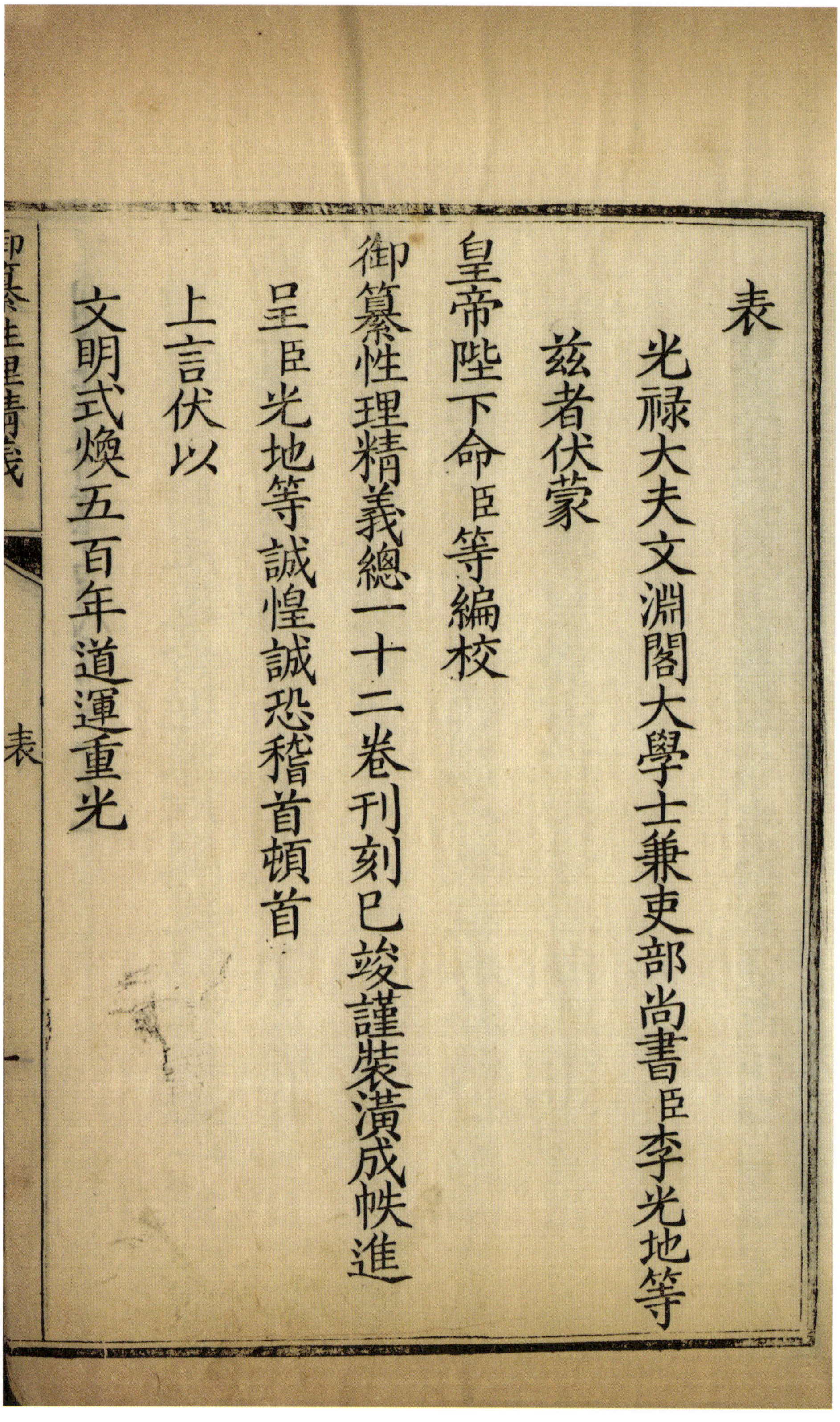

表

光祿大夫文淵閣大學士兼吏部尚書臣李光地等

茲者伏蒙

皇帝陛下命臣等編校

御纂性理精義總一十二卷刊刻已竣謹裝潢成帙進

呈臣光地等誠惶誠恐稽首頓首

上言伏以

文明式煥五百年道運重光

御纂性理精義　表　一

009　御纂性理精義十二卷（4）

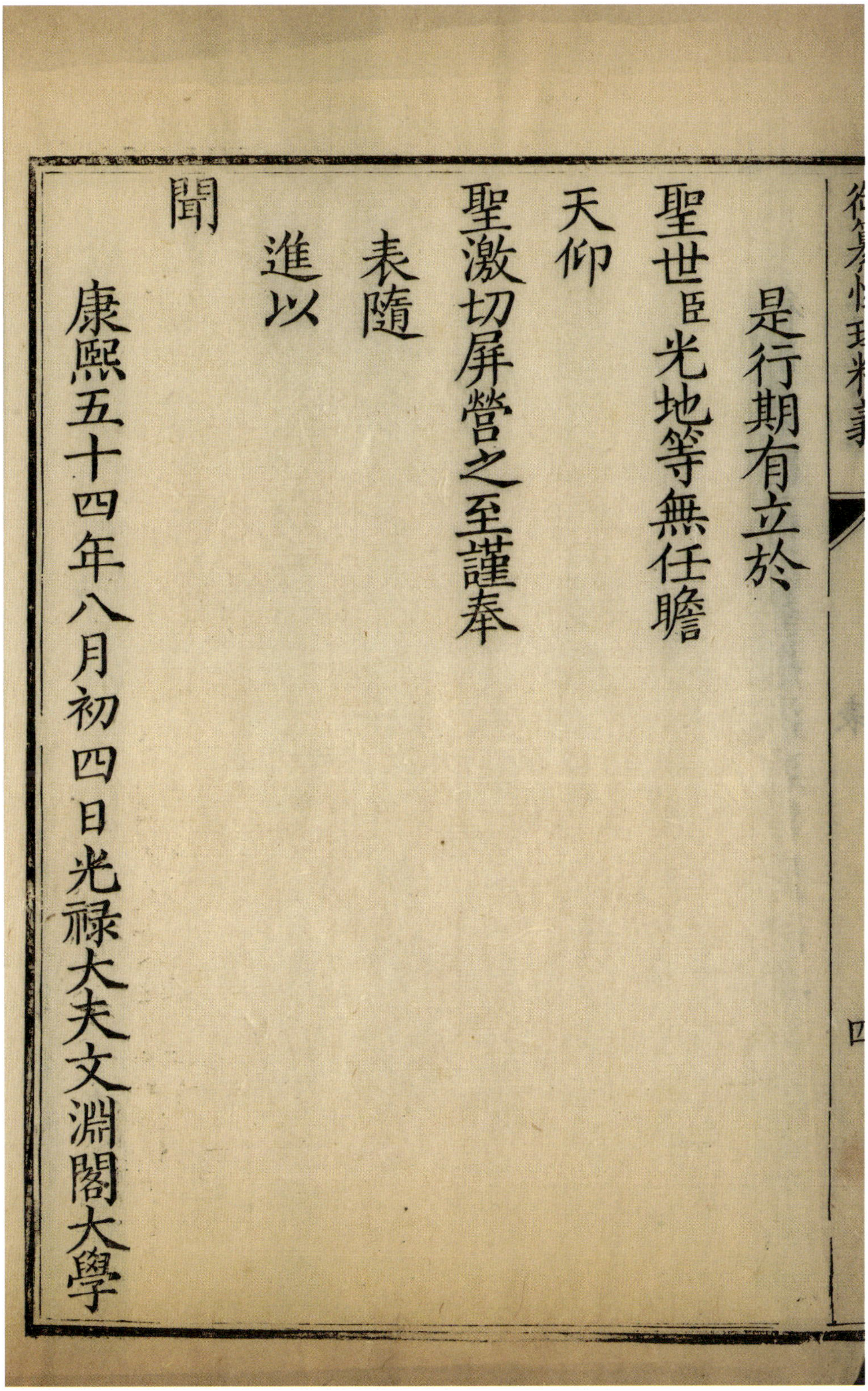
御纂性理精義
四

是行期有立於
聖世臣光地等無任瞻
天仰
聖激切屏營之至謹奉
表隨
進以
聞
康熙五十四年八月初四日光祿大夫文淵閣大學

009　御纂性理精義十二卷（5）

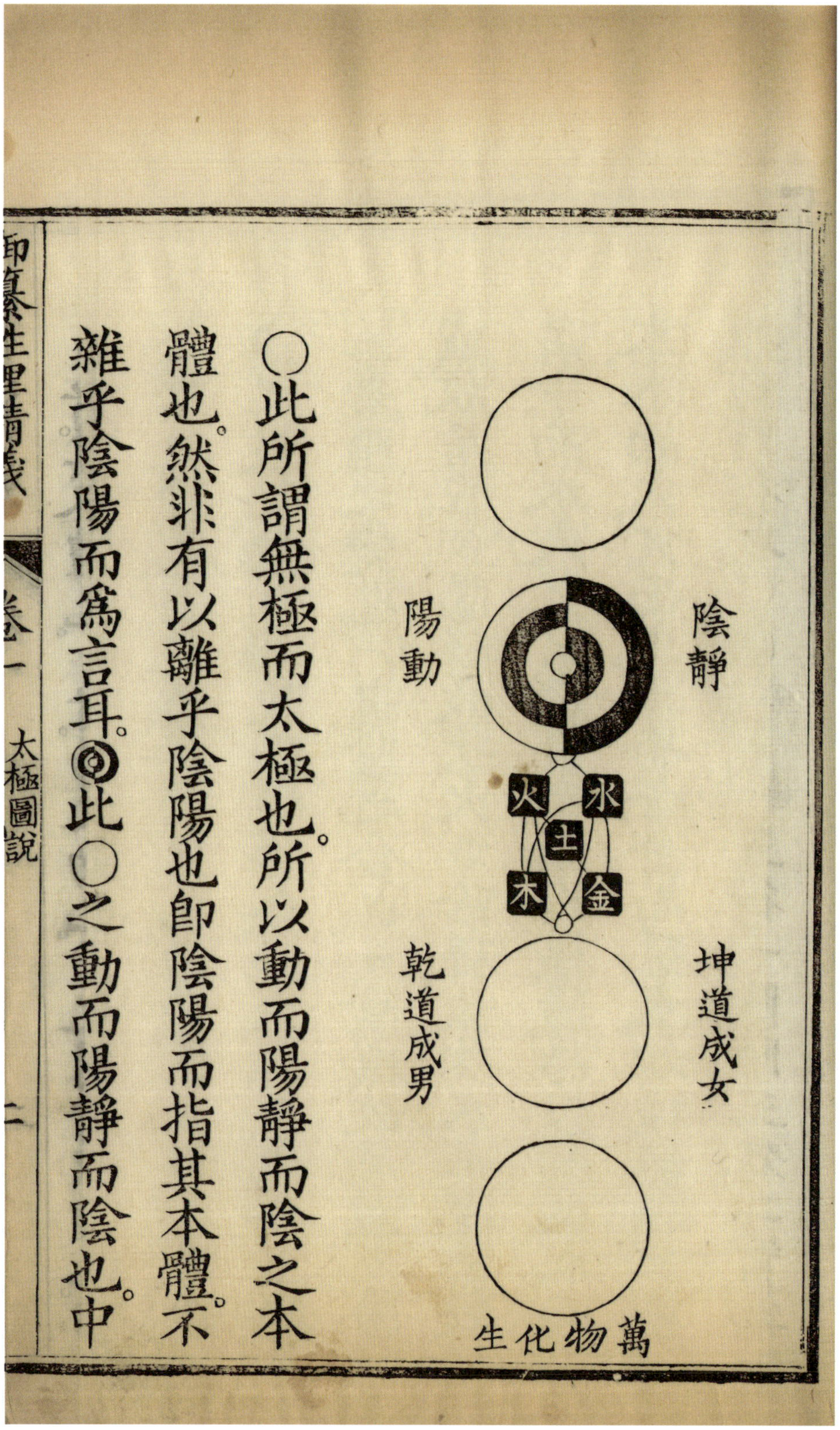

○此所謂無極而太極也。所以動而陽靜而陰之本
體也。然非有以離乎陰陽也即陰陽而指其本體。不
雜乎陰陽而爲言耳。◎此○之動而陽靜而陰也。中

御纂性理精義 卷一 太極圖說 二

009 御纂性理精義十二卷（6）

009　御制性理精義十二卷

清李光地等奉敕編。清康熙五十四年（1715）内府刻本。匡高二十二·五厘米，廣十六厘米，半葉八行，行二十二字，小字雙行，白口，單魚尾，四周雙邊，有滿漢雙文對照眉批。一函五冊。舘藏號：005653—005657。入選第三批《山西省珍貴古籍名録》，名録號：00484。

李光地（1642—1718），字晉卿，號厚庵，别號榕村，福建泉州安溪人。清代名臣、理學家。清康熙九年（1670）進士，授編修，累官至文淵閣大學士兼吏部尚書。謚文貞。清康熙五十四年（1715）李光地等奉敕取明永樂中胡廣等撰《性理大全》进行編校。因該書持擇不精，泛雜而冗長，且所分目亦傷繁雜。故刪繁就簡，存其綱要，詮解詳注。編成後以御撰名義頒行全國。此書彙集前人研讀經學之精華，内容凡太極圖說、通書一卷，西銘、正蒙一卷，皇極經世一卷，易學啟蒙一卷，家禮一卷，律呂新書一卷，學類二卷，性命類一卷，理氣類一卷，治道類二卷，每卷又共分子目三十一，附目四。自「正蒙」以下，俱節録其文，不似「太極」、「通書」、「西銘」之載正文及朱熹注。書前有御製序文及進表、職名、先儒姓名、凡例、目録。

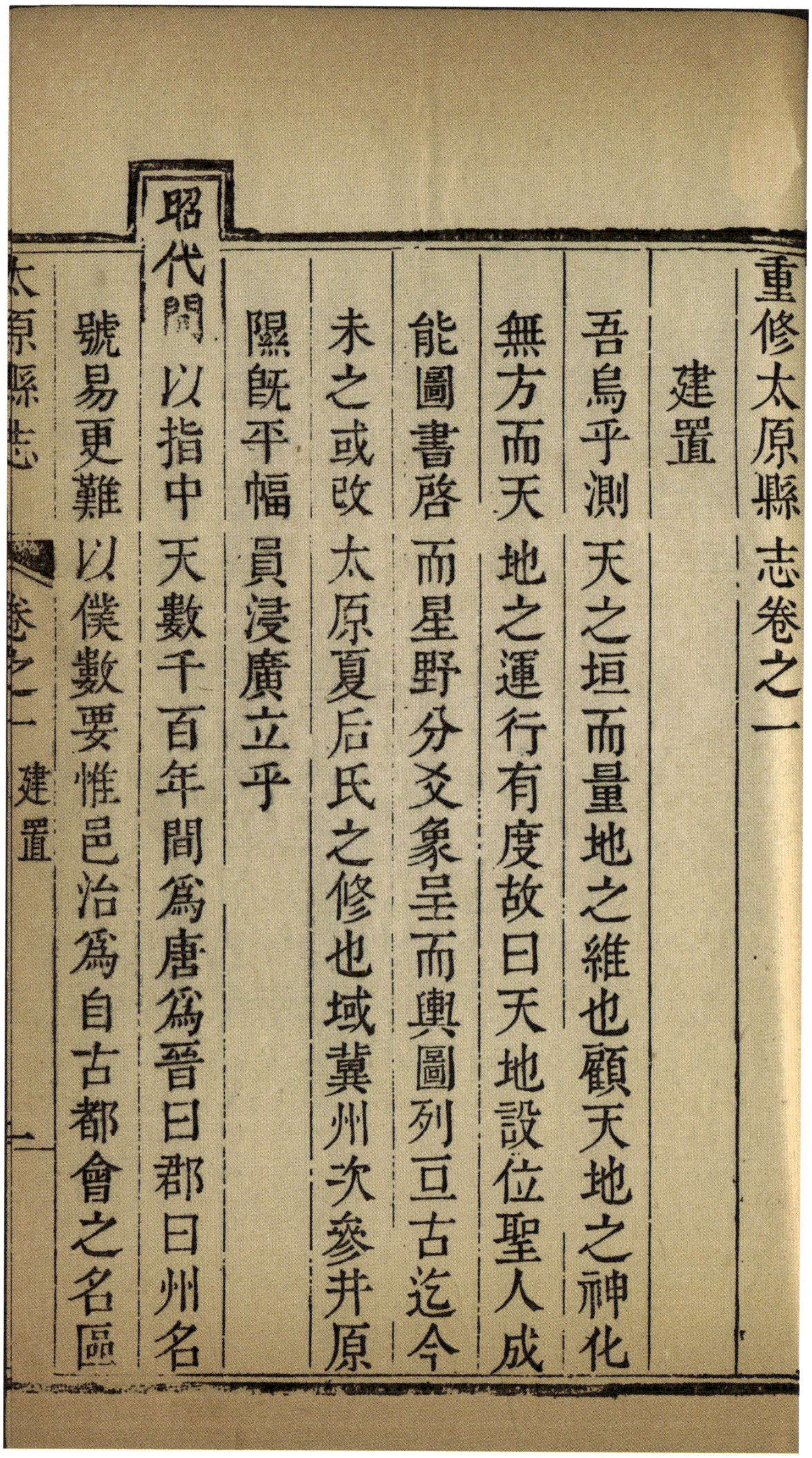
重修太原縣志卷之一

建置

吾烏乎測天之垣而量地之維也顧天地之神化無方而天地之運行有度故曰天地設位聖人成能圖書啓而星野分爻象呈而輿圖列亘古迄今未之或改太原夏后氏之修也域冀州次參井原隰既平幅員浸廣立乎

昭代間以指中天數千百年間爲唐爲晋曰郡曰州名號易更難以僕數要惟邑治爲自古都會之名區

太原縣志　卷之一　建置　一

010　［雍正］太原縣志十六卷　（清）龔新　沈繼贤修　高若岐等纂　清雍正九年（1731）刻本

匡高 20 厘米，廣 14.5 厘米。半葉九行，行二十字，白口，單魚尾，四周雙邊。

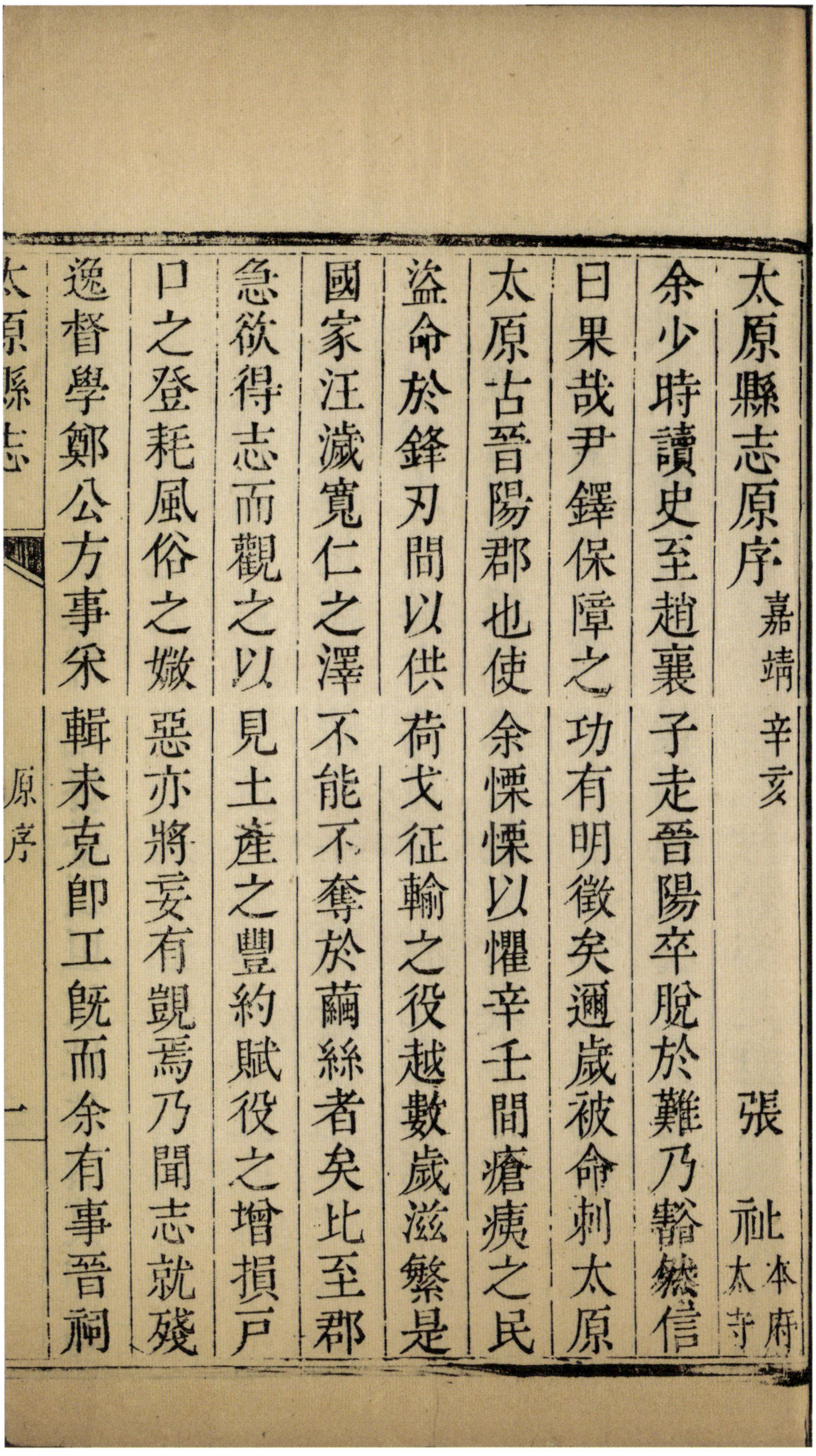

太原縣志原序
嘉靖辛亥 張祉 本府太守
余少時讀史至趙襄子走晉陽卒脫於難乃豁然信
曰果哉尹鐸保障之功有明徵矣邇歲被命刺太原
太原古晉陽郡也使余慄慄以懼辛壬間瘡痍之民
盜命於鋒刃間以供荷戈征輸之役越數歲滋繁是
國家汪濊寬仁之澤不能不奪於繭絲者矣比至郡
急欲得志而觀之以見土產之豐約賦役之增損戶
口之登耗風俗之媺惡亦將妄有覬焉乃聞志就殘
逸督學鄭公方事釆輯未克即工既而余有事晉祠
太原縣志 原序 一

010 ［雍正］太原縣志十六卷（2）

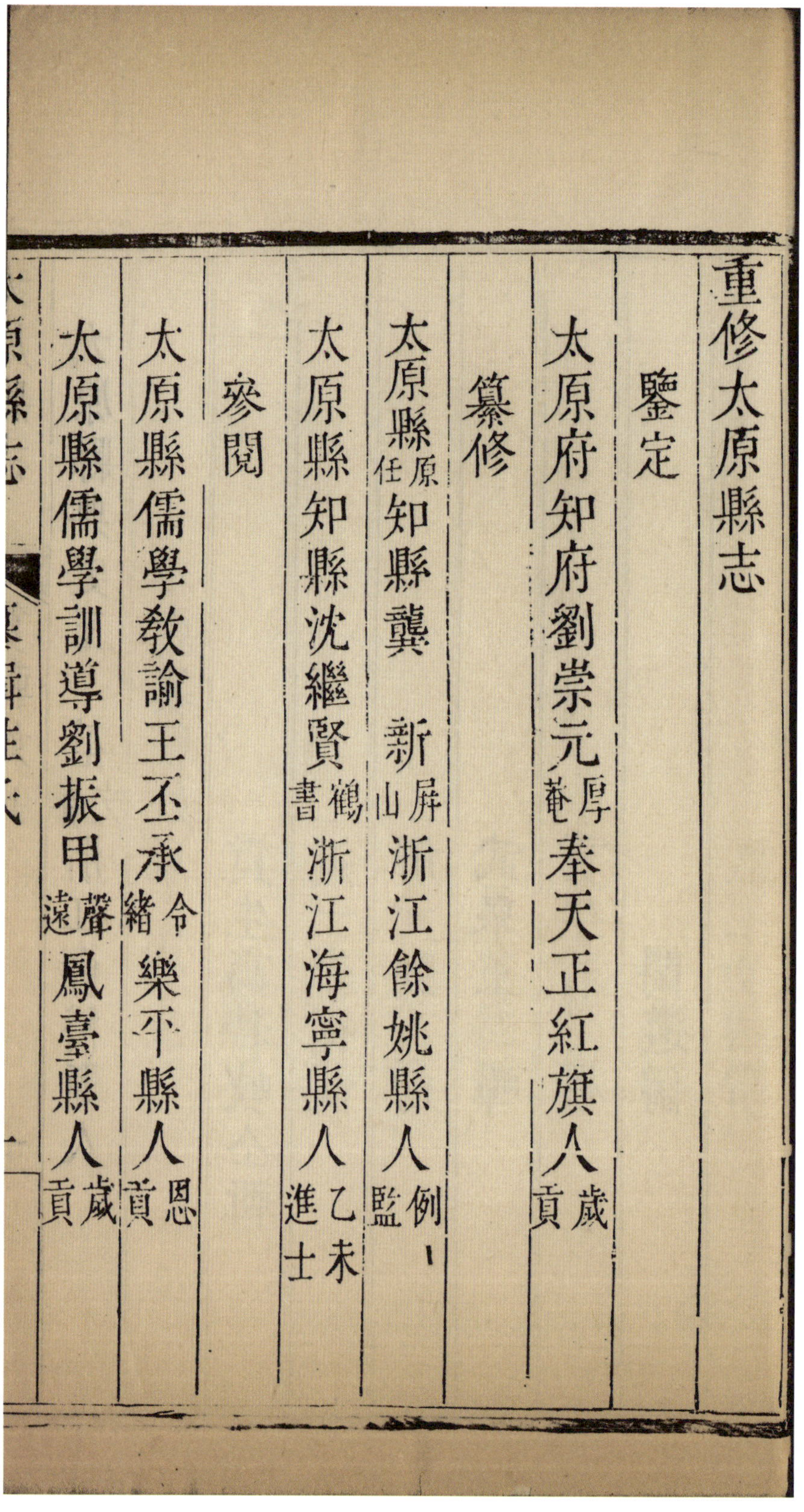
重修太原縣志

鑒定

太原府知府劉崇元厚菴 奉天正紅旗人歲貢

纂修

太原縣原任知縣龔新屏山 浙江餘姚縣人例監

太原縣知縣沈繼賢鶴書 浙江海寧縣人乙未進士

參閱

太原縣儒學教諭王丕承令緒 樂平縣人恩貢

太原縣儒學訓導劉振甲聲遠 鳳臺縣人歲貢

太原縣志

010 ［雍正］太原縣志十六卷 (3)

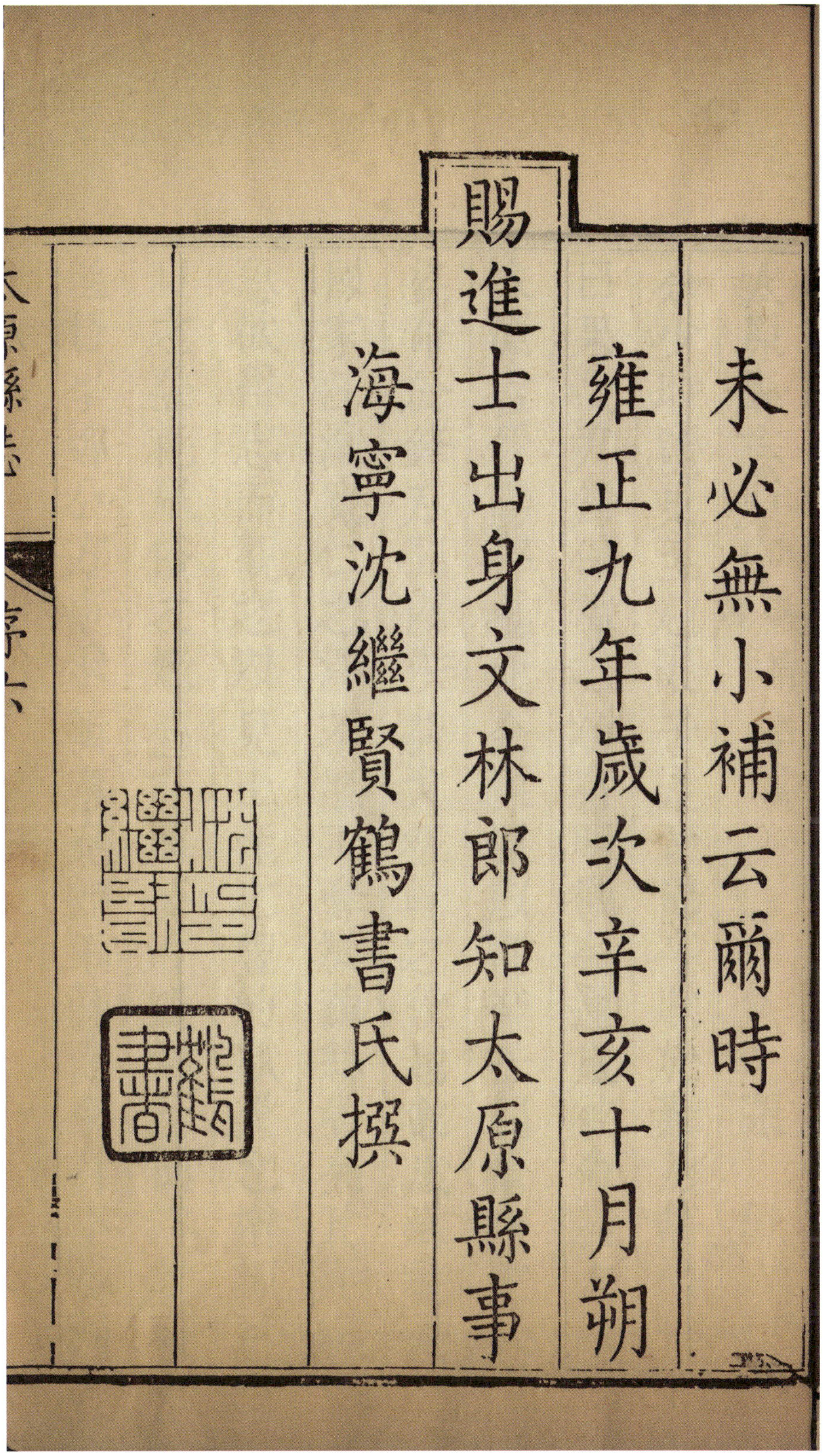

未必無小補云爾時
雍正九年歲次辛亥十月朔
賜進士出身文林郎知太原縣事
海寧沈繼賢鶴書氏撰

010　［雍正］太原縣志十六卷（4）

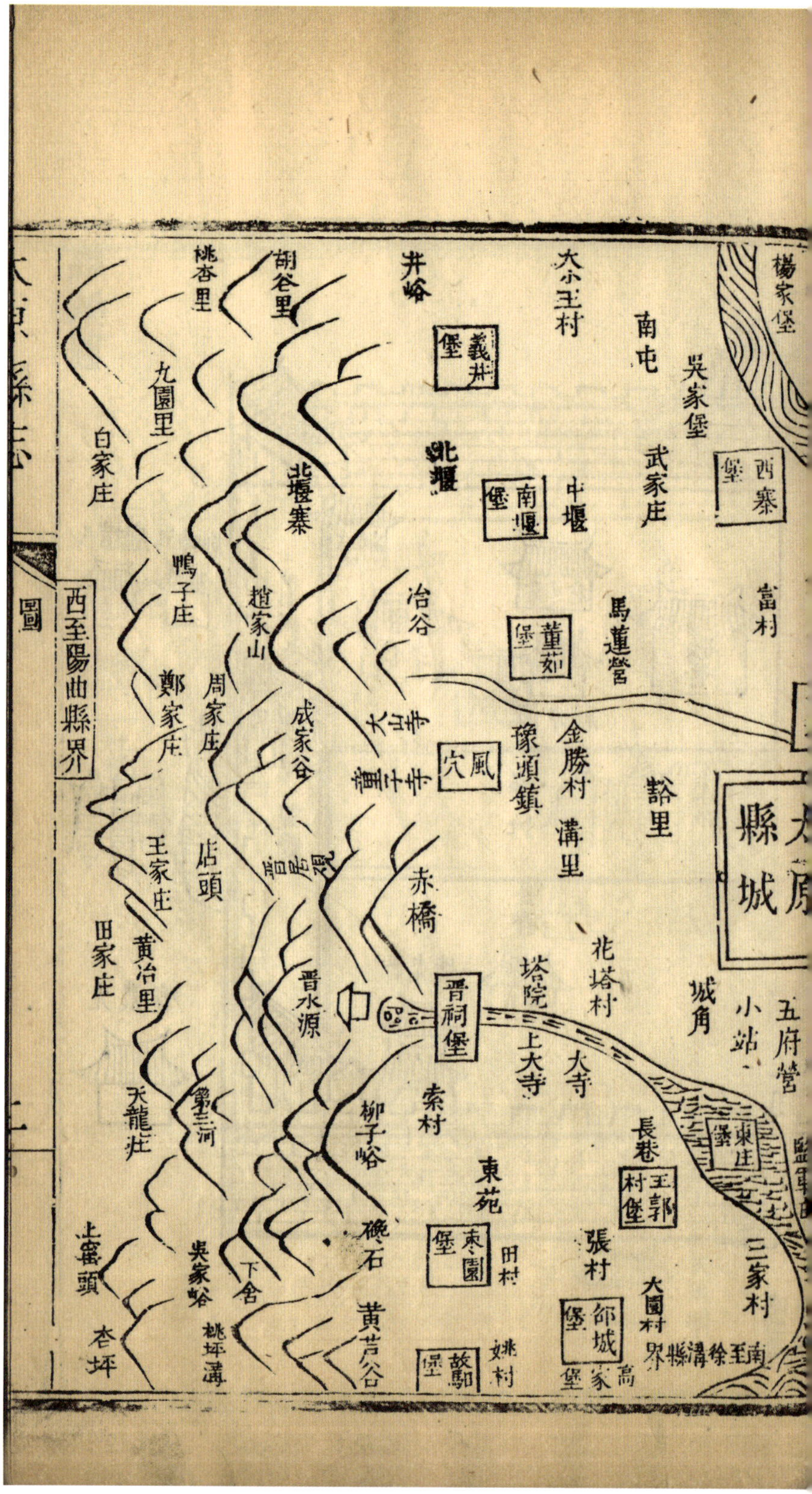

010 ［雍正］太原縣志十六卷 (5)

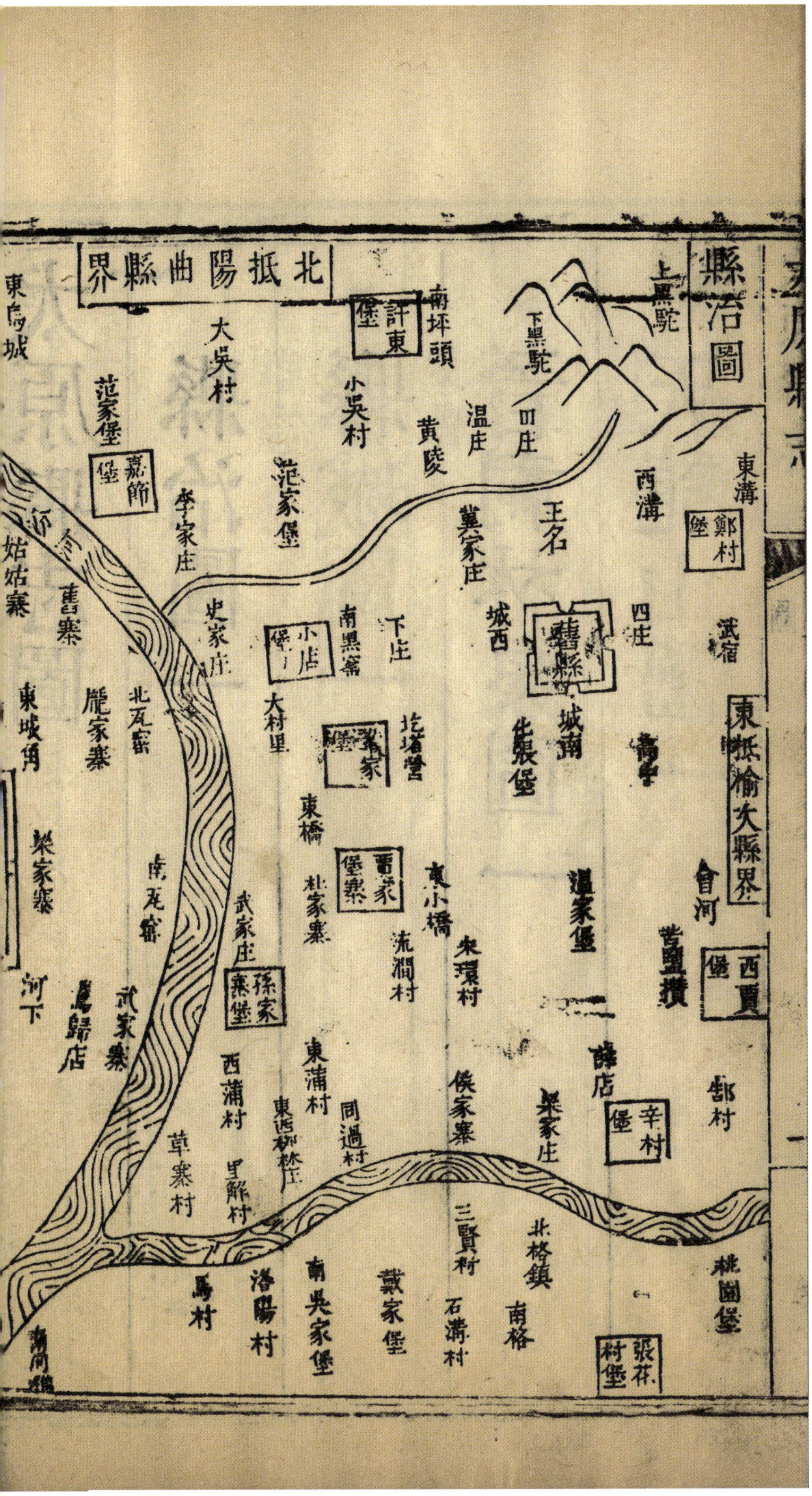
北抵陽曲縣界
縣治圖
上黑駝
下黑駝
許東堡
南坪頭
大吳村
小吳村
范家堡
溫庄
黃陵
西溝
東溝
鄭村堡
王名
冀家庄
李家庄
史家庄
舊寨
姑姑寨
南黑窑
下庄
城西
四庄
武宿
舊縣
小店堡
北瓦窑
東城角
龐家寨
大村里
城南
東抵榆次縣界
東橋
杜家寨
流澗村
溫家堡
會河
西賈堡
孫家寨堡
武家庄
東小橋
東環村
梁家寨
南瓦窑
河下
武家寨
西蒲村
東蒲村
同過村
侯家寨
郜村
辛村堡
梁家庄
草寨村
東西柳林庄
三賢村
北格鎮
馬村
洛陽村
南吳家堡
石溝村
南格
桃園堡
張花村堡

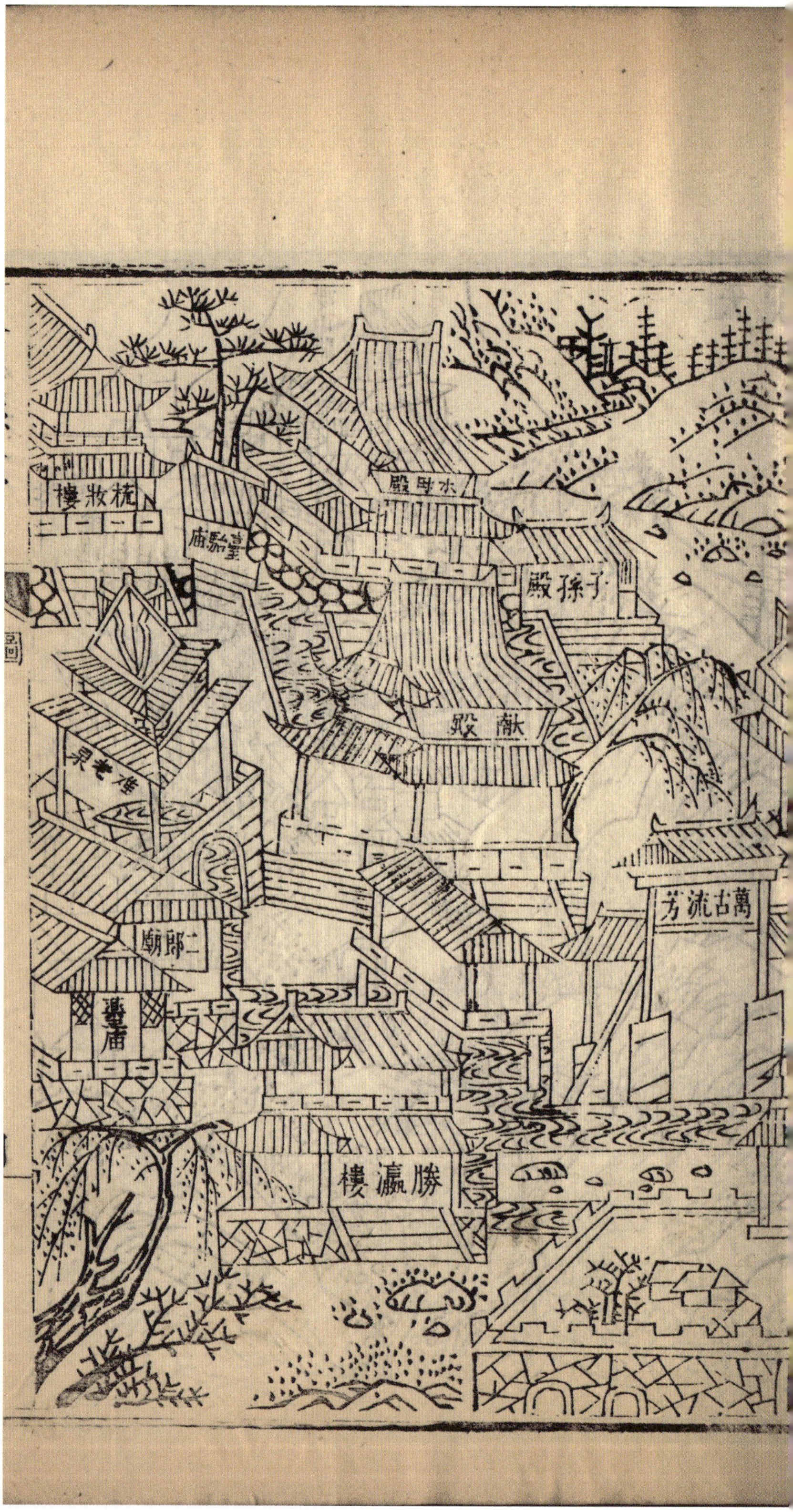

010 ［雍正］太原縣志十六卷 (6)

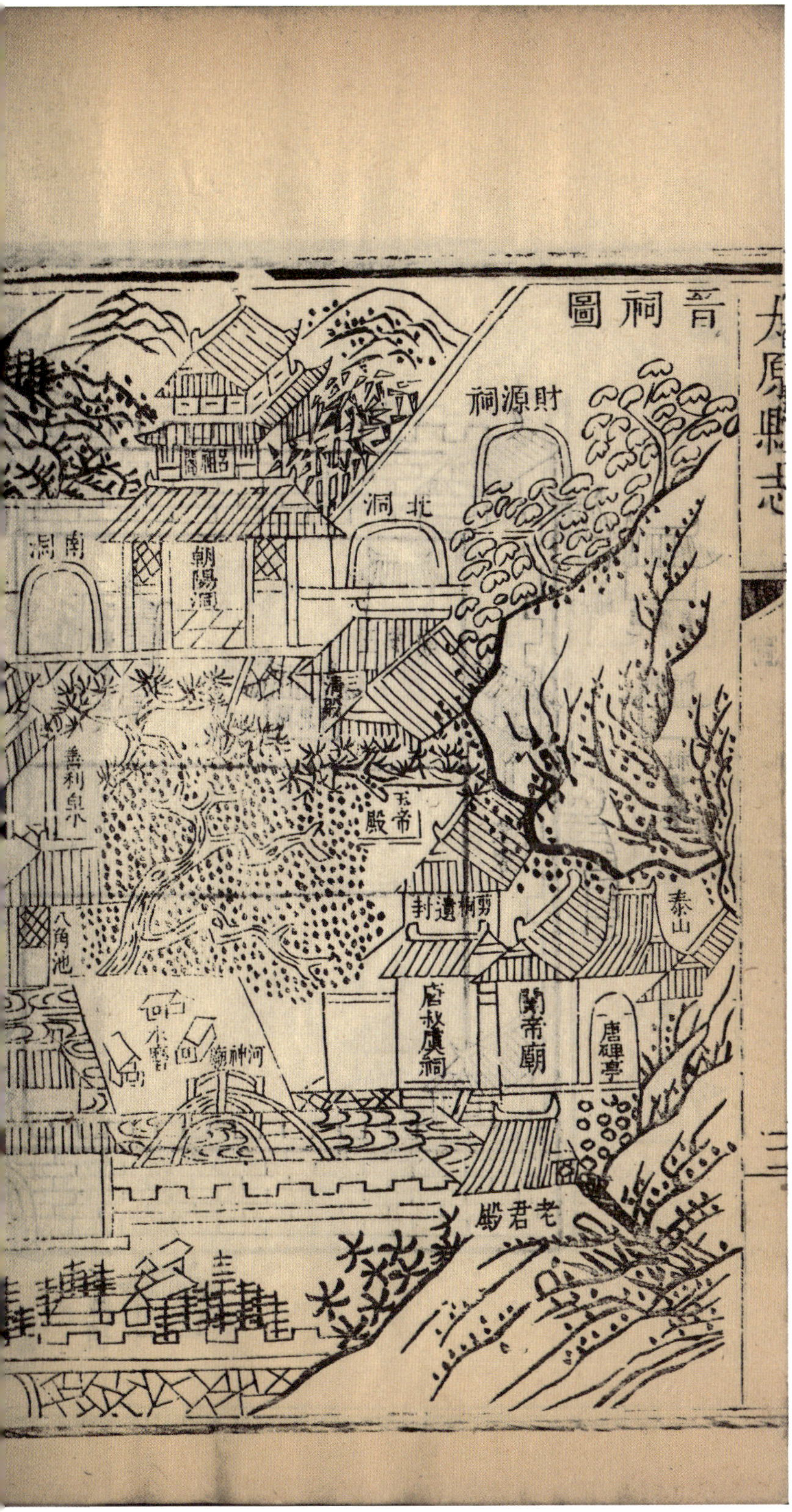
太原縣志
晉祠圖
財源祠
北洞
南洞
朝陽洞
善利泉
八角池
玉帝殿
剪桐遺封
泰山
唐叔虞祠
關帝廟
唐碑亭
河神廟
老君殿

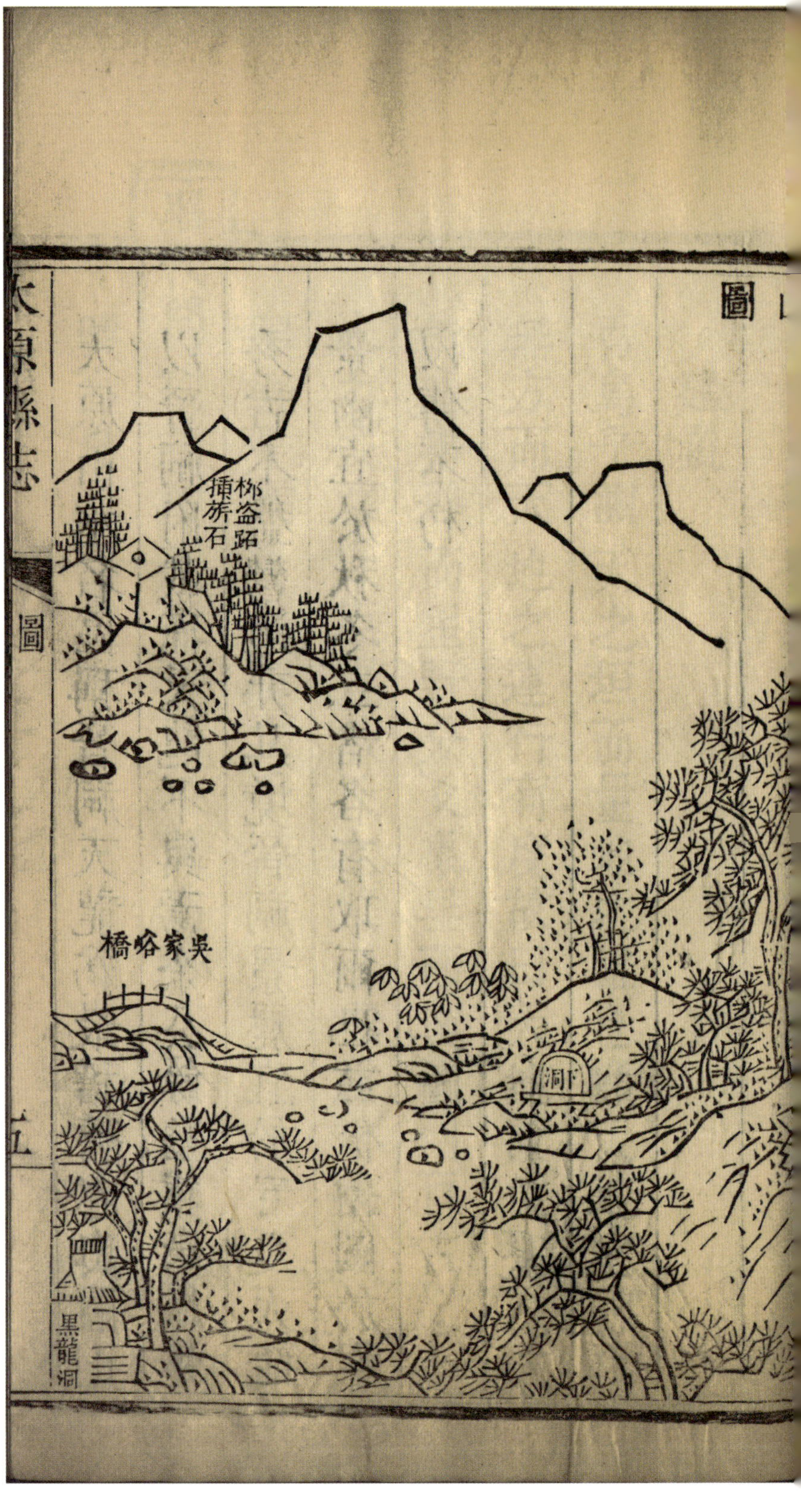

010 ［雍正］太原縣志十六卷（7）

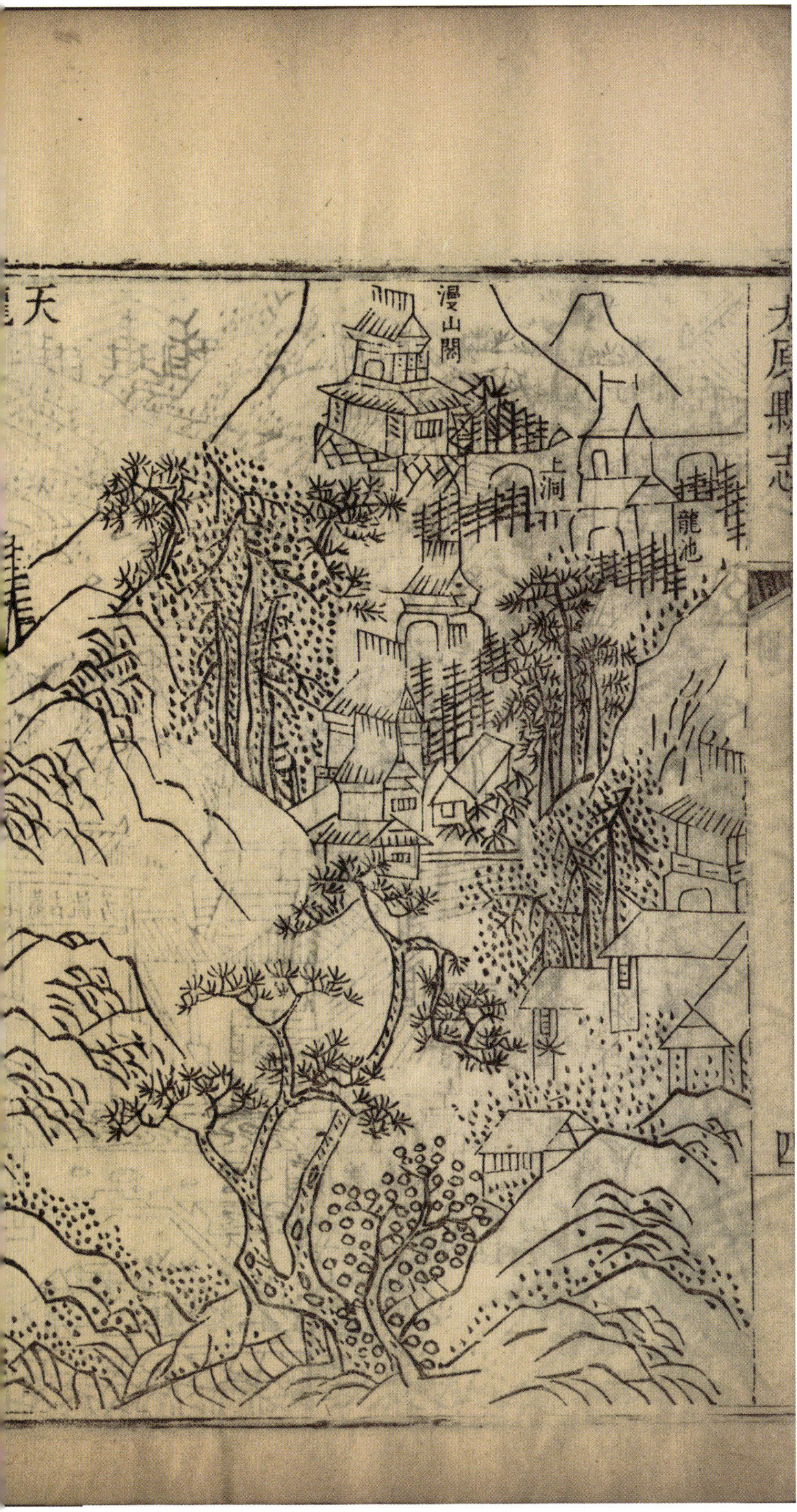
天
漫山閣
上洞门
龍池
四

010 ［雍正］重修太原縣志十六卷

清襲新、沈繼賢修，高若岐等纂。清雍正九年(1731)刻本。匡高二十厘米，廣十四·五厘米，半葉九行，行二十字，白口，單魚尾，四周雙邊。一函四冊。館藏號：005235–005238。入選第二批《山西省珍貴古籍名録》，名録號：00269。

龔新，字屏山，浙江餘姚人。清雍正六年(1728)任太原知縣。沈繼賢，字鶴書，浙江海寧人。進士。清雍正八年(1730)任太原知縣。高若岐，太原人。清康熙年恩貢。《太原縣志》現存最早的刻本為明嘉靖年間刻本，而此本為清雍正九年(1731)據明嘉靖本擴充而成，增加了明嘉靖至清雍正間的史料。全志分建置、山川、田賦、戶口、城垣、物產、職官、學校、祀典、名宦、選舉、人物、藝文、詩賦、災祥、雜誌，共十六門，附目十二，卷前有圖四幅。與前志所比，增加了許多內容。如太原盛產稻米，灌溉為重，故於山川目下附河渠目；雜誌收與水利有關的公移、碑文，其中清雍正七年(1729)晉水碑敘水利糾紛事，補舊志之缺；專為女子列「壺範傳」。志中亦有訛誤，如仙釋目下列「披雲子傳」，考披雲子為宋德芳之號，元朝人，于元元貞元年(1295)建昊天觀，開鑿龍山石窟，而此志以為宋人，誤。

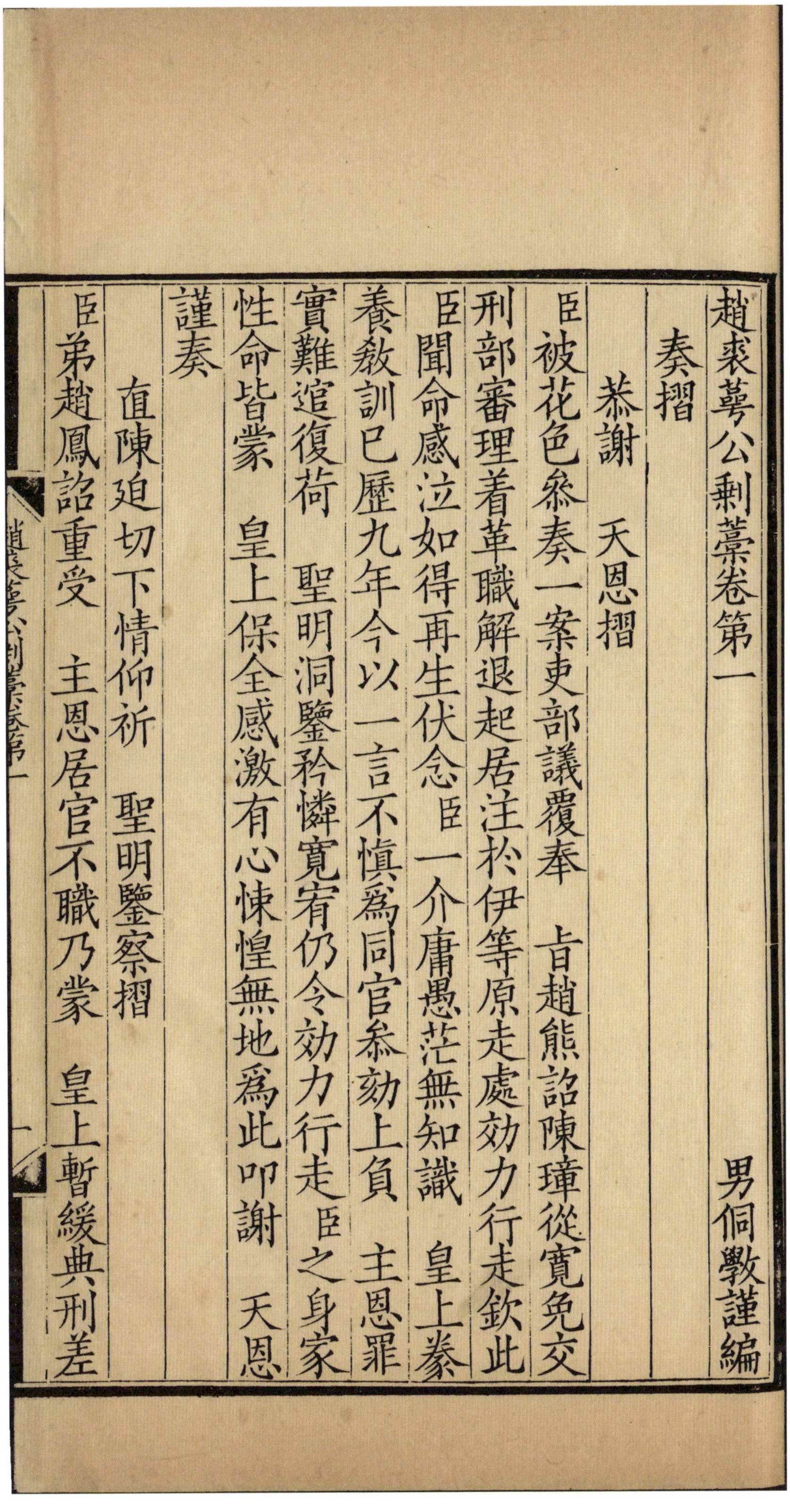

趙裘萼公剩稾卷第一　男侗斆謹編

奏摺

恭謝　天恩摺

臣被花色叅奏一案吏部議覆奉　旨趙熊詔陳璋從寬免交刑部審理着革職解退起居注於伊等原走處効力行走欽此臣聞命感泣如得再生伏念臣一介庸愚茫無知識　皇上豢養敎訓已歷九年今以一言不慎爲同官叅劾上負　主恩罪實難逭復荷　聖明洞鑒矜憐寬宥仍令効力行走臣之身家性命皆蒙　皇上保全感激有心悚惶無地爲此叩謝　天恩謹奏

直陳迫切下情仰祈　聖明鑒察摺

臣弟趙鳳詔重受　主恩居官不職乃蒙　皇上暫緩典刑差

011　趙裘萼公剩稾三卷　（清）趙熊詔撰　清乾隆二年（1737）趙侗斆刻本

匡高 20.4 厘米，廣 14.5 厘米。半葉十二行，行二十四字，上下黑口，雙魚尾，四周雙邊。

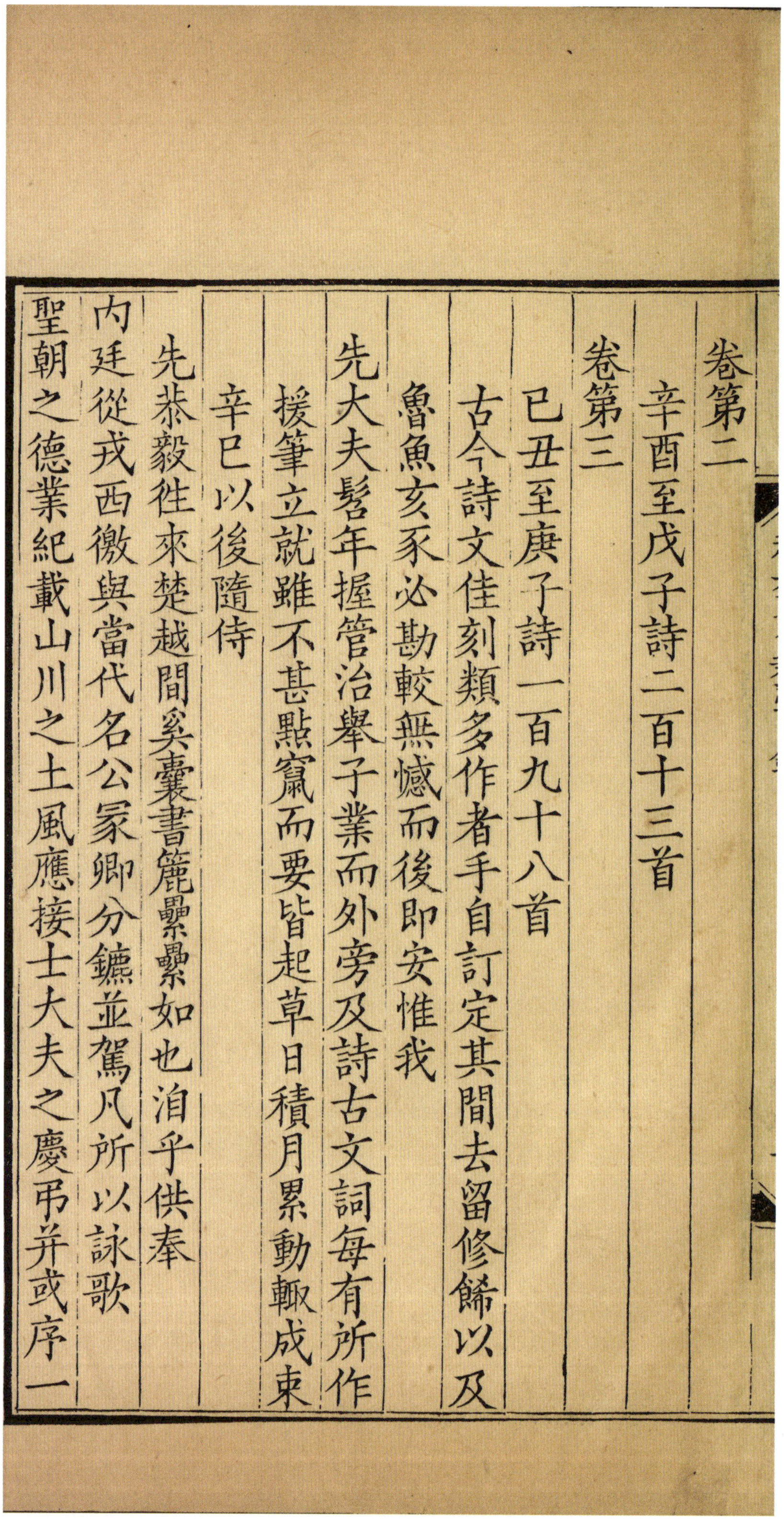

卷第二
辛酉至戊子詩二百十三首
卷第三
己丑至庚子詩一百九十八首
古今詩文佳刻類多作者手自訂定其間去留修餙以及
魯魚亥豕必勘較無憾而後即安惟我
先大夫髫年握管治舉子業而外旁及詩古文詞每有所作
援筆立就雖不甚點竄而要皆起草日積月累動輒成束
辛巳以後隨侍
先恭毅往來楚越間奚囊書簏纍纍如也洎乎供奉
内廷從戎西徼與當代名公冢卿分鑣並駕凡所以詠歌
聖朝之德業紀載山川之土風應接士大夫之慶弔并或序一

011　趙裘萼公剩藳三卷（2）

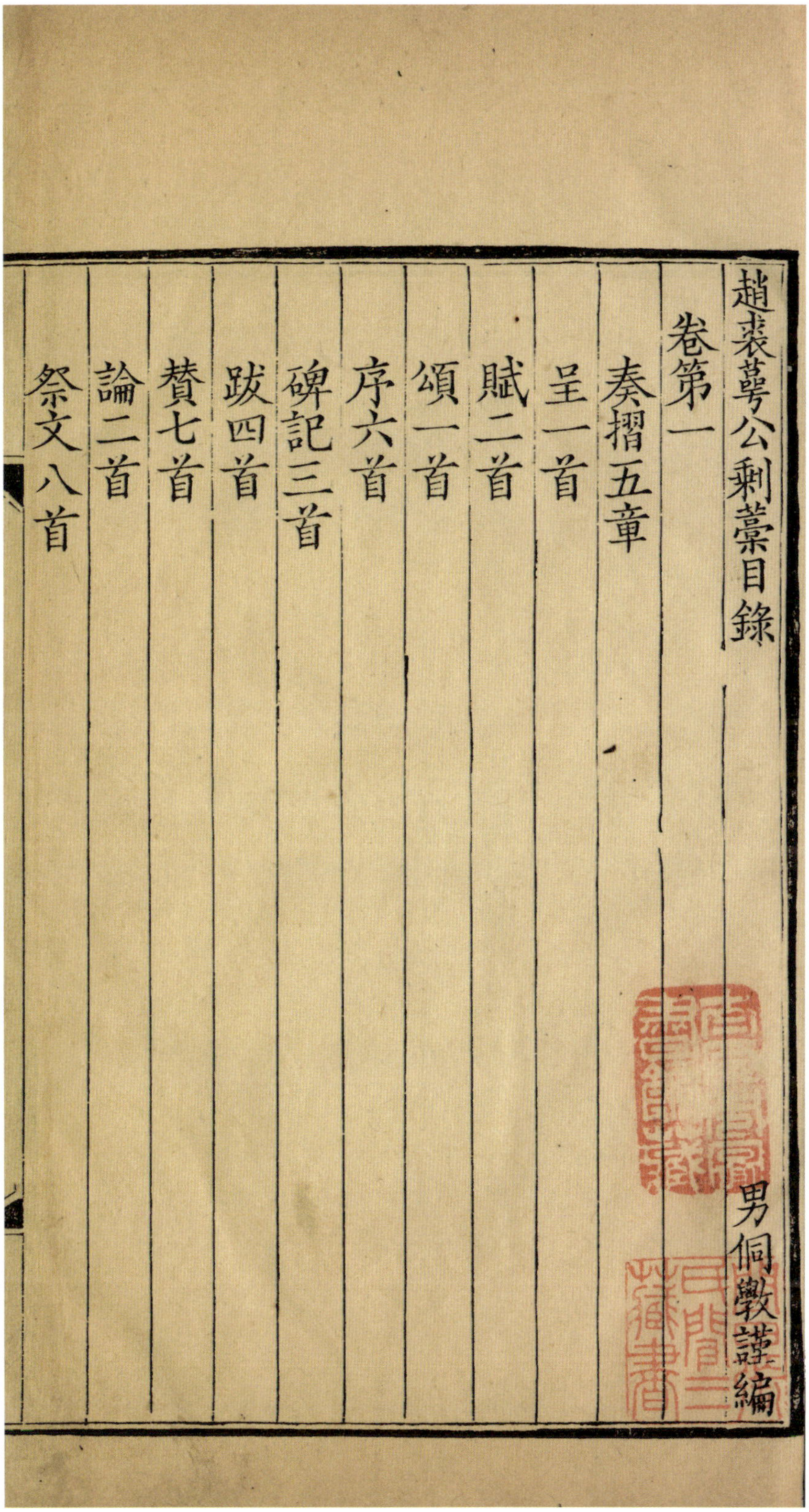
趙裘蕚公剩稾目錄
男侗斆謹編
卷第一
奏摺五章
呈一首
賦二首
頌一首
序六首
碑記三首
跋四首
贊七首
論二首
祭文八首

011　趙裘蕚公剩稾三卷（3）

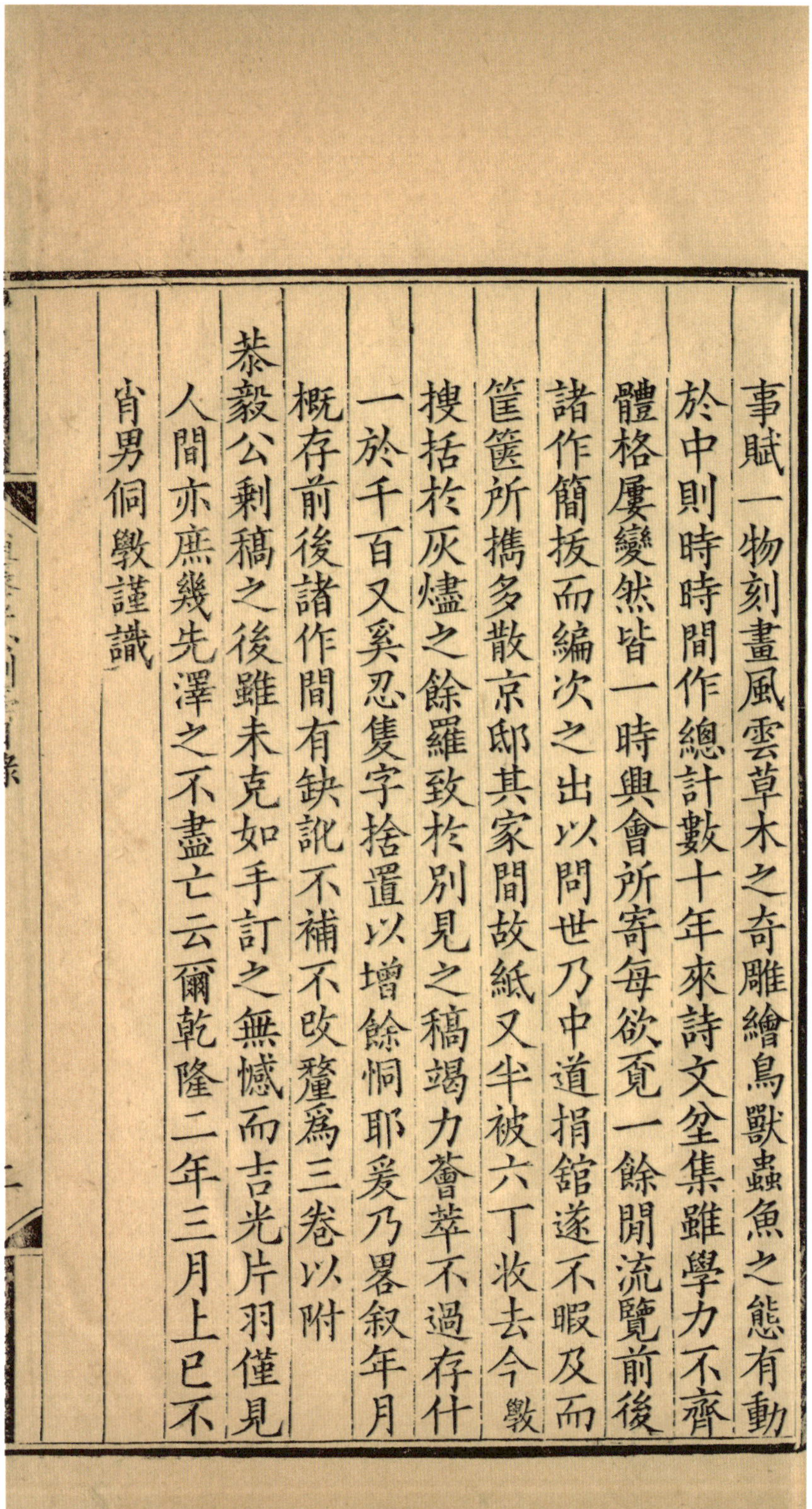

事賦一物刻畫風雲草木之奇雕繪鳥獸蟲魚之態有動
於中則時時間作總計數十年來詩文全集雖學力不齊
體格屢變然皆一時興會所寄每欲覔一餘閒流覽前後
諸作簡扳而編次之出以問世乃中道捐館遂不暇及而
筐篋所攜多散京邸其家間故紙又半被六丁收去今數
搜括於灰燼之餘羅致於別見之稿竭力薈萃不過存什
一於千百又奚忍隻字捨置以增餘恫耶爰乃畧叙年月
概存前後諸作間有鈌訛不補不改釐爲三卷以附
恭毅公剩稿之後雖未克如手訂之無憾而吉光片羽僅見
人間亦庶幾先澤之不盡亡云爾乾隆二年三月上巳不
肖男侗斆謹識

011　趙裘萼公剩藁三卷（4）

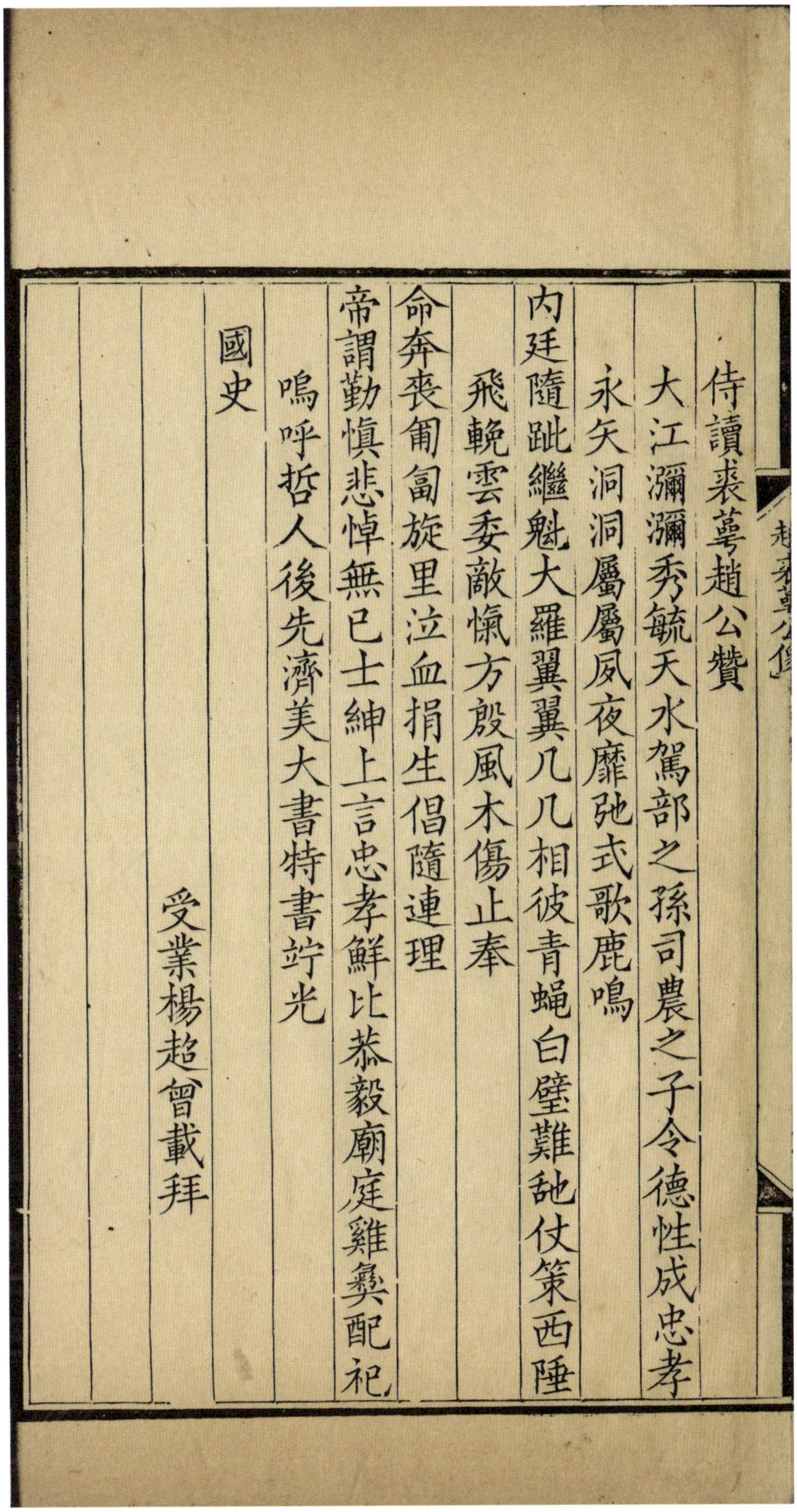
侍讀裘萼趙公贊
大江瀰瀰秀毓天水駕部之孫司農之子令德性成忠孝
永矢洞洞屬屬夙夜靡弛式歌鹿鳴
内廷隨趾繼魁大羅翼翼几几相彼青蠅白璧難䑛仗策西陲
飛輓雲委敵愾方殷風木傷止奉
命奔喪匍匐旋里泣血捐生倡隨連理
帝謂勤慎悲悼無已士紳上言忠孝鮮比恭毅廟庭雞黍配祀
嗚呼哲人後先濟美大書特書竚光
國史
受業楊超曾載拜

011　趙裘萼公剩稾三卷（5）

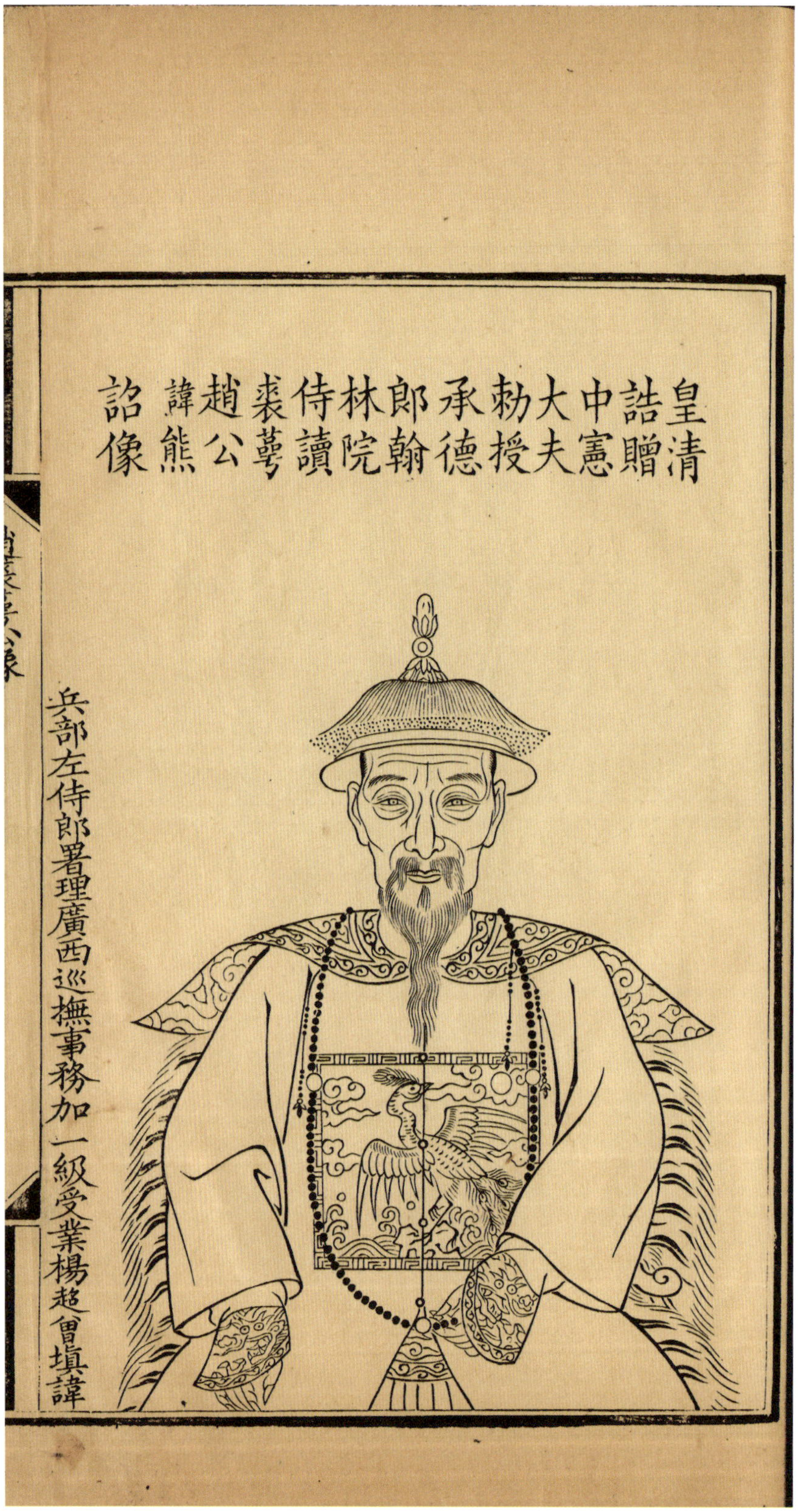
皇清誥贈中憲大夫勅授承德郎翰林院侍讀裘萼趙公諱熊詔像
兵部左侍郎署理廣西巡撫事務加一級受業楊超曾塡諱

011　趙裘萼公剩藳三卷（6）

011 趙裘萼公剩稿三卷

清趙熊詔撰。清乾隆二年（1737）趙侗斆刻本。匡高二十·四厘米，廣十四·五厘米，半葉十二行，行二十四字，上下黑口，雙魚尾，四周雙邊。一函二冊。館藏號：010302–010303。入選第三批《山西省珍貴古籍名録》，名録號：00559。

趙熊詔（1663—1721），字侯赤，一字裘萼，江蘇武進人。清康熙四十八年（1709）己丑科狀元，授翰林院修纂，掌修國史。參與修纂《淵鑑類函》《康熙字典》，後入值南書房，官翰林院侍讀。《趙裘萼公剩稿》卷一為奏摺五章、呈一首、賦二首、頌一首、序六首、碑記三首、跋四首、贊七首、論一首、祭文八首；卷二録詩二百十三首；卷三録詩一百九十八首。此書為趙熊詔卒後由其後人編印成冊。除本書的三卷本外，尚有清乾隆刻本、清光緒二十四年（1898）浙江書局刻本兩種四卷本傳世。書中鈐「閒田張氏聞三藏書」（朱文）等藏書印數枚。

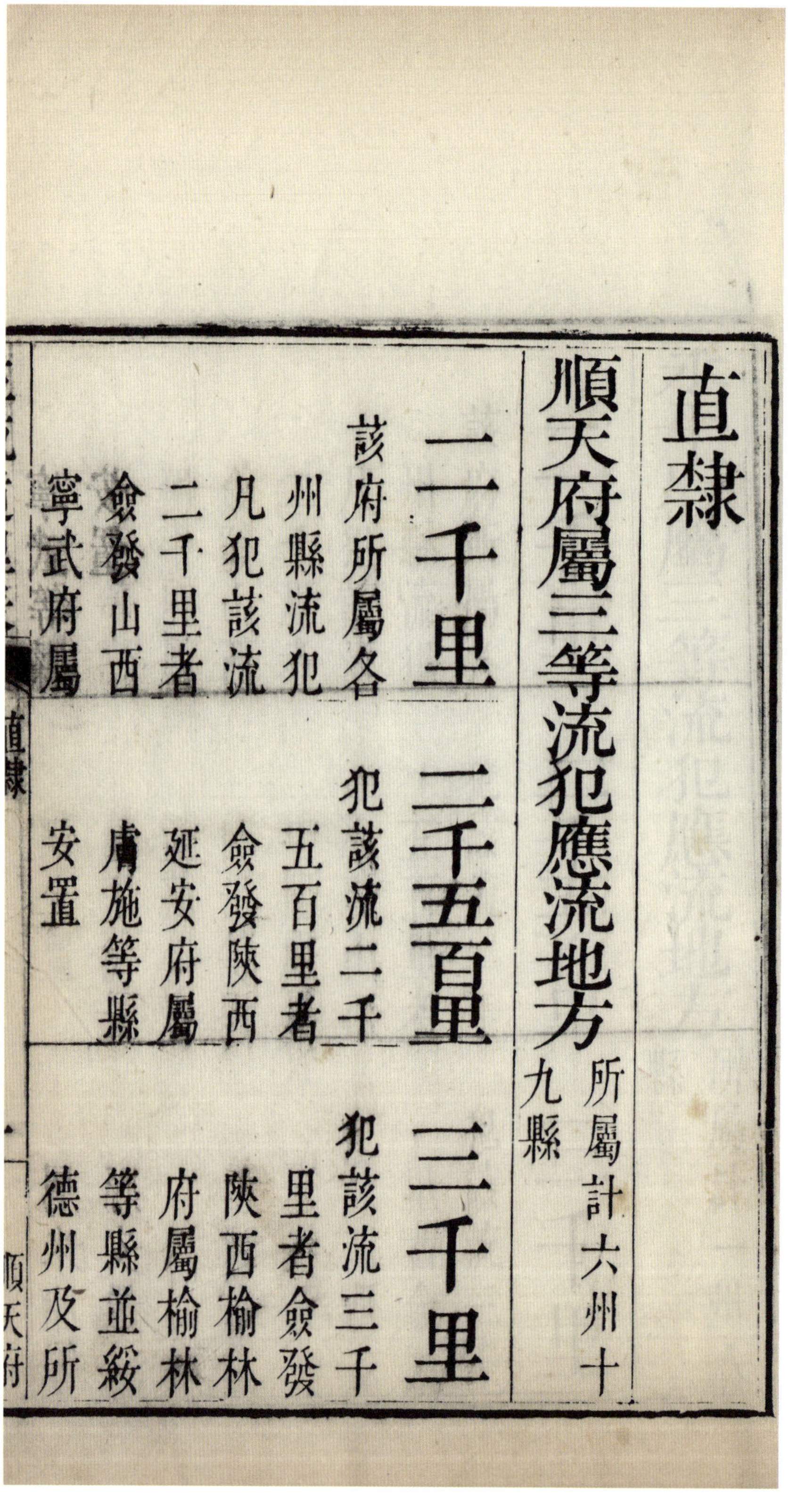
直隸
順天府屬三等流犯應流地方 所屬計六州十九縣
二千里
該府所屬各州縣流犯凡犯該流二千里者僉發山西寧武府屬
二千五百里
犯該流二千五百里者僉發陝西延安府屬膚施等縣安置
三千里
犯該流三千里者僉發陝西榆林府屬榆林等縣並綏德州及所
直隸
順天府

012　三流道里表不分卷　（清）愛新覺羅·弘晝修　徐本等纂　清乾隆八年（1743）武英殿刻本

匡高 20.2 厘米，廣 15.5 厘米。三節本，字数不等，白口，單魚尾，四周雙邊。

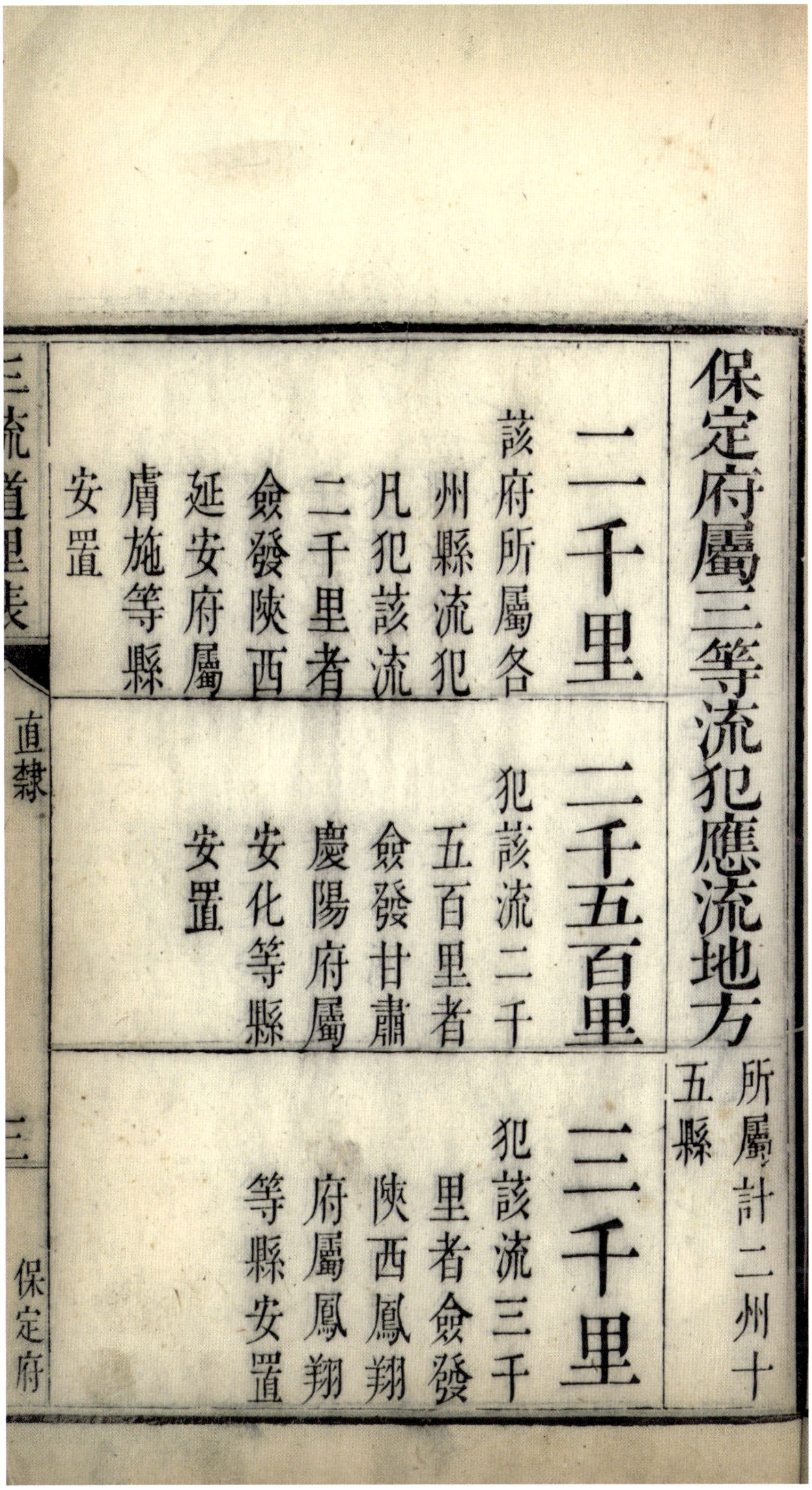

保定府屬三等流犯應流地方

所屬計二州十五縣

二千里	二千五百里	三千里
該府所屬各州縣流犯凡犯該流二千里者僉發陝西延安府屬膚施等縣安置	犯該流二千五百里者僉發甘肅慶陽府屬安化等縣安置	犯該流三千里者僉發陝西鳳翔府屬鳳翔等縣安置

三流道里表　直隸　三　保定府

012　三流道里表不分卷（2）

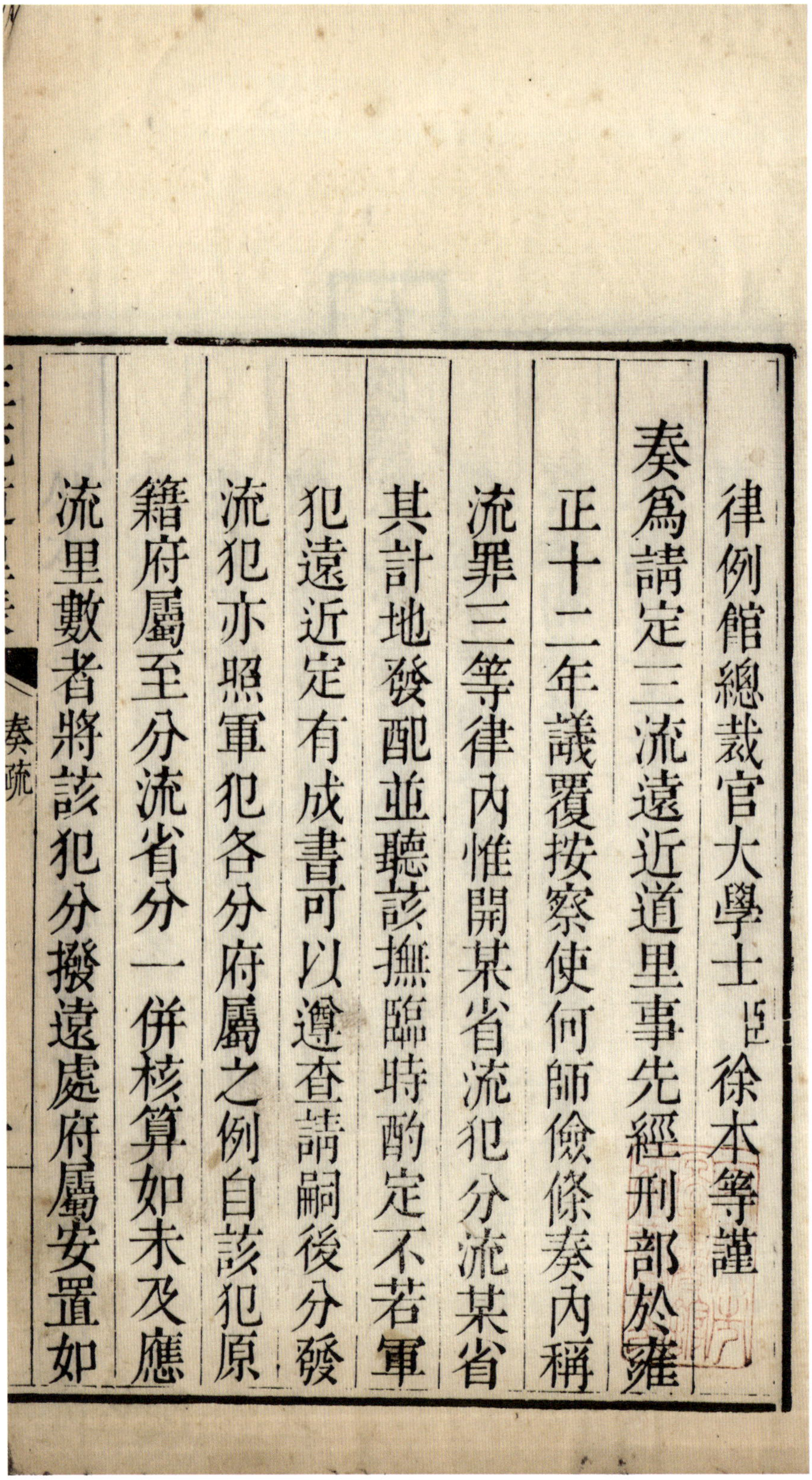
律例館總裁官大學士臣徐本等謹
奏爲請定三流遠近道里事先經刑部於雍
正十二年議覆按察使何師儉條奏內稱
流罪三等律內惟開某省流犯分流某省
其計地發配並聽該撫臨時酌定不若軍
犯遠近定有成書可以遵查請嗣後分發
流犯亦照軍犯各分府屬之例自該犯原
籍府屬至分流省分一併核算如未及應
流里數者將該犯分撥遠處府屬安置如

奏疏

012　三流道里表不分卷（3）

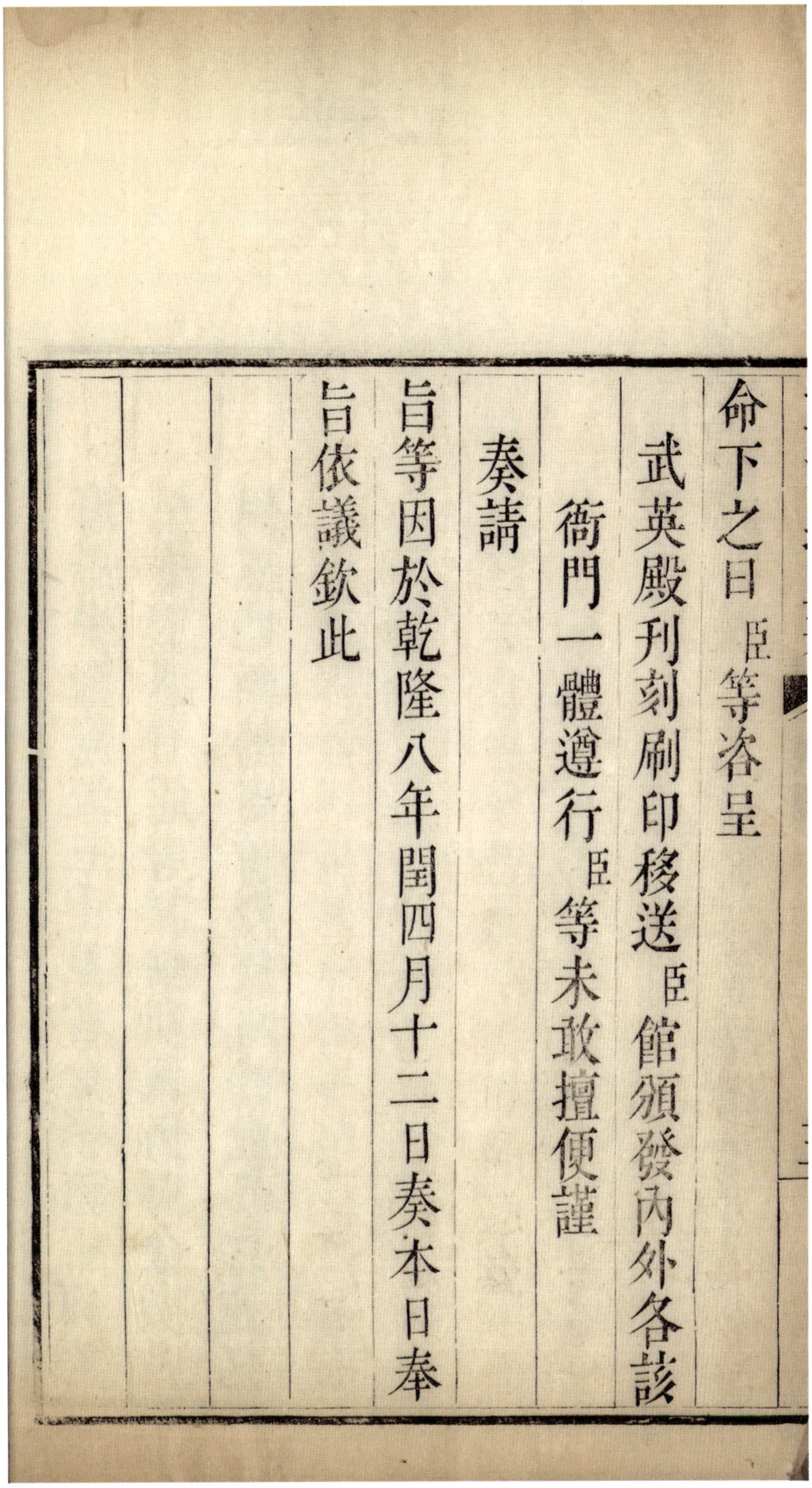

命下之日臣等咨呈
武英殿刊刻刷印移送臣館須發內外各該
衙門一體遵行臣等未敢擅便謹
奏請
旨等因於乾隆八年閏四月十二日奏本日奉
旨依議欽此

012　三流道里表不分卷（4）

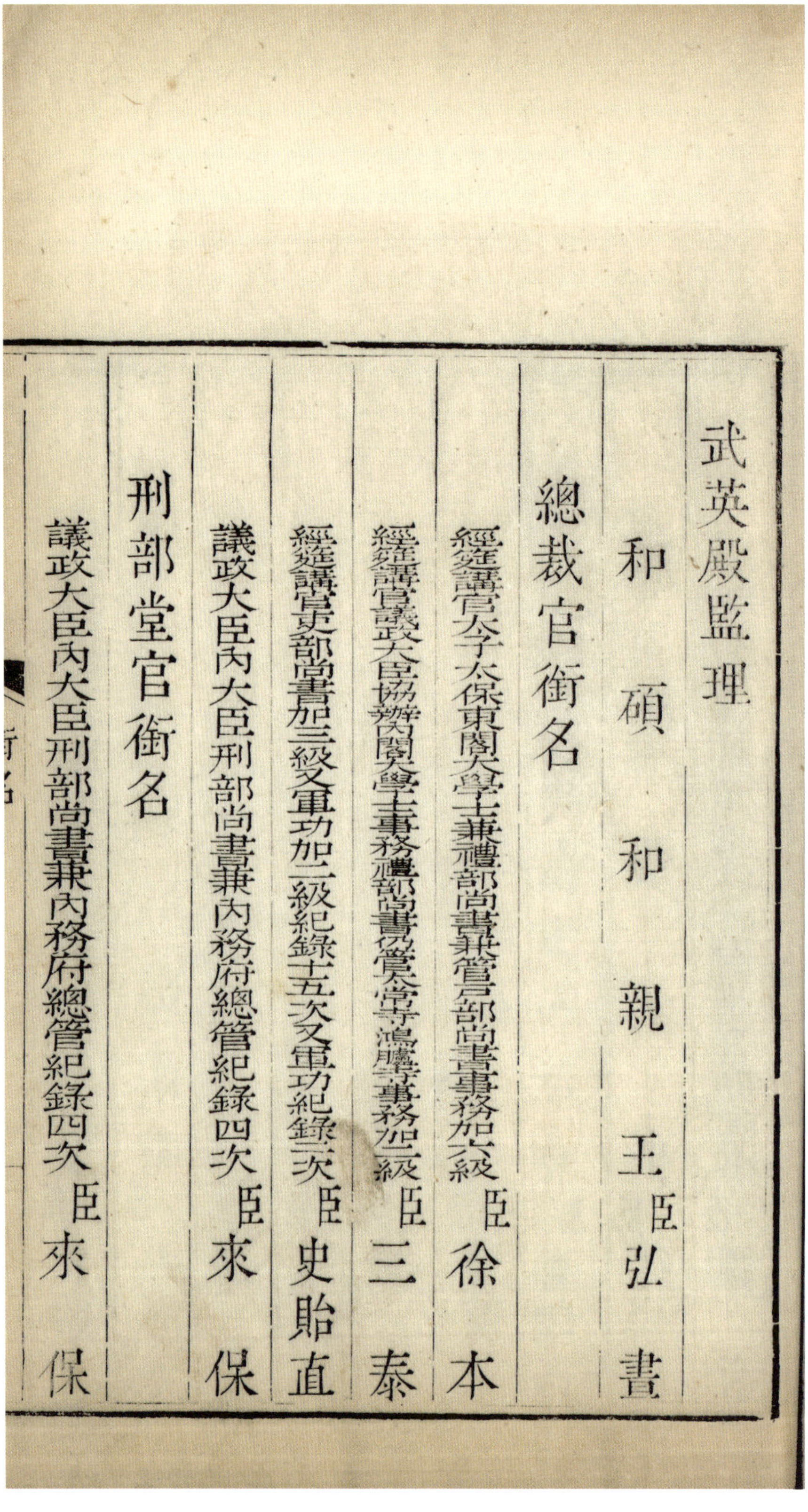
武英殿監理
和碩和親王臣弘晝
總裁官銜名
經筵講官太子太保東閣大學士兼禮部尚書兼管戶部尚書事務加六級臣徐本
經筵講官議政大臣協辦內閣大學士事務禮部尚書仍管太常寺鴻臚寺事務加二級臣三泰
經筵講官吏部尚書加三級又軍功加二級紀錄十五次又軍功紀錄二次臣史貽直
議政大臣內大臣刑部尚書兼內務府總管紀錄四次臣來保
刑部堂官銜名
議政大臣內大臣刑部尚書兼內務府總管紀錄四次臣來保

012 三流道里表不分卷（5）

012 三流道里表不分卷

清愛新覺羅·弘晝修，徐本等纂。清乾隆八年（1743）武英殿刻本。匡高二十·二厘米，廣十五·五厘米，分三欄，行字不等，白口，單魚尾，四周雙邊。一函四冊。館藏號：004943-004946。入選第三批《山西省珍貴古籍名録》，名録號：00464。

愛新覺羅·弘晝（1712－1770），清雍正帝第五子。謚恭。為和恭親王。徐本（？—1747），字立人，浙江錢塘人。清康熙五十七年（1718）進士，授編修。歷任貴州按察使、左都御史、禮部尚書、東閣大學士、軍機大臣，加太子太保銜。謚文穆。本書主要是關於直隸、江蘇等省範圍內三類流犯被如何流放的規定，為清代重要的法律典籍，是官員判案的重要依據。其以表格形式說明三種類型的流犯（流二千里、流二千五百里、流三千里）分別被發往何省何府及如何安置的規定，即按計程途限定地址，逐府逐省分別開列。展卷即明，便於查閱。書前有清乾隆八年（1743）徐本奏疏、刑部奏疏以及凡例、銜名等。

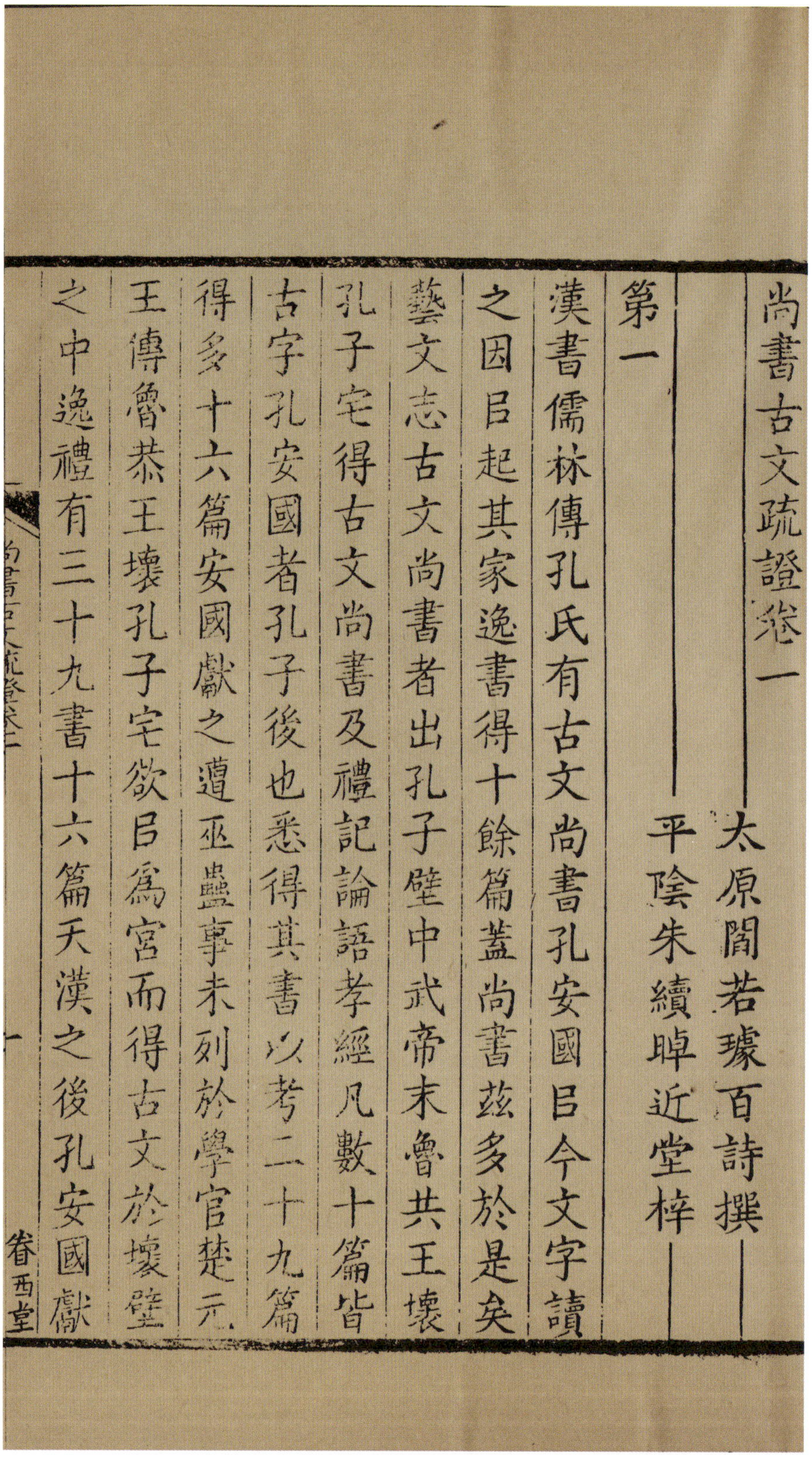

尚書古文疏證卷一

太原閻若璩百詩撰

平陰朱續晫近堂梓

第一

漢書儒林傳孔氏有古文尚書孔安國以今文字讀之因以起其家逸書得十餘篇蓋尚書茲多於是矣藝文志古文尚書者出孔子壁中武帝末魯共王壞孔子宅得古文尚書及禮記論語孝經凡數十篇皆古字孔安國者孔子後也悉得其書以考二十九篇得多十六篇安國獻之遭巫蠱事未列於學官楚元王傳魯恭王壞孔子宅欲以爲宮而得古文於壞壁之中逸禮有三十九書十六篇天漢之後孔安國獻

尚書古文疏證卷一　一　眷西堂

013　**尚書古文疏證八卷**（清）閻若璩撰　**附朱子古文書疑一卷**（清）閻詠輯　清乾隆十年（1745）眷西堂刻本

匡高 19 厘米，廣 14.8 厘米。半葉十一行，行二十字，白口，單魚尾，左右雙邊。

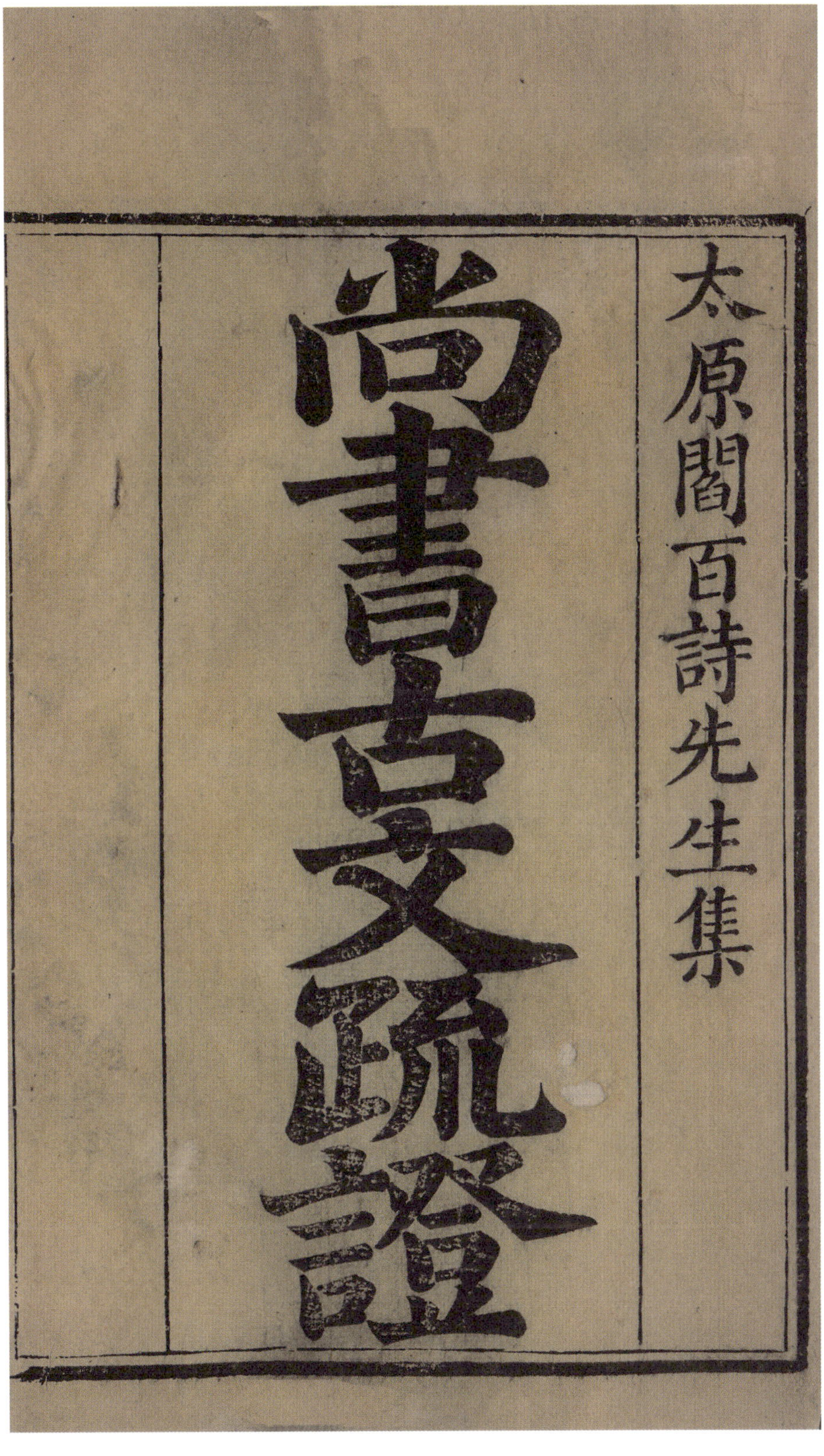

太原閻百詩先生集

尚書古文疏證

013　尚書古文疏證八卷（2）

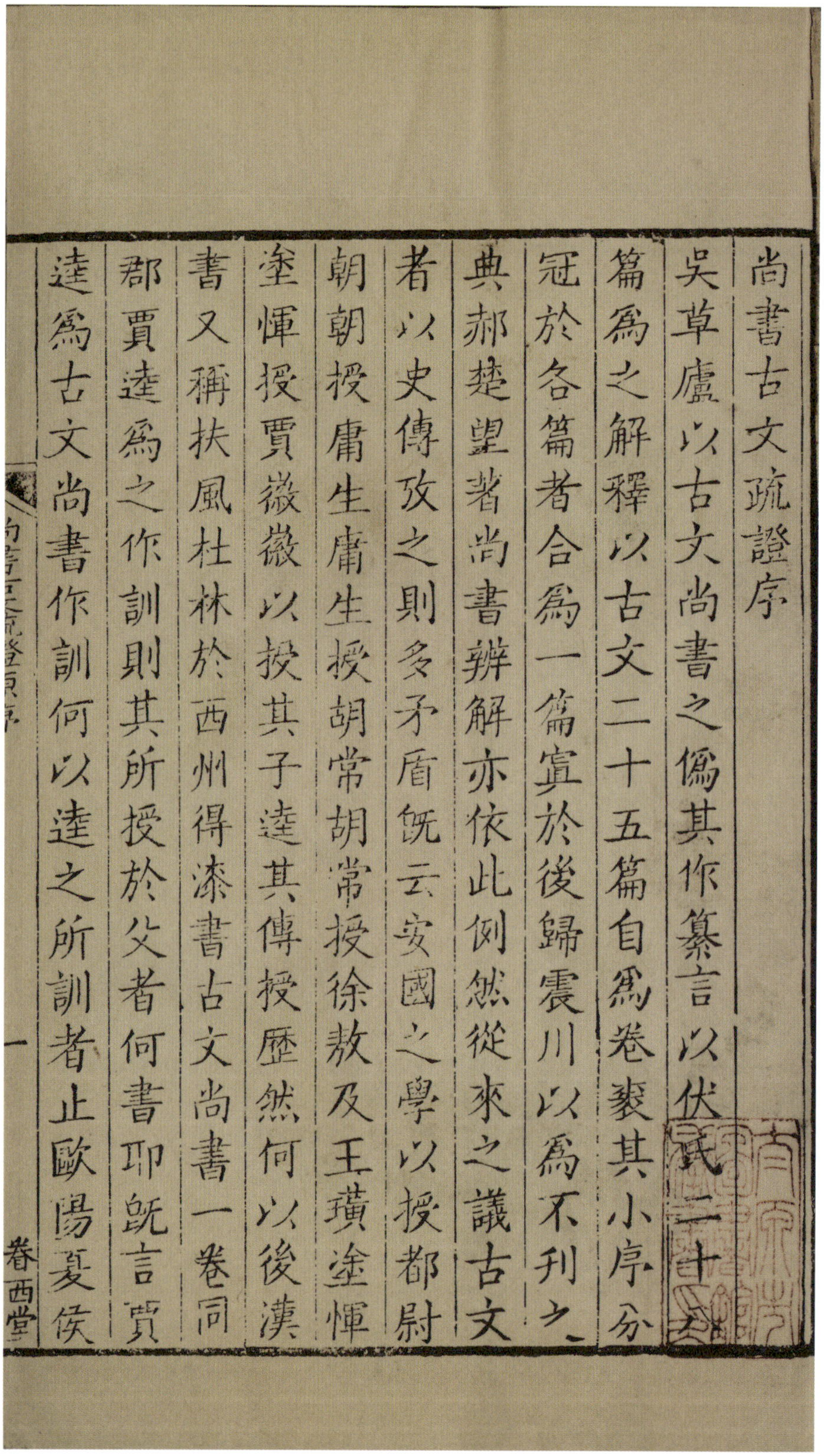
尚書古文疏證序

吳草廬以古文尚書之僞其作纂言以伏氏二十八篇爲之解釋以古文二十五篇自爲卷裦其小序分冠於各篇者合爲一篇寘於後歸震川以爲不刊之典郝楚望著尚書辨解亦依此例然從來之議古文者以史傳攷之則多矛盾旣云安國之學以授都尉朝朝授庸生庸生授胡常胡常授徐敖及王璜塗惲塗惲授賈徽徽以授其子逵其傳授歷然何以後漢書又稱扶風杜林於西州得漆書古文尚書一卷同郡賈逵爲之作訓則其所授於父者何書耶旣言賈逵爲古文尚書作訓何以逵之所訓者止歐陽夏侯

尚書古文疏證原序　一　眷西堂

013　尚書古文疏證八卷（3）

在於天地萬物窮天地萬物之理以合於我心之知覺而後謂之道皆爲人心道心之説所誤也夫人只有人心當惻隱自能惻隱當羞惡自能羞惡辭讓是非莫不皆然不失此本心無有移換便是允執厥中故孟子言求放心不言求道心言失其本心不言失其道心夫子之從心所欲不踰矩只是不失人心而已然則此十六字者其爲理學之蠹甚矣康流不以爲然嗚呼得吾説而存之其於百詩之證未必無當也南雷黃宗羲頓首拜撰

眷西堂

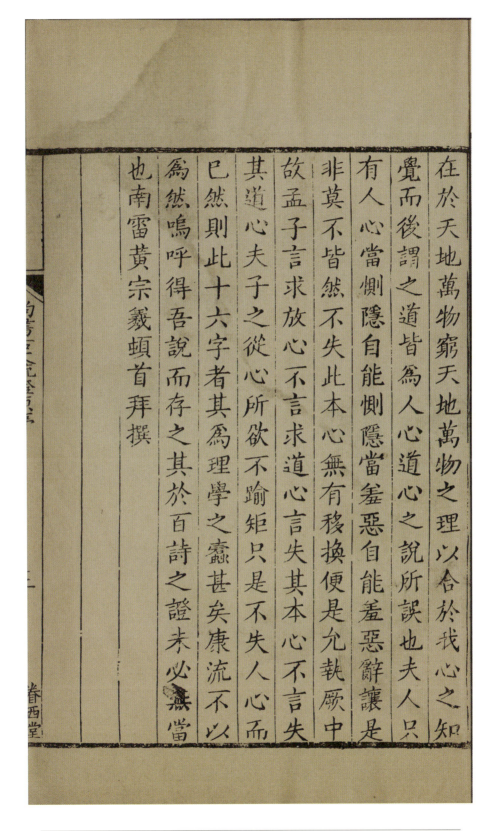

013　尚書古文疏證八卷（4）

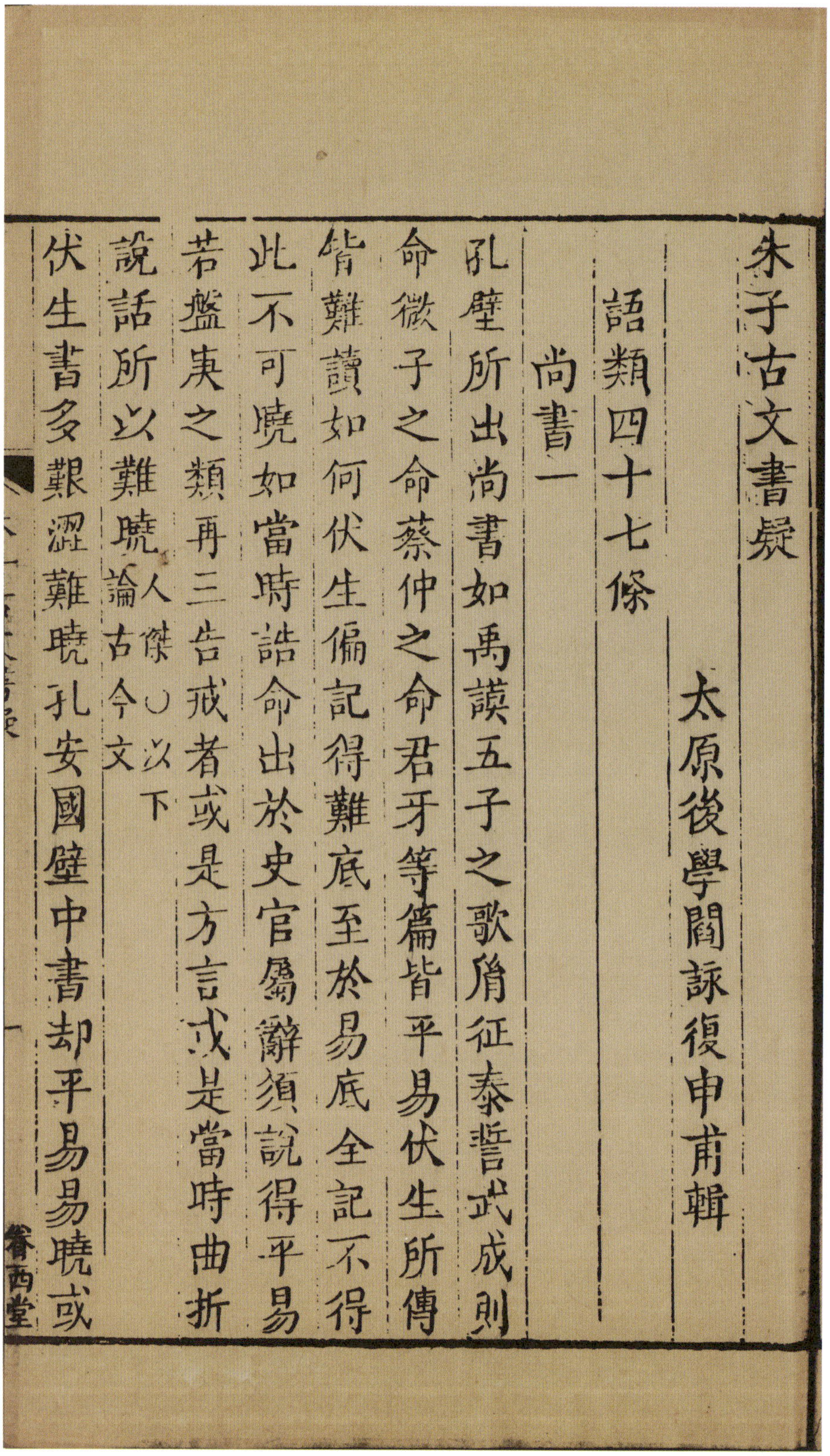

朱子古文書疑

太原後學閻詠復申甫輯

語類四十七條

尚書一

孔壁所出尚書如禹謨五子之歌胤征泰誓武成冏命微子之命蔡仲之命君牙等篇皆平易伏生所傳皆難讀如何伏生偏記得難底至於易底全記不得此不可曉如當時誥命出於史官屬辭須說得平易若盤庚之類再三告戒者或是方言或是當時曲折說話所以難曉（人傑○以下論古今文）

伏生書多艱澀難曉孔安國壁中書却平易易曉或

眷西堂

013　尚書古文疏證八卷（5）

013 尚書古文疏證八卷附朱子古文書疑一卷

清閻若璩撰。清乾隆十年(1745)眷西堂刊本。匡高十九厘米，廣十四·八厘米，半葉十一行，行二十字，小字雙行，白口，單魚尾。二函十二冊。館藏號：001056—001067。入選第三批《山西省珍貴古籍名録》，名録號：00450。

閻若璩(1636—1704)，字百詩，號潛丘，山西太原人。清康熙十七年(1678)征博學宏詞未果，後助徐乾學修《大清一統志》《明史》等。長於考據，著有《四書釋地》《潛丘劄記》等，《尚書古文疏證》為其代表作。若璩二十餘歲讀《尚書》時，疑古文二十五篇不類，於是考博羣籍，兼用歷算，用三十餘年，終成是集。著者在前人研究古文《尚書》的基礎上，從僞古文《尚書》中與古籍不合、與史例不合、與古史不合、與古代典禮不合、與訓詁不合、與義理不合等八個方面條分縷析，並引用《孟子》《史記》《說文》等書作為旁證，辨證東晉梅頤所獻的古文《尚書》一百二十八條，甄定古文二十五篇為魏晉間僞作，解決了千百年來學術史上的一大疑案，受到學術界的普遍肯定和重視。書中所運用的本證、旁證、實證、虛證、理證等考據方法，則為後世考據辨僞學創立了通例。卷前有黃宗羲、閻詠序，鍾靈敬、杭世駿跋。後附有閻詠輯録《朱子語類》四十七條，《朱子大全》六條，彙次成績，名為《朱子古文書疑》。

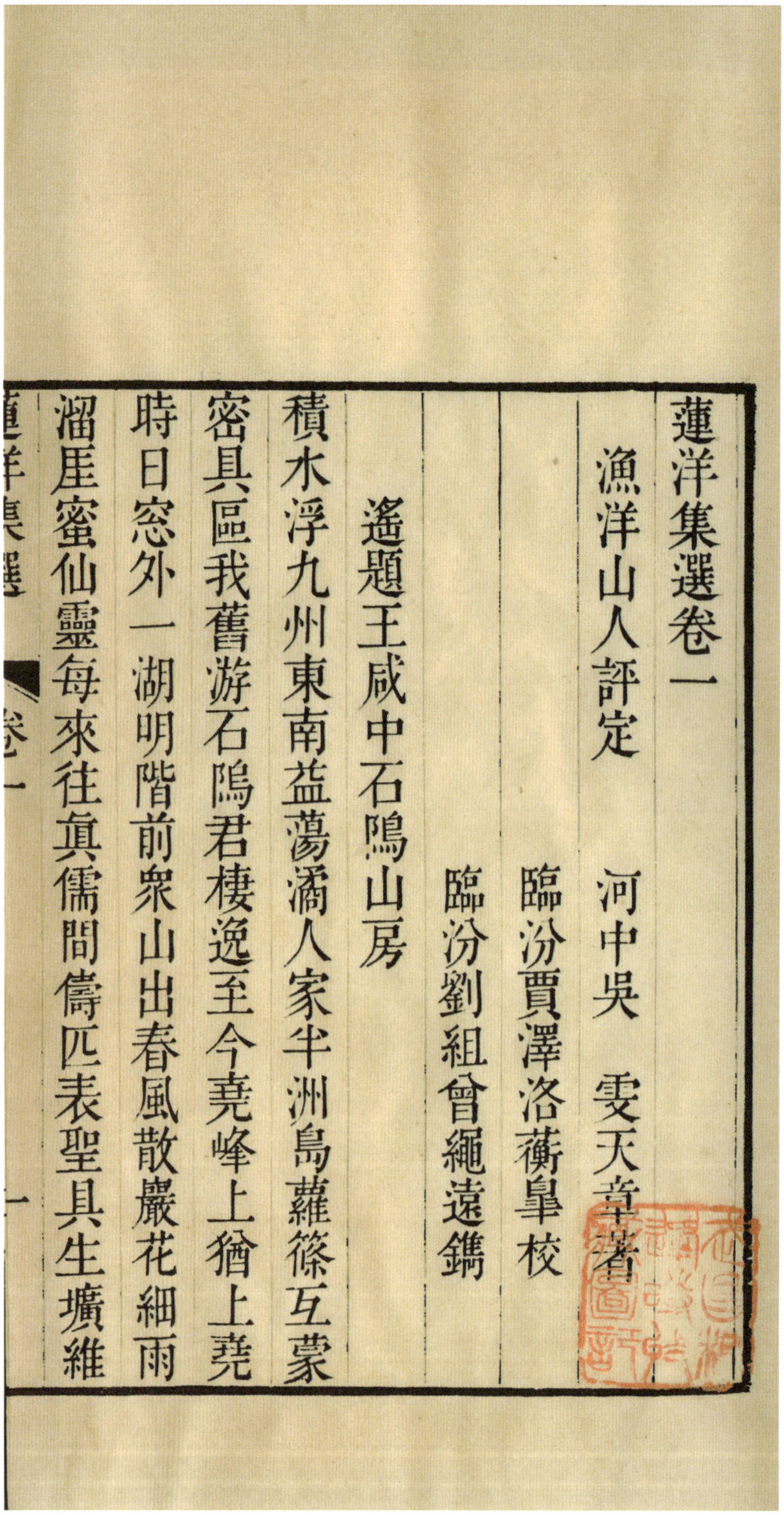
蓮洋集選卷一
漁洋山人評定
河中吳　雯天章著
臨汾賈澤洛蘅皐校
臨汾劉組曾繩遠鐫
遙題王咸中石鴟山房
積水浮九州東南益蕩潏人家半洲島蘿篠互蒙
密具區我舊游石鴟君棲遁至今堯峰上猶上堯
時日窓外一湖明階前衆山出春風散巖花細雨
溜匡蜜仙靈每來往眞儒問儔匹表聖具生壙維
蓮洋集選　卷一　一

014　蓮洋集選十二卷補遺一卷　（清）吳雯撰　王士禛評　清乾隆十五年（1750）夢鶴草堂刻本

匡高 16.8 厘米，廣 13 厘米。半葉九行，行十九字，白口，單魚尾，左右雙邊。

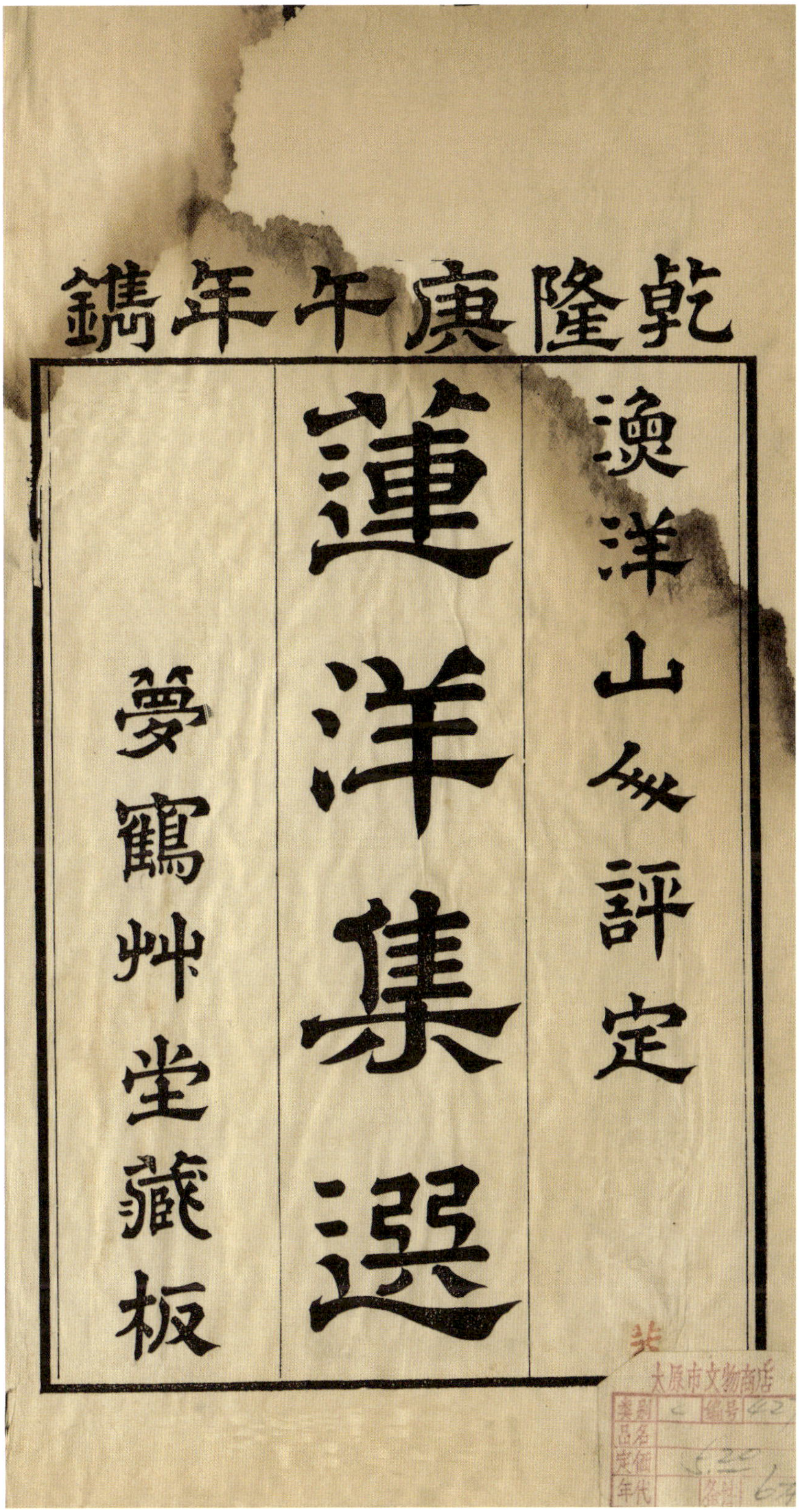
乾隆庚午年鐫

漁洋山人評定

蓮洋集選

夢鶴艸堂藏板

014　蓮洋集選十二卷補遺一卷（2）

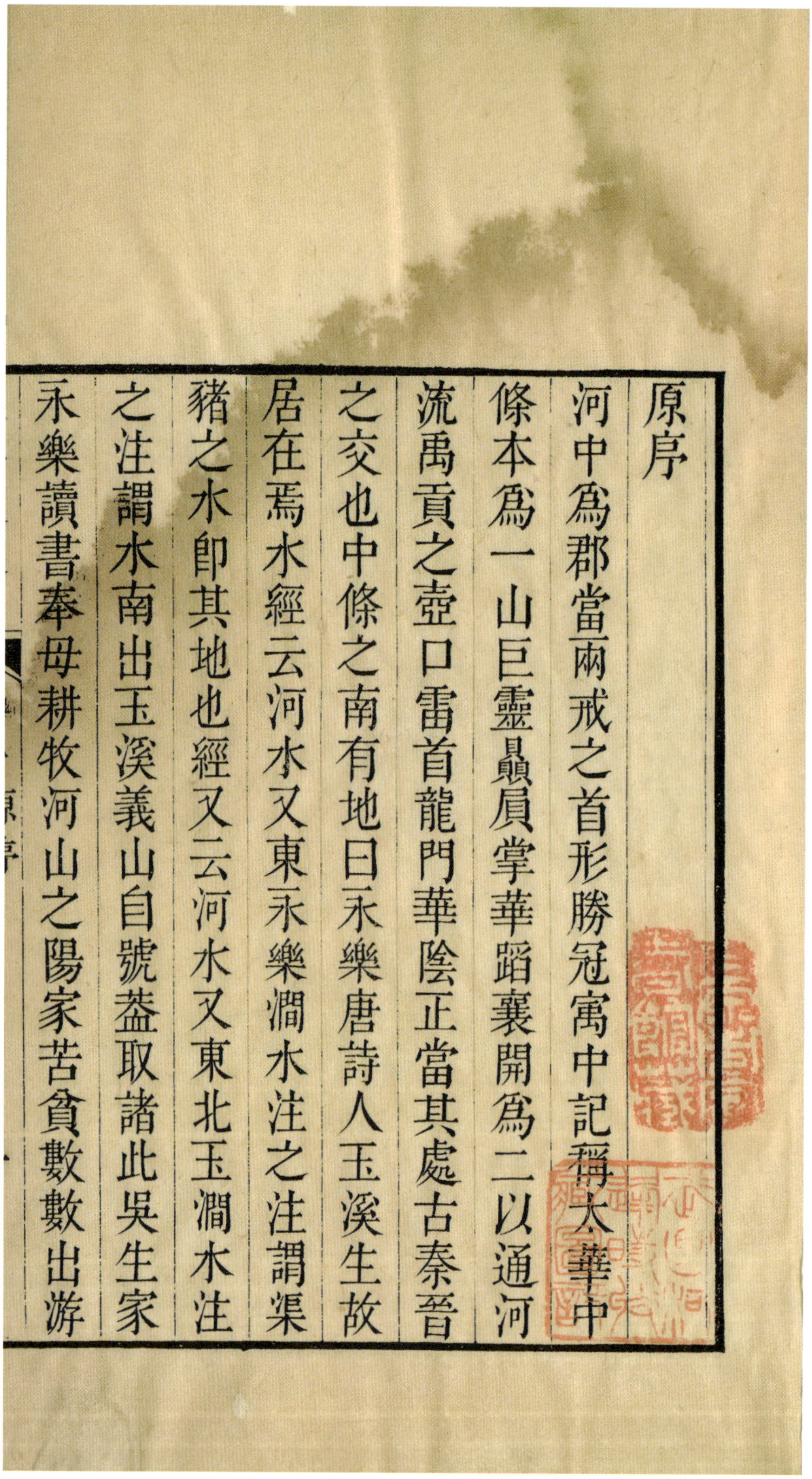

原序

河中爲郡當兩戒之首形勝冠寓中記稱太華中條本爲一山巨靈贔屓掌華蹈襄開爲二以通河流禹貢之壺口雷首龍門華陰正當其處古秦晉之交也中條之南有地曰永樂唐詩人玉溪生故居在焉水經云河水又東永樂澗水注之注謂渠豬之水即其地也經又云河水又東北玉澗水注之注謂水南出玉溪義山自號葢取諸此吳生家永樂讀書奉母耕牧河山之陽家苦貧數數出游

014　蓮洋集選十二卷補遺一卷（3）

愧色是固然矣然子長生逢武帝右文不免戮辱
發憤述史記生遭遇休明以布衣之賤一日名達
黼扆行且荷槖簪筆立第二螭坳之下曾何子
長之足云又况義山白首幕府名不挂朝籍者哉
漁洋山人王士禛序

014　蓮洋集選十二卷補遺一卷（4）

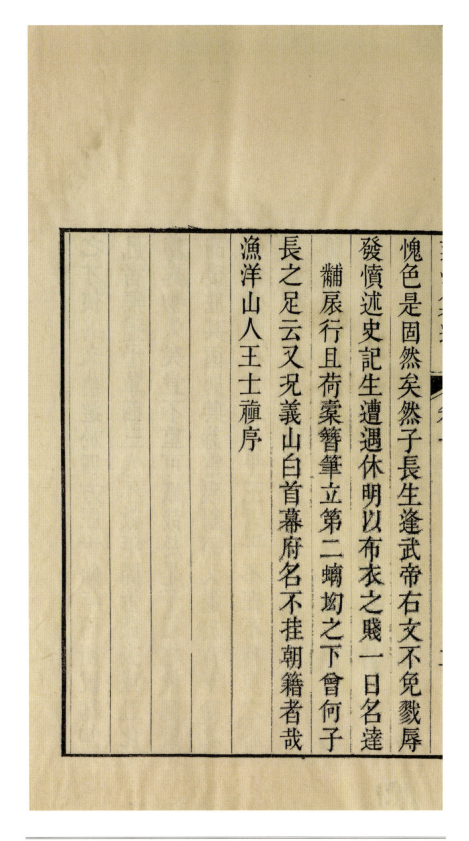

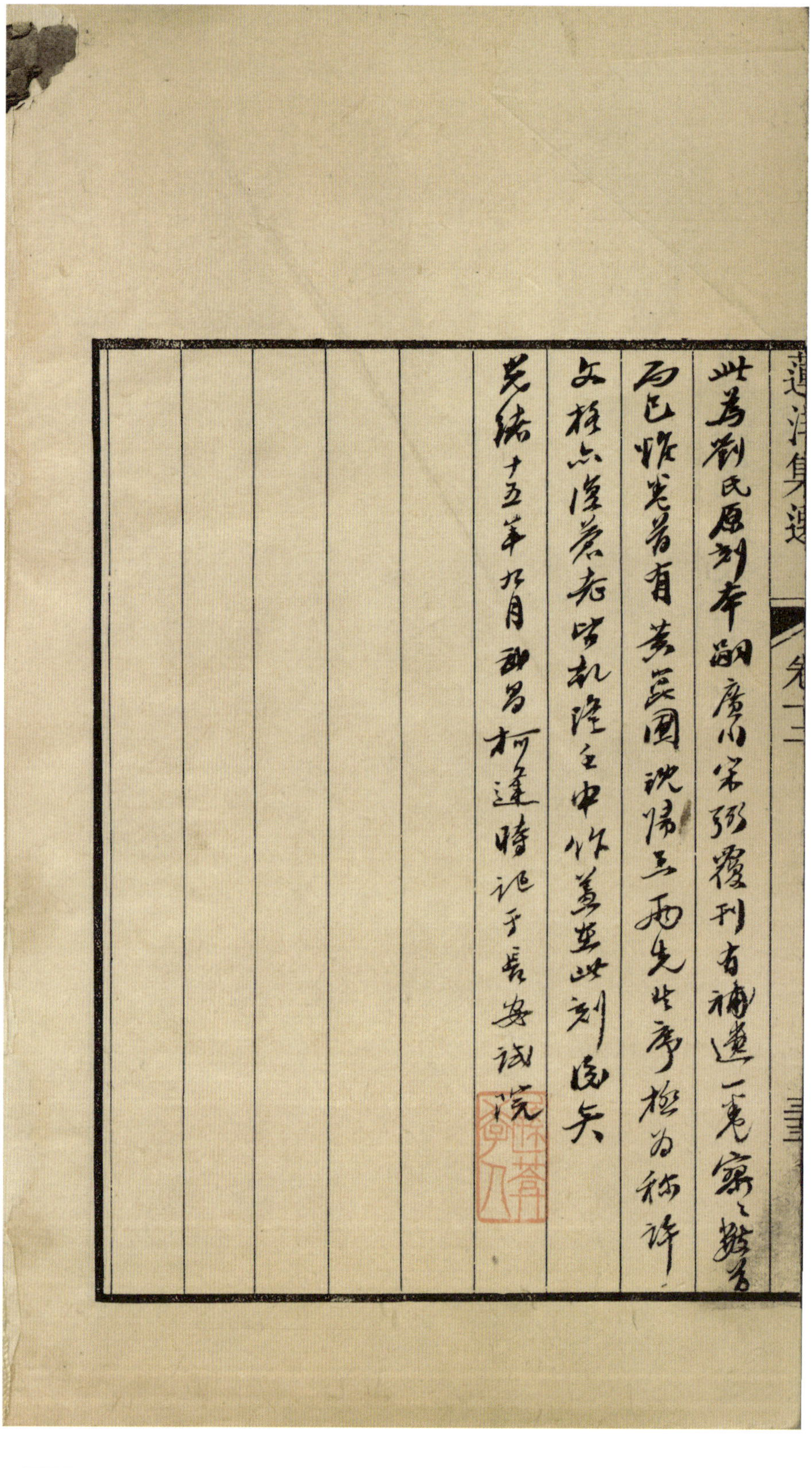

蓮洋集選　卷十二

此為劉氏原刻本嗣廣州宋弼覆刊有補遺一卷寥寥數首
而已特卷首有黃崑圃洪陽三兩先生序極為稱許
又按亦漁洋老昔札證之中作[illegible]其此刻逸矣
光緒十五年九月啟昌柯逢時記于長安試院

014　蓮洋集選十二卷補遺一卷（5）

014 蓮洋集選十二卷補遺一卷

清吳雯撰，王士禛評。清乾隆十五年（1750）夢鶴草堂刻本。匡高十六·八厘米，廣十三厘米，半葉九行，行十九字，白口，單魚尾，左右雙邊。一函六册。舘藏號：010451—010456。入選第一批《山西省珍貴古籍名録》，名録號：00087。

吳雯（1644—1704），字天章，山西蒲州（今永濟）人。清初詩人。雯詩風清俊通脱，氣韻生動，標新立異，被當時文壇領袖王士禛稱為「仙材」。以布衣詩人名聞四方，時與傅山并稱，有「北傅南吳」之譽。華嶽山下有蓮洋村，吳雯喜而以名其詩。此書為臨汾劉組曾所刻，是現存吳雯《蓮洋集選》最早的刻本。書前有王士禛、陳維崧、湯右曾三序和王士禛所撰吳雯墓誌銘一篇，例言八條，正文十二卷，詩一千九百餘首。除此本外，尚有山東宋弼乾隆十六年據劉組曾本增加補遺一卷附録一卷的《蓮洋集》本、乾隆十七年夢鶴草堂《蓮洋集》本，乾隆二十九年山東孫諤《蓮洋詩抄》本、乾隆三十二年江蘇蘇爾詒河東劉贄《吳徵君蓮洋詩抄》本、乾隆三十九年荊圃草堂《蓮洋集》本、臨汾徐昆乾隆五十五年補刻宋弼《蓮洋集》本等清刻本傳世。書末有清光緒十五年（1889）柯逢時題跋，并鈐其藏書印「武昌柯逢時收藏圖記」（朱文）、「遜菴學人」（朱文）。柯逢時（1845—1912），字巽庵，號息園，湖北鄂州人。光緒九年（1883）進士，授翰林院編修。歷任湖南布政使、廣西巡撫、兵部侍郎、總理各國事務大臣。嗜藏書。

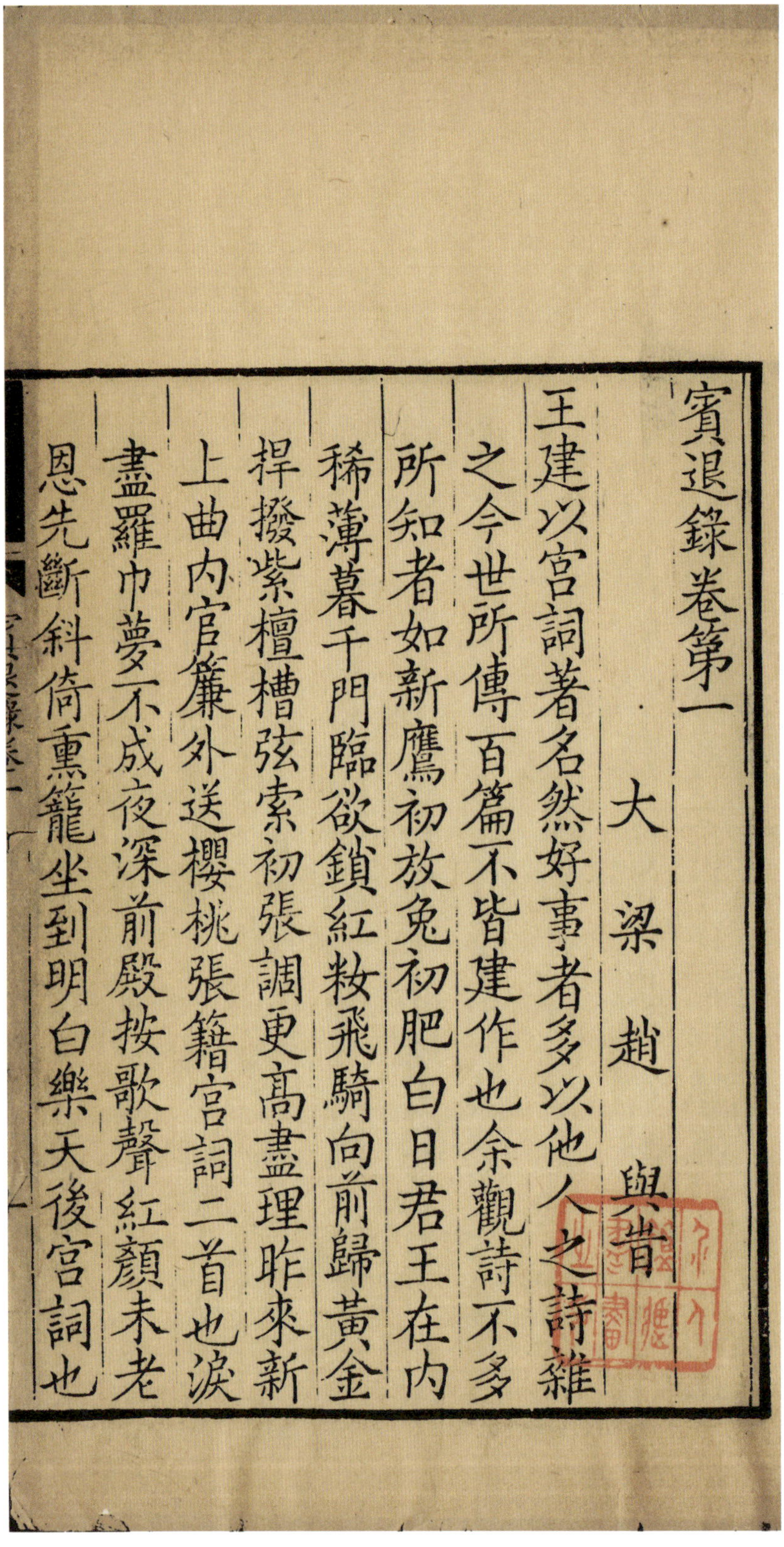
賓退錄卷第一

大梁趙與旹

王建以宮詞著名然好事者多以他人之詩雜之今世所傳百篇不皆建作也余觀詩不多所知者如新鷹初放兔初肥白日君王在內稀薄暮千門臨欲鎖紅粧飛騎向前歸黃金捍撥紫檀槽弦索初張調更高盡理昨來新上曲內官簾外送櫻桃張籍宮詞二首也淚盡羅巾夢不成夜深前殿按歌聲紅顏未老恩先斷斜倚熏籠坐到明白樂天後宮詞也

015　賓退録十卷　（宋）趙與旹撰　王士禛評　清乾隆十七年（1752）存恕堂仿宋刻本

匡高 17 厘米，廣 12.6 厘米。半葉十行，行十八字，白口，單魚尾，左右雙邊。

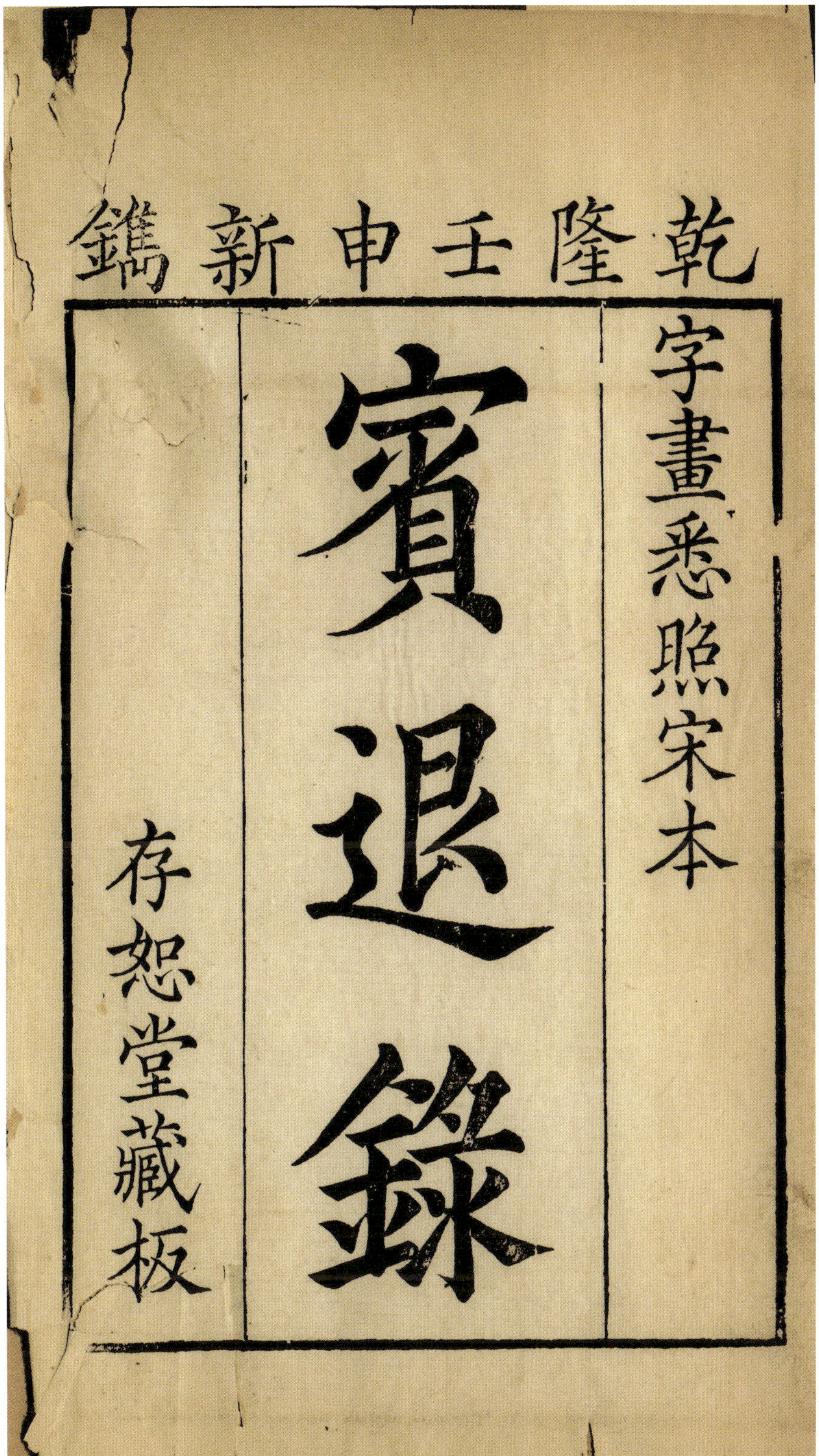

乾隆壬申新鐫

字畫悉照宋本

賓退錄

存恕堂藏板

015　賓退録十卷（2）

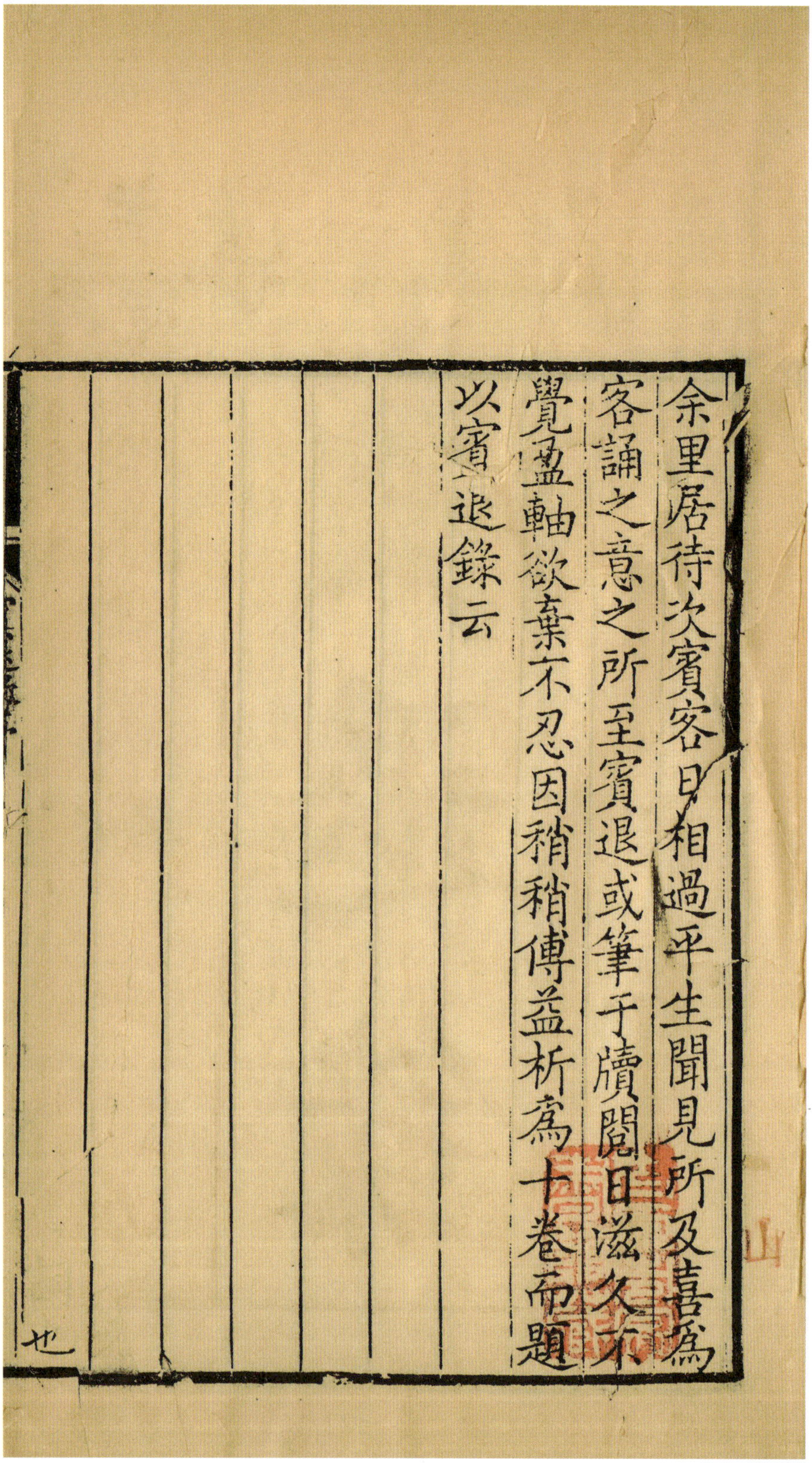

余里居待次賓客日相過平生聞見所及喜爲
客誦之意之所至賓退或筆于牘閲日滋久不
覺盈軸欲棄不忍因稍稍傳益析爲十卷而題
以賓退録云

也

015 賓退録十卷 (3)

與旹讀書不廣何敢有所紀述嘉定屠維單
閼之夏得疾瀕死既小瘉無以自娛而心力
弗彊未敢覃思于窮理之學因以平日聞見
稍筆之策初才十餘則病起賓客狎至語有
所及或因而書之日積月纍成此編袠閼逢
涒灘之秋東儋赴戍因命小史書而藏之笈
年日以老大學未明顧爲此戲劇之事良以
自悔特未能勇決焚棄之耳錄中及近世諸
公或書謚或書字或書自號不得已者傍注
其名惟事涉君上則直名之蓋君前臣名之

015　賓退録十卷（4）

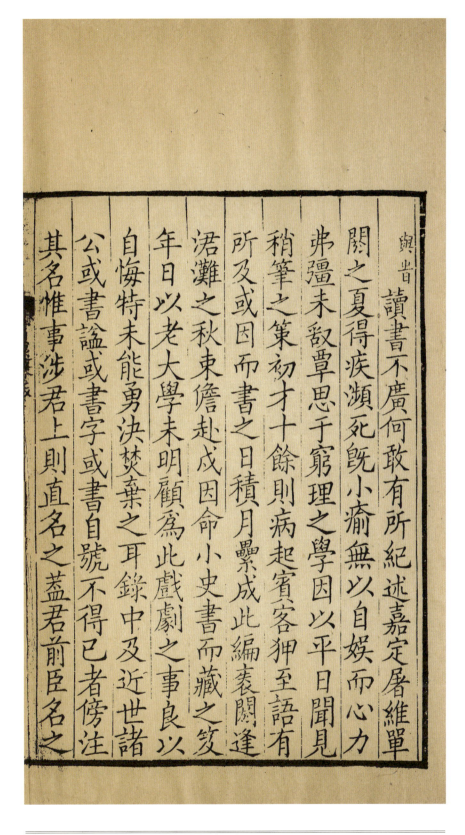

015 賓退録十卷

宋趙與旹撰，清王士禛評。清乾隆十七年（1752）存恕堂仿宋刻本。匡高十七厘米，廣十二·六厘米，半葉十行，行十八字，白口，單魚尾，左右雙邊。一函四冊。舘藏號：006537—006540。入選第三批《山西省珍貴古籍名録》，名録號：00494。

趙與旹（1174—1231），字行之，又字德行，宋宗室。宋理宗寶慶年間進士，官麗水丞。平生所著除此書外還有《甲午存稿》，惜已散佚。《賓退録》是一部記載著者居家時與賓客往來談論及平生聞見的筆記。據書前序稱：「賓退或筆於牘，閱日滋久，不覺盈軸。欲棄不忍，因稍稍傳益，析為十卷，而題以《賓退録》」云。據書「後序」稱，此書最終完成于宋嘉定甲申年。全書為筆記體裁的雜著，共十卷，無類別統系，無篇名條目，大多為隨筆所記，任意排列。共載二百二十三條，涉獵內容廣泛，大凡經史子集各門類均有記録，尤詳于宋代典章制度且特精于考證古史。綜觀全書內容，其史料價值主要在於：對兩宋的典章制度及逸聞軼事的記載；對古代經書、史籍的考訂和典故辨析作出了卓越的貢獻，如對「定武蘭亭」本流傳本末的考訂；記載詩文及評論等史料；書中直接反映了作者的思想、觀點，體現了作者的愛憎。此書除本館所藏存恕堂仿宋刻本外，还有南宋臨安府睦親坊陳宅經鋪刻本、清顺治间《说郛》本、清道光十一年《學海類編》木活字本以及明清抄本。書中鈐「介人□藏書畫之印」（朱文）等藏書印數枚。

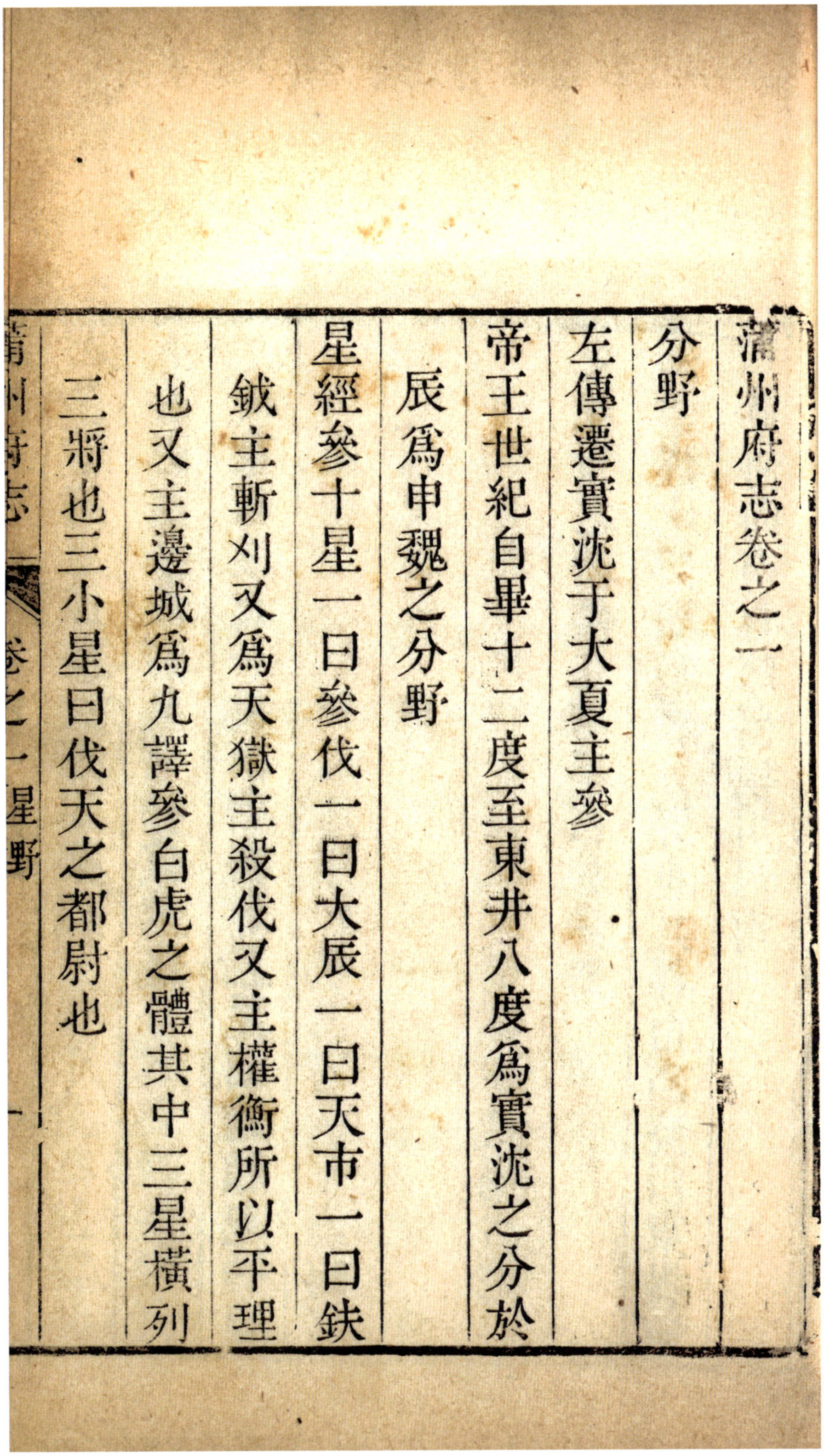

蒲州府志卷之一

分野

左傳遷實沈于大夏主參

帝王世紀自畢十二度至東井八度爲實沈之分於

辰爲申魏之分野

星經參十星一曰參伐一曰大辰一曰天市一曰鈇

鉞主斬刈又爲天獄主殺伐又主權衡所以平理

也又主邊城爲九譯參白虎之體其中三星横列

三將也三小星曰伐天之都尉也

蒲州府志　卷之一　星野　一

016 ［乾隆］蒲州府志二十四卷 （清）周景柱等纂修 清乾隆二十年（1755)刻光緒二十九年（1903）補印本

匡高 19 厘米，廣 15.8 厘米。半葉九行，行二十字，白口，單魚尾，左右雙邊。

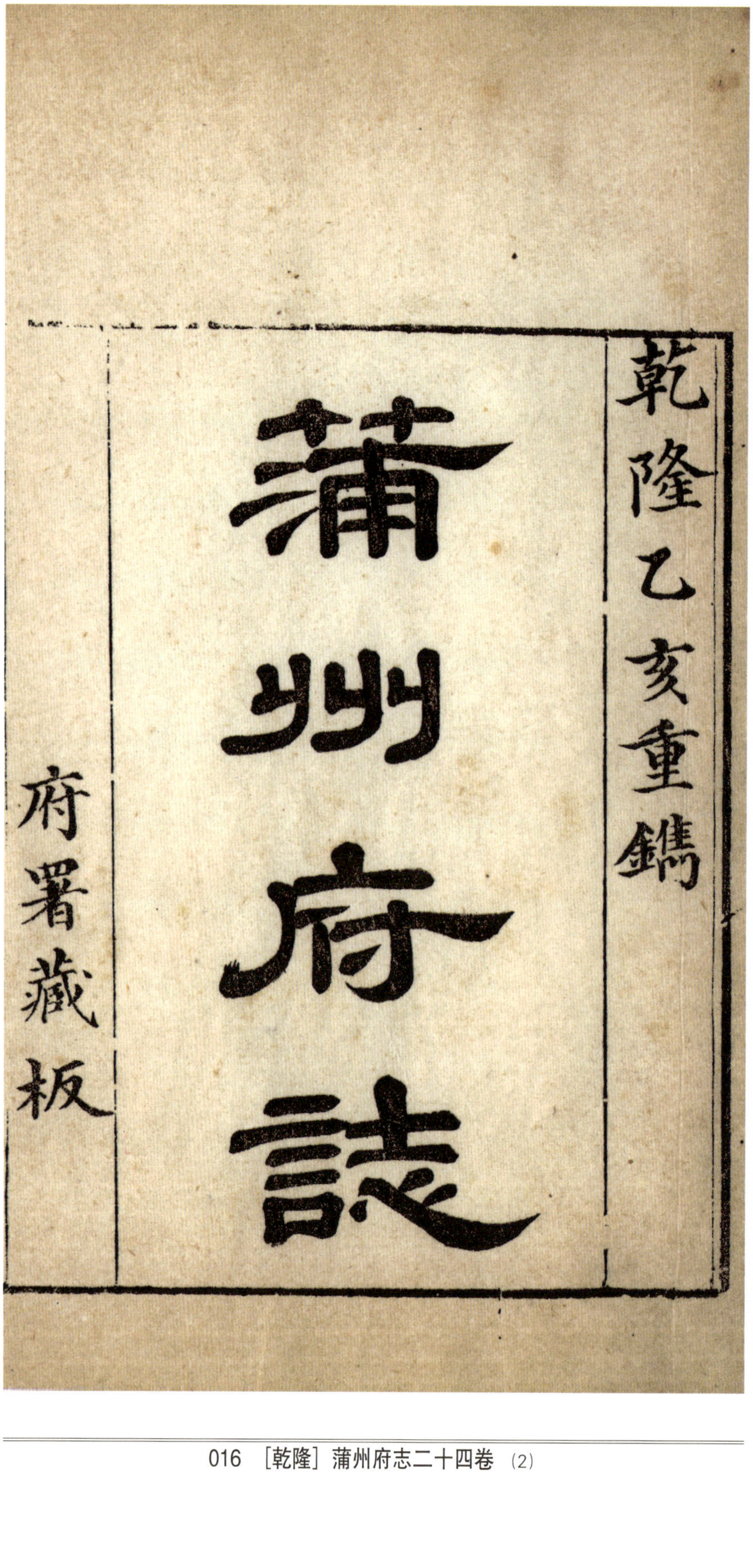

016 ［乾隆］蒲州府志二十四卷（2）

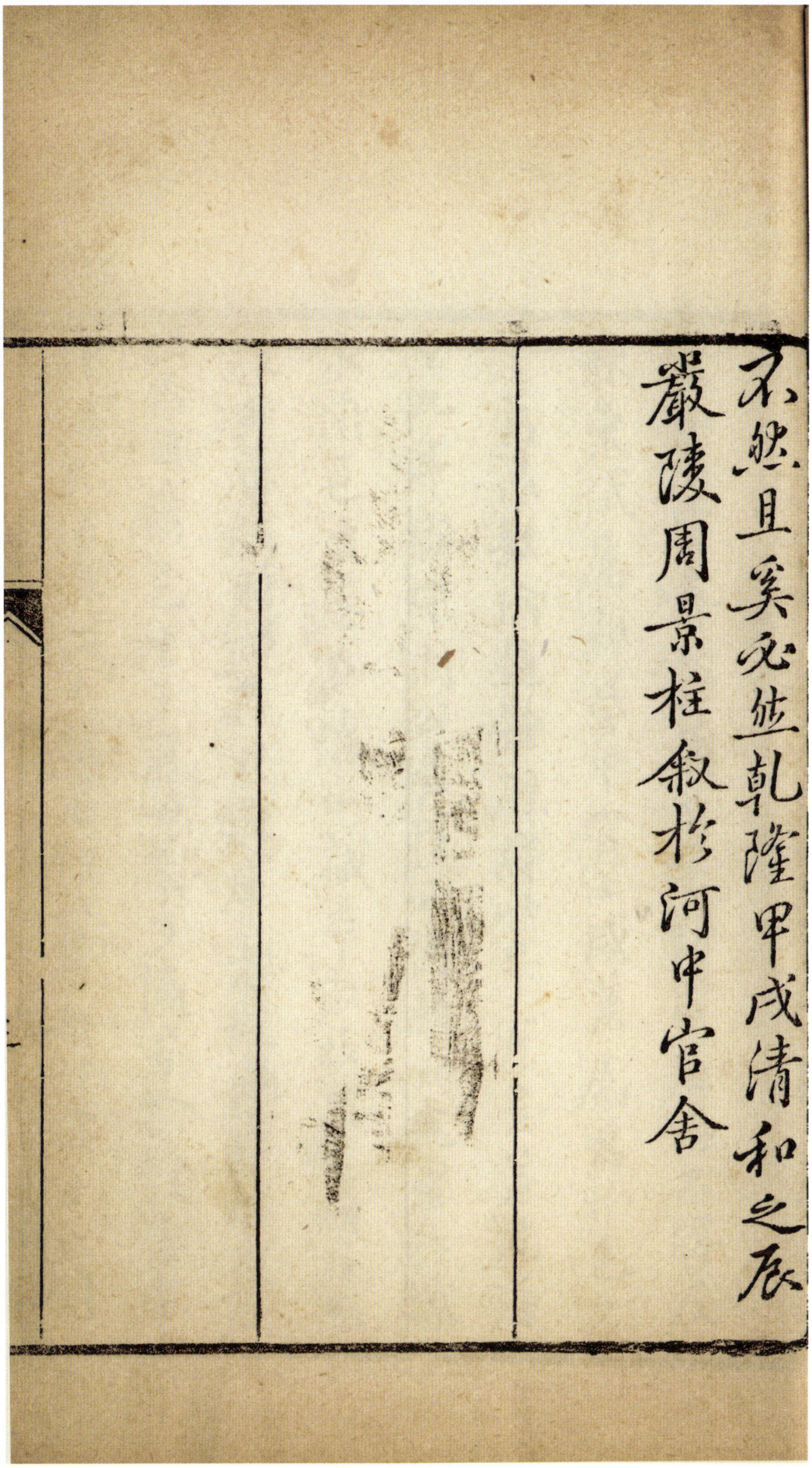

不然且奚必然乾隆甲戌清和之辰
嚴陵周景柱叙於河中官舍

016 ［乾隆］蒲州府志二十四卷 （3）

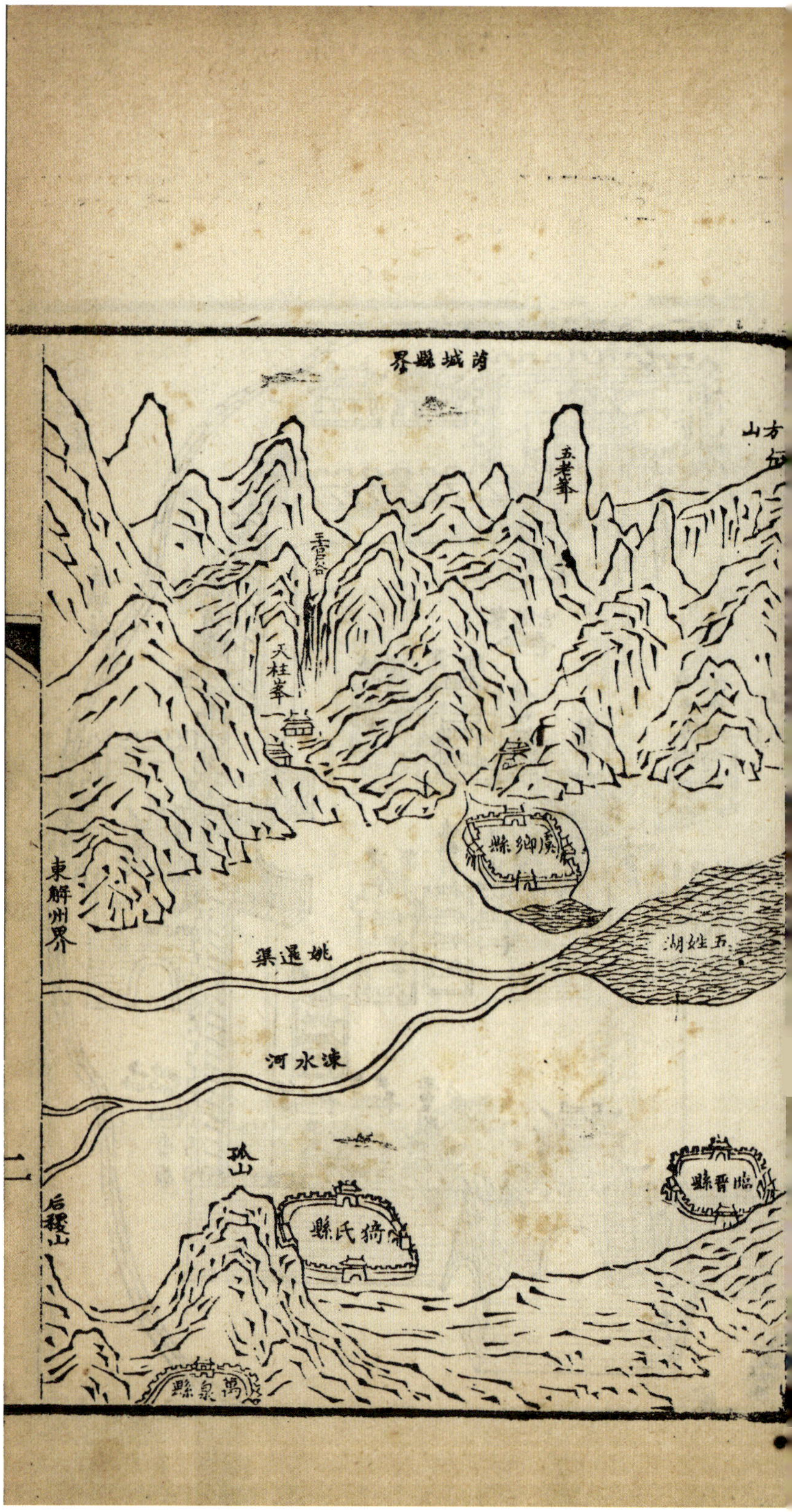

016 ［乾隆］蒲州府志二十四卷（4）

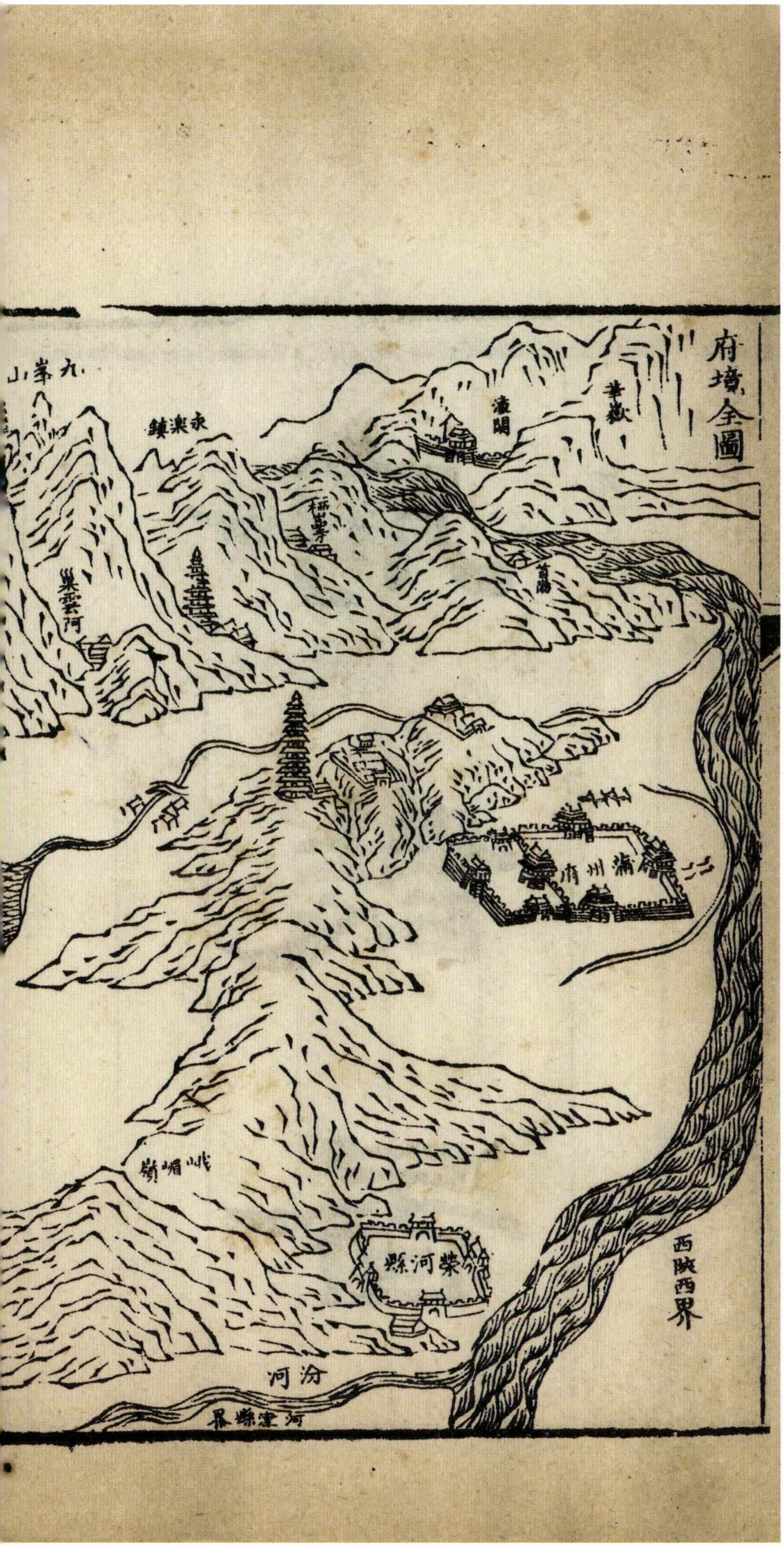
府境全圖
九峯山
永樂鎮
蒲州府
峨嵋嶺
榮河縣
汾河
河津縣界

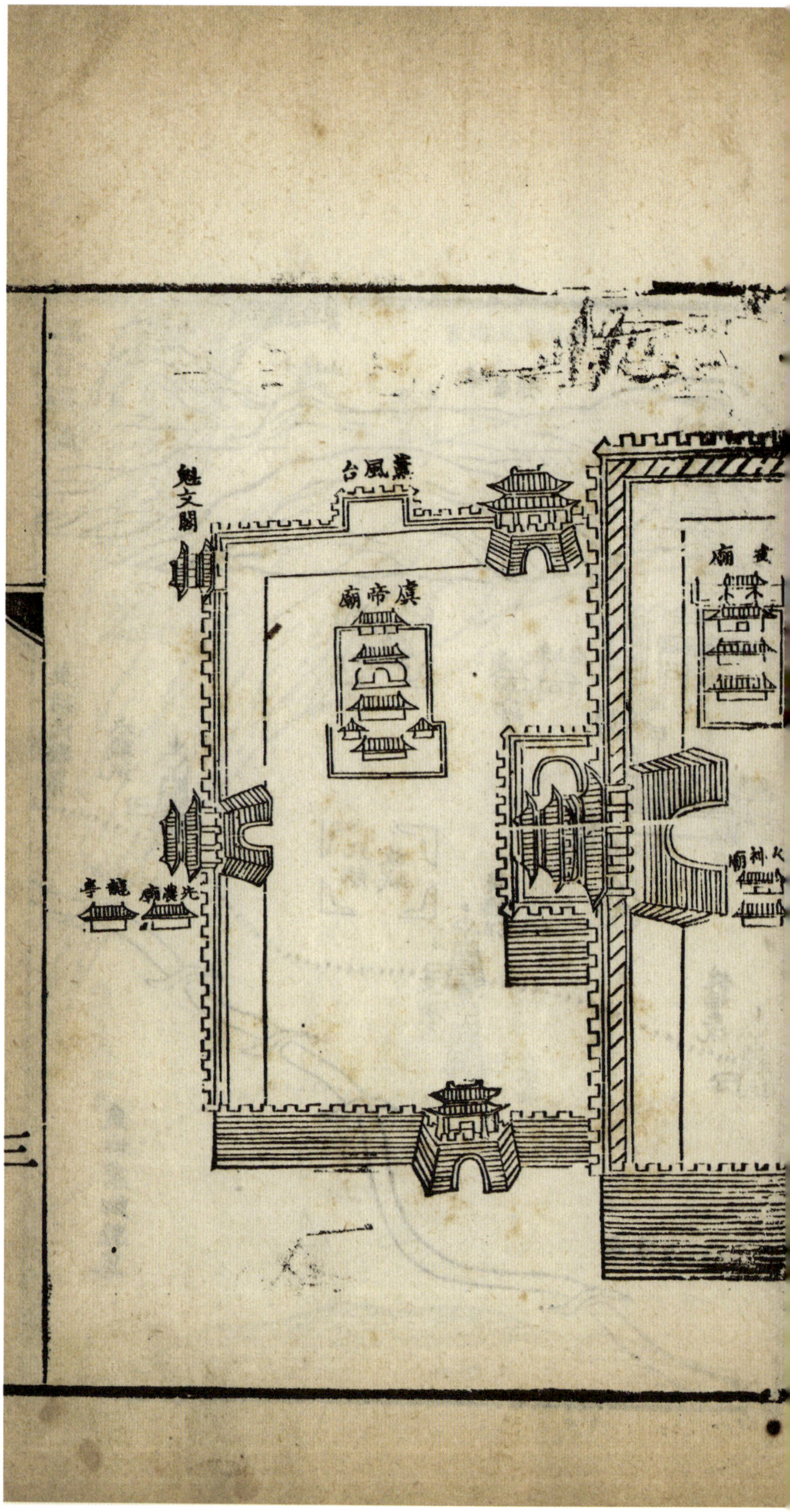

016 ［乾隆］蒲州府志二十四卷 (5)

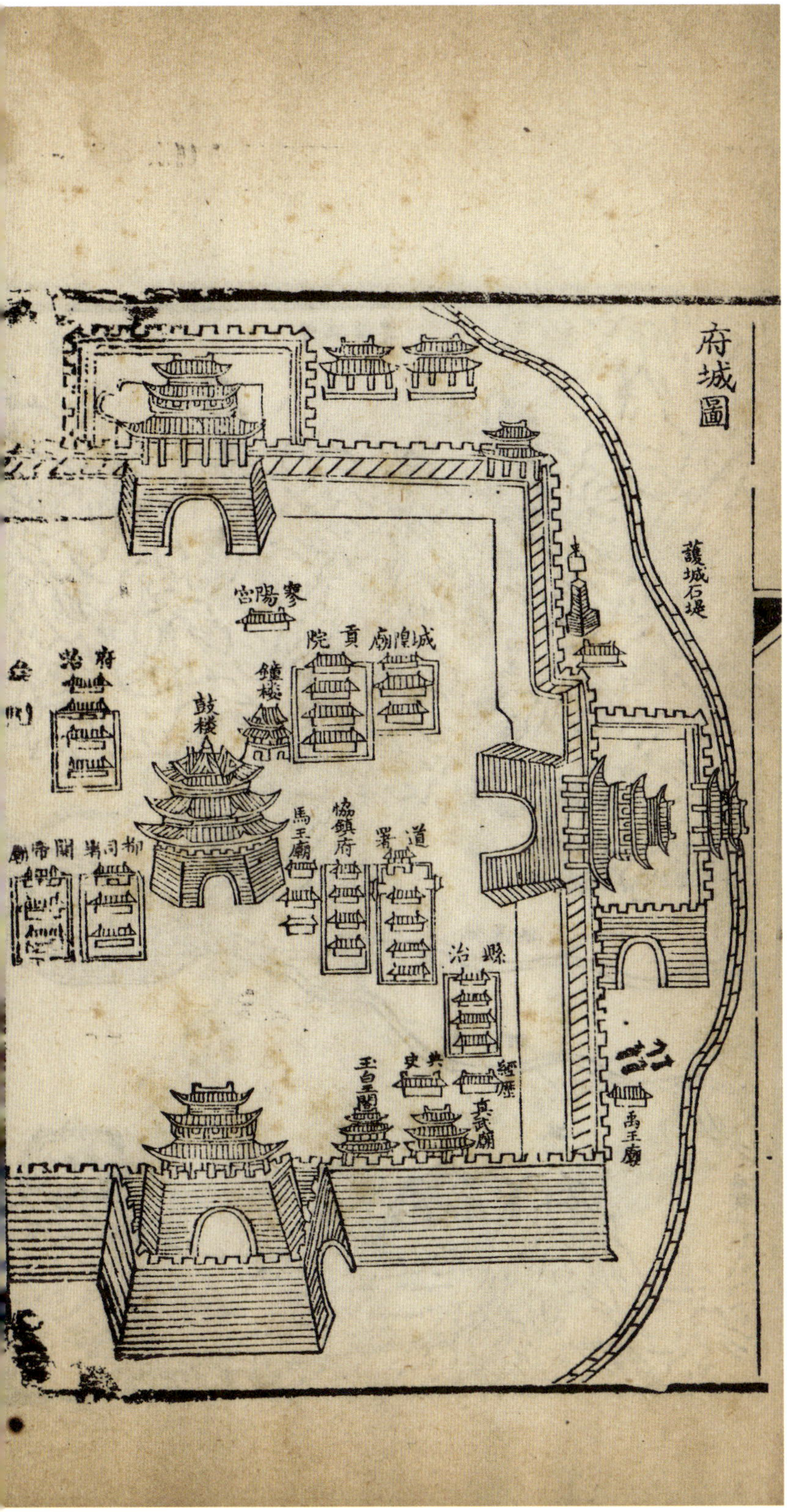
府城圖
護城石堤
寥陽宮
城隍廟
貢院
鍾樓
鼓樓
府治
馬王廟
協鎮府
道署
關帝廟
都司署
縣治
典史
真武廟
禹王廟

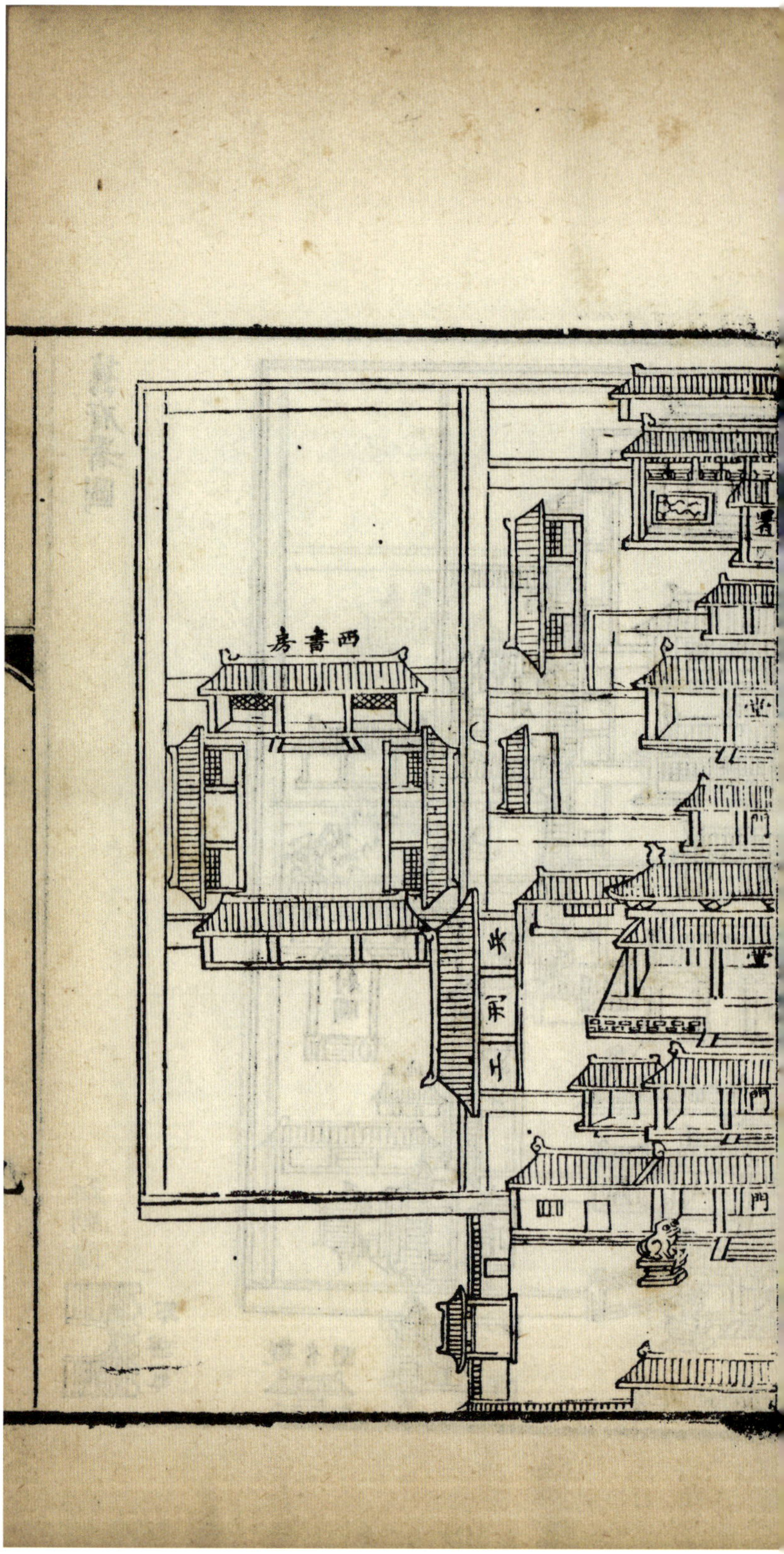

016 ［乾隆］蒲州府志二十四卷（6）

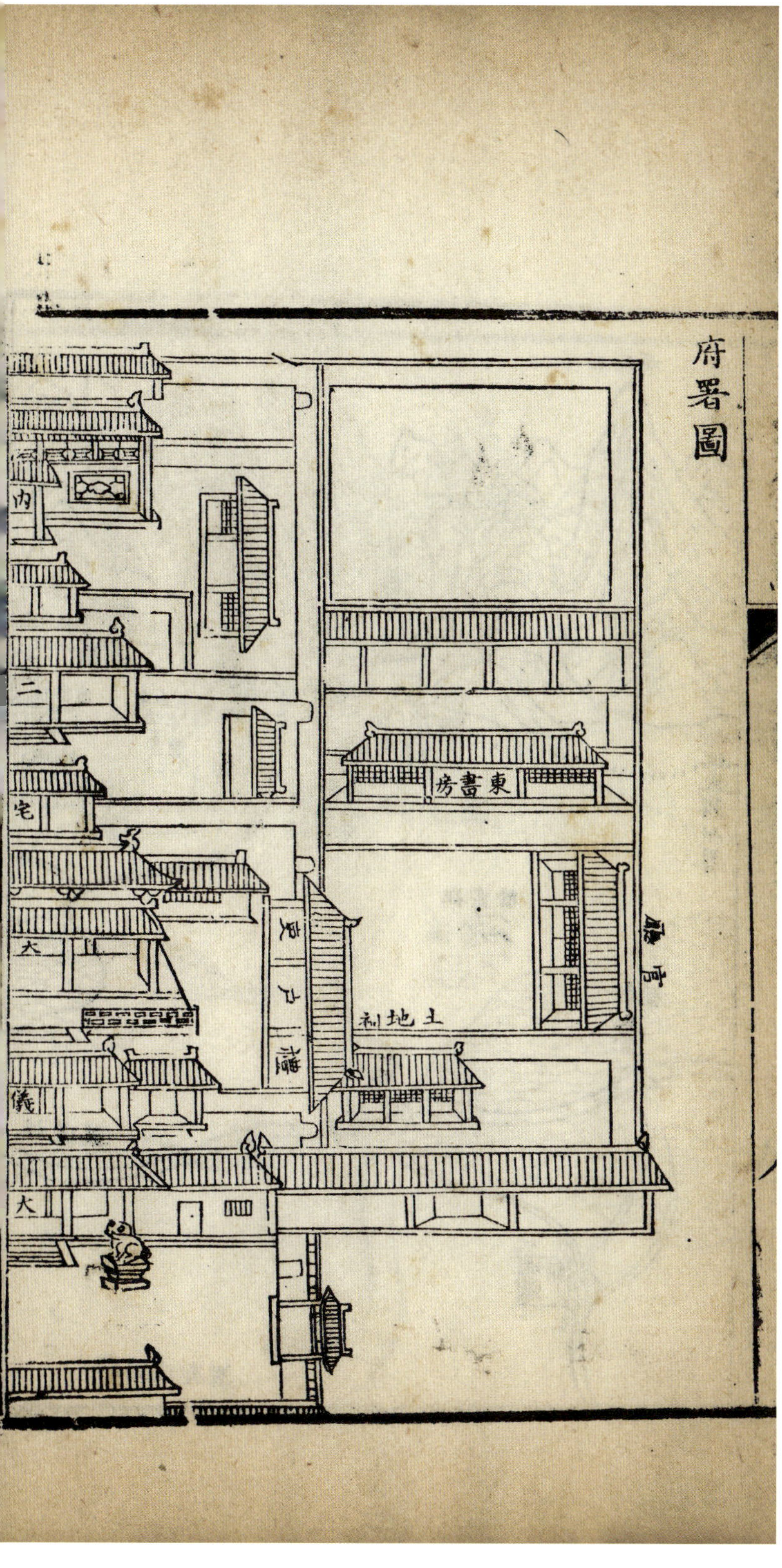
府署圖
東書房
土地祠
官廳

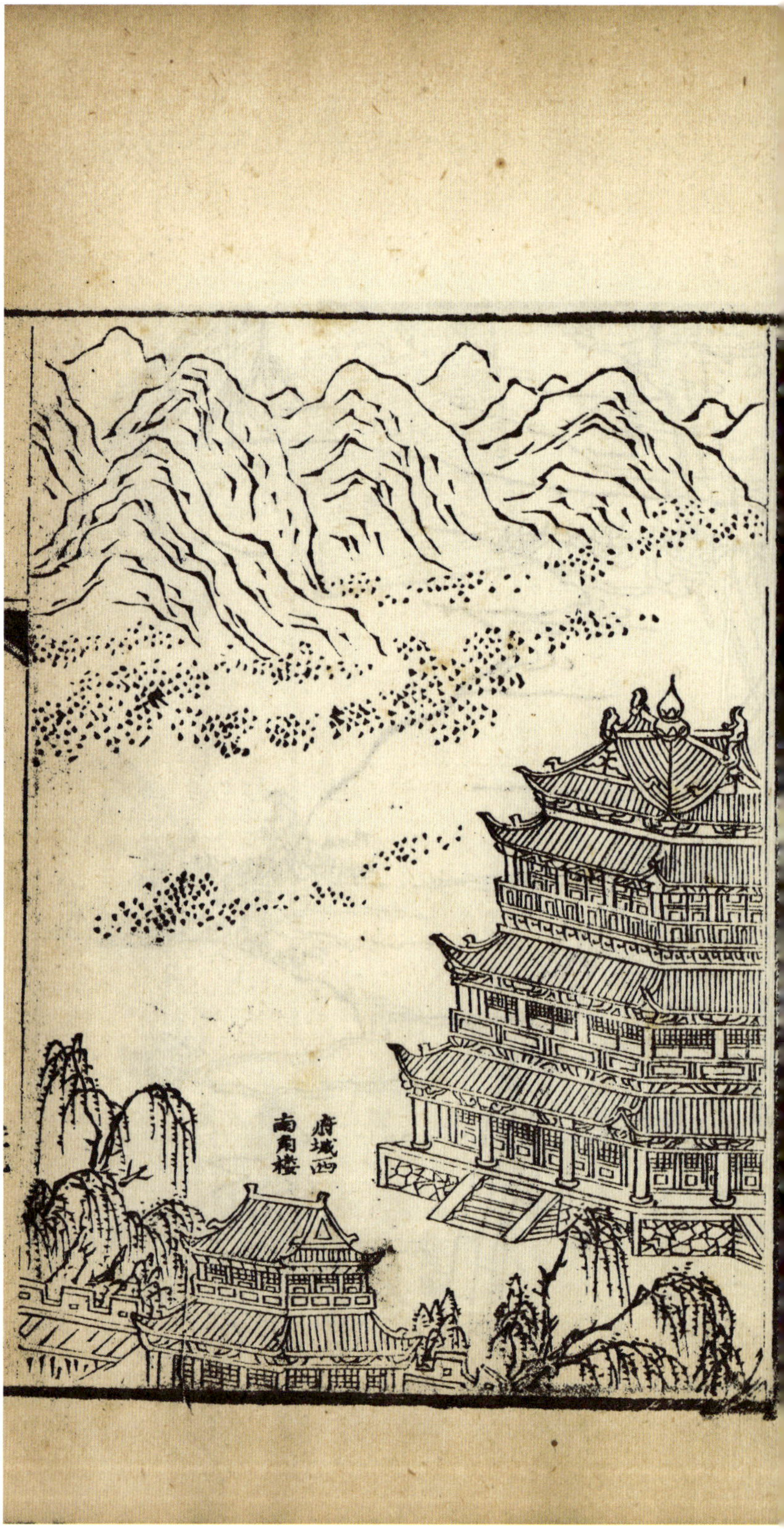

016 ［乾隆］蒲州府志二十四卷（7）

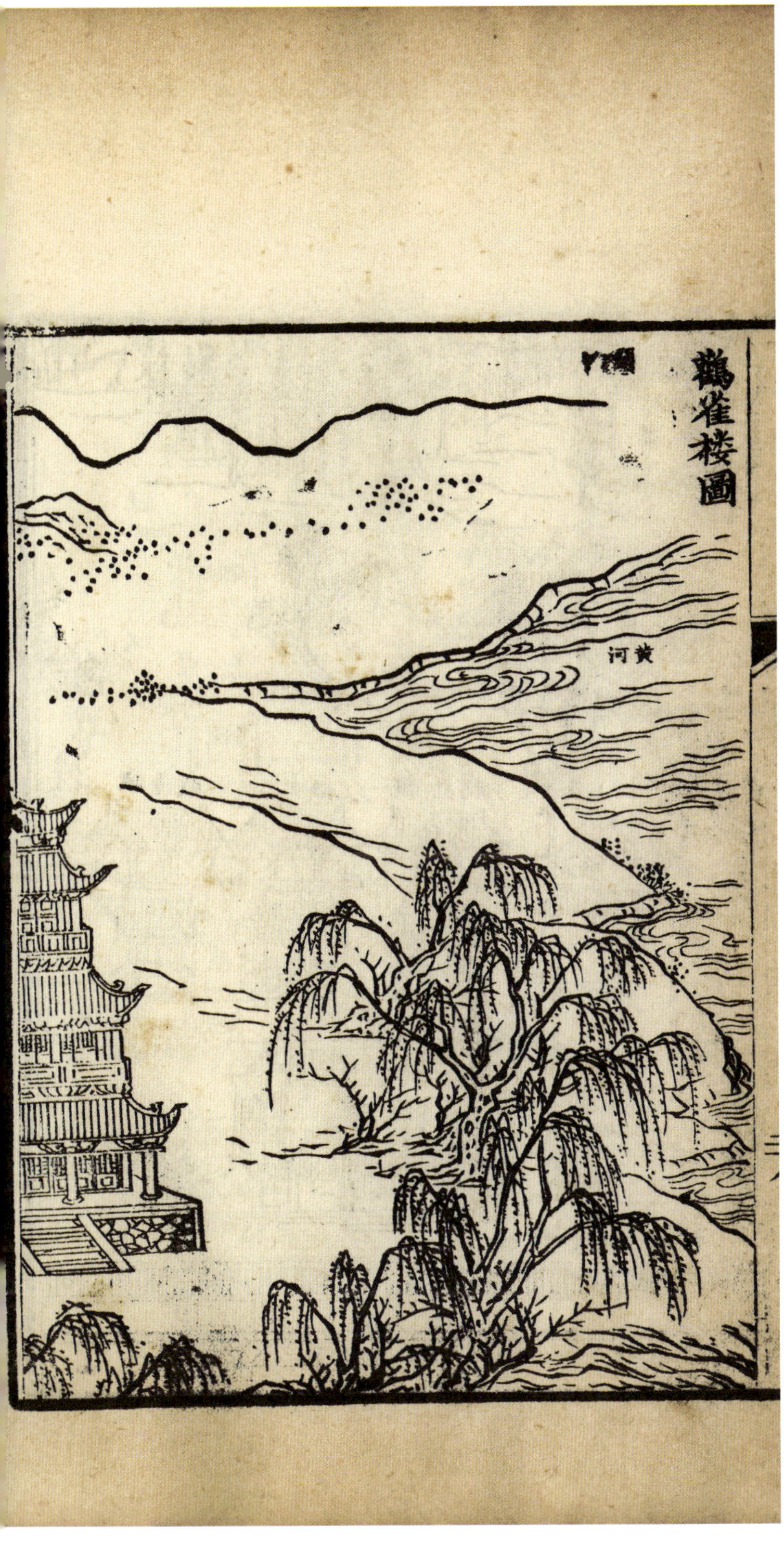
鸛雀樓圖
黄河

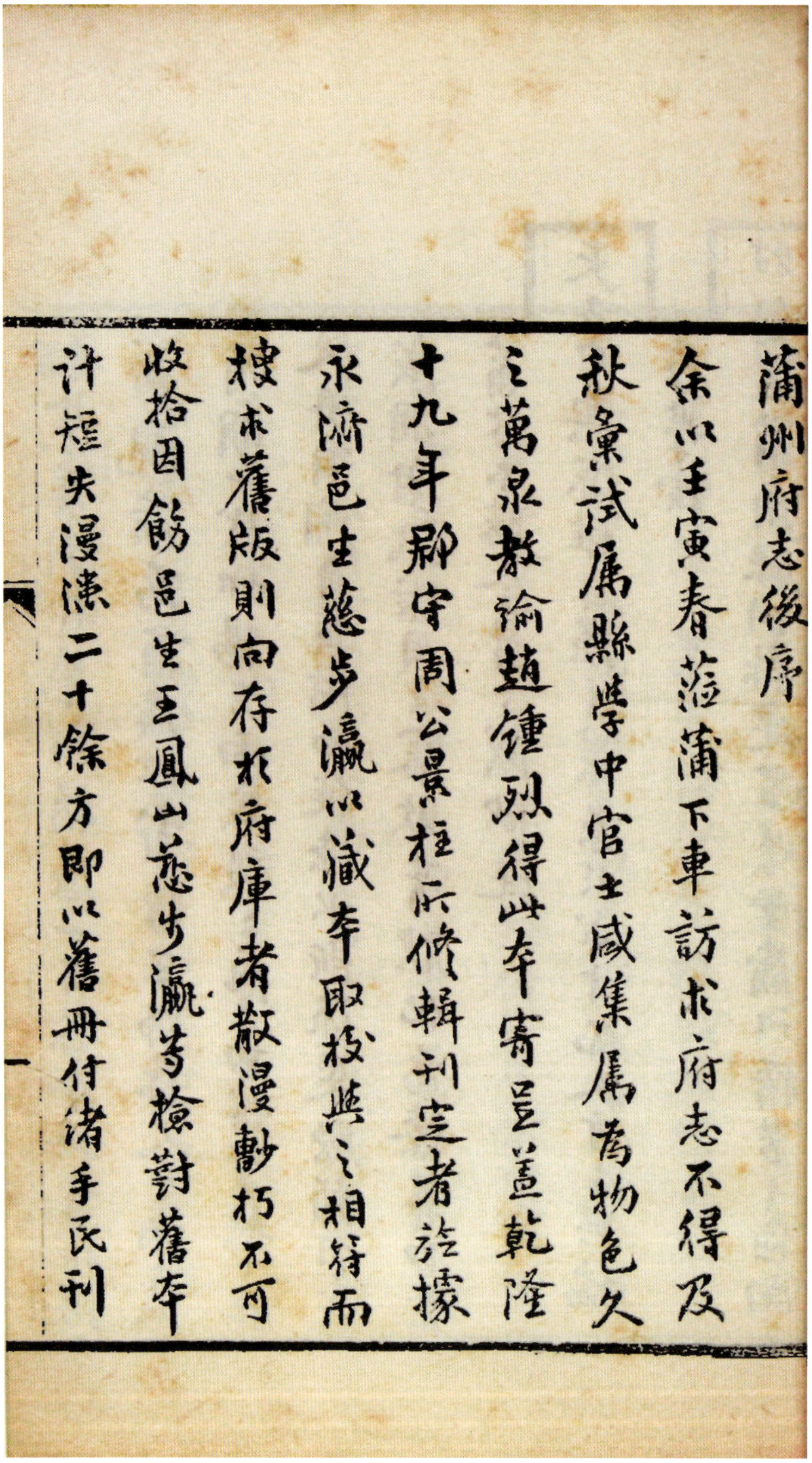

蒲州府志後序

余以壬寅春蒞蒲下車訪求府志不得及秋彙試屬縣學中官士咸集屬為物色久之萬泉教諭趙鍾烈得此本寄呈蓋乾隆十九年郡守周公景柱所修輯刊定者旋據永濟邑生慈步瀛以藏本取校與之相符而搜求舊版則向存於府庫者散漫剝朽不可收拾因飭邑生王鳳山慈步瀛等檢對舊本計短失漫漶二十餘方即以舊冊付諸手民刊

016 ［乾隆］蒲州府志二十四卷（8）

016 ［乾隆］蒲州府志二十四卷

清周景柱等纂修。清乾隆二十年（1755）刻光緒二十九年(1903)補印本。匡高十九厘米，廣十五·八厘米，半葉九行，行二十字，白口，單魚尾，左右雙邊。存一至十二卷，一函五冊。館藏號：005251—005255。入選第二批《山西省珍貴古籍名録》，名録號：00282。

周景柱，浙江遂安(今淳安)人。清雍正七年(1729)舉人，清乾隆十三年(1748)任寧武知府，歷蒲州、太原知府，累官至甘肅按察使。蒲州，治今永濟，清雍正六年（1728)升為府，領永濟、萬泉、臨晉、猗氏、榮河、虞鄉六縣。全志分設地輿、官政、人物、藝文四門二十目，卷首有圖二十八幅。此志凡例頗具史識，於沿革前列古今地郡表，「凡沿革所不能盡書者，於表著之。表所列于秦已上加詳，而沿革則自漢始」。本志重考證，於山川、古跡尤多。如考鸛雀樓在城西渚上，北周宇文護造，至遼金尚存，元初已毁，引唐至元人詩文為證。書中之鸛雀樓圖也為後人複建古樓提供了直觀的資料。

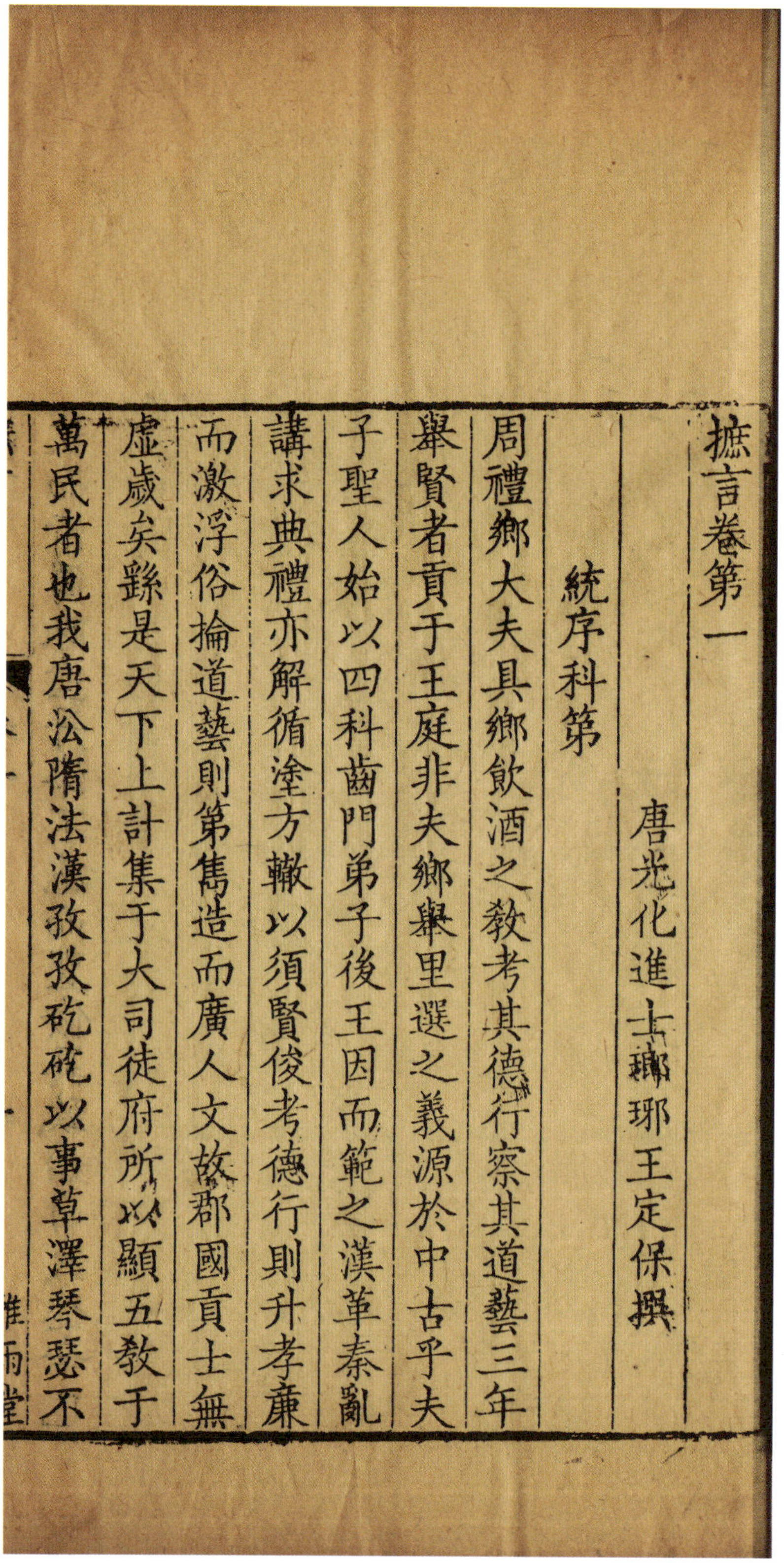
摭言卷第一
唐光化進士瑯琊王定保撰
統序科第
周禮鄉大夫具鄉飲酒之教考其德行察其道藝三年舉賢者貢于王庭非夫鄉舉里選之義源於中古乎夫子聖人始以四科齒門弟子後王因而範之漢革秦亂講求典禮亦解循塗方轍以須賢俊考德行則升孝廉而激浮俗掄道藝則第雋造而廣人文故郡國貢士無虛歲矣繇是天下上計集于大司徒府所以顯五教于萬民者也我唐沿隋法漢孜孜矻矻以事草澤琴瑟不

017　摭言十五卷　（五代）王定保撰　清乾隆二十一年（1756）雅雨堂寫刻本

匡高 17.7 厘米，廣 14.8 厘米。半葉十行，行二十一字，白口，單魚尾，四周單邊。

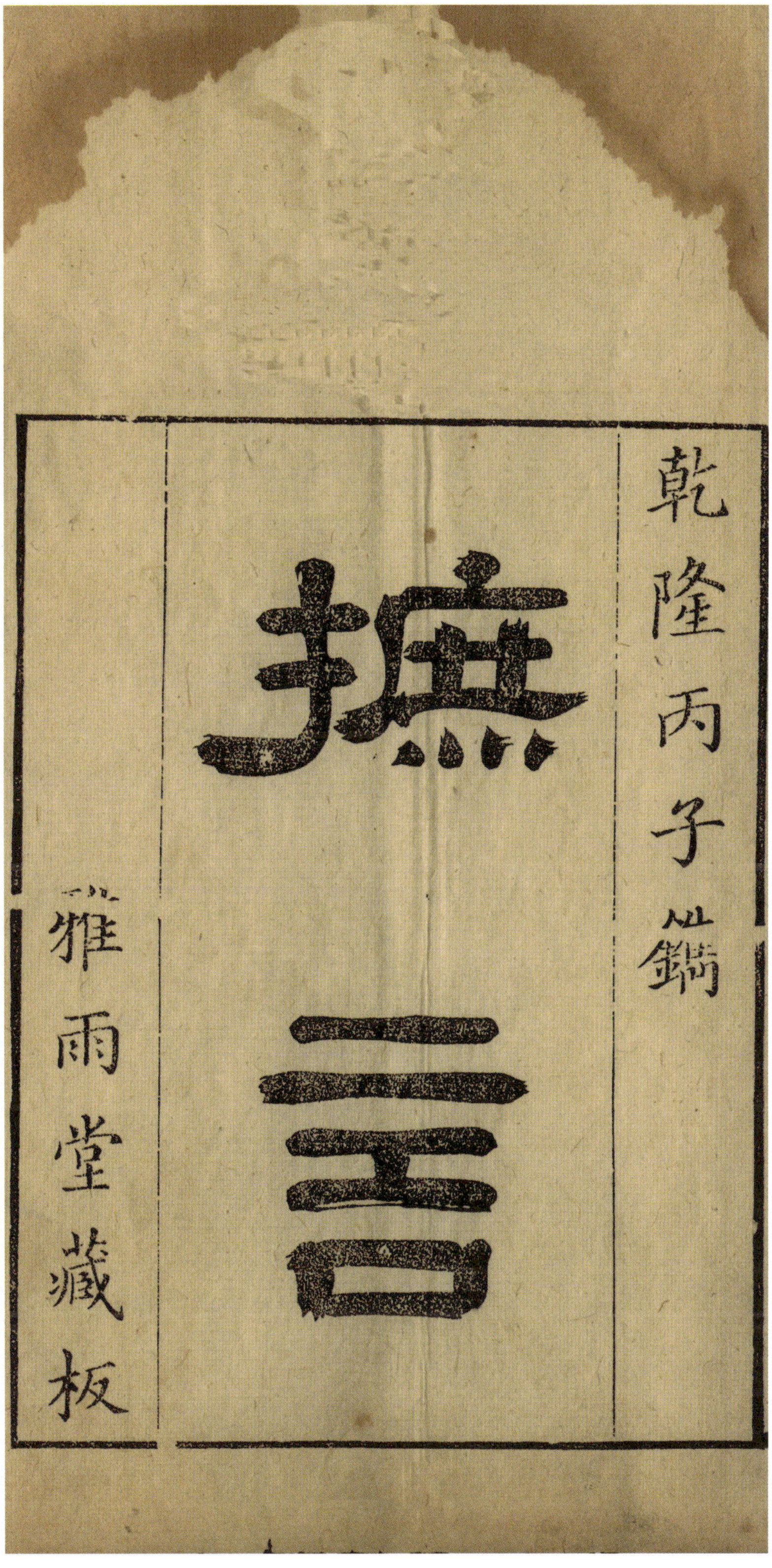
乾隆丙子鐫

摭言

雅雨堂藏板

017　摭言十五卷（2）

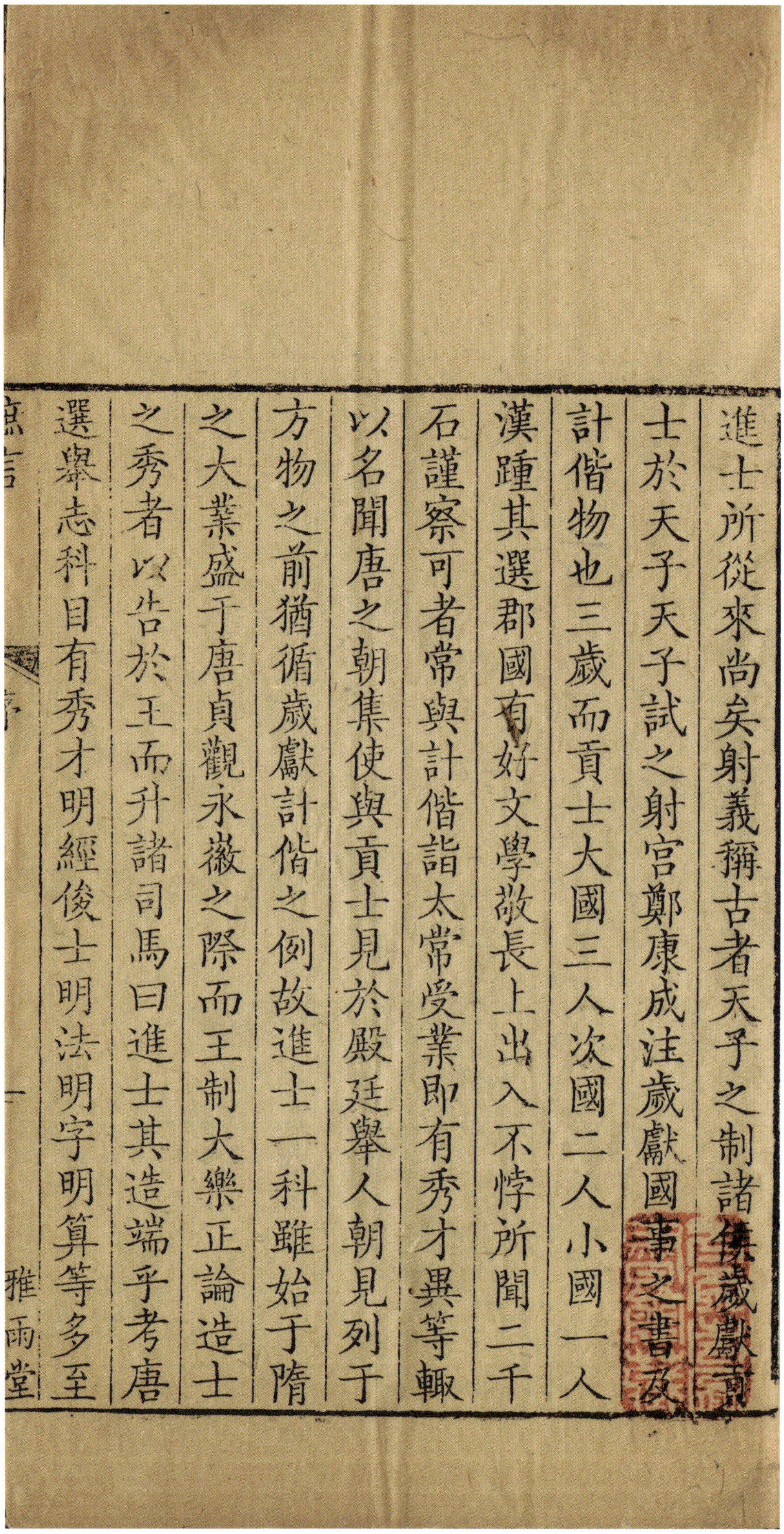

進士所從來尚矣射義稱古者天子之制諸侯歲獻貢
士於天子天子試之射宮鄭康成注歲獻國事之書及
計偕物也三歲而貢士大國三人次國二人小國一人
漢踵其選郡國有好文學敬長上出入不悖所聞二千
石謹察可者常與計偕詣太常受業即有秀才異等輒
以名聞唐之朝集使與貢士見於殿廷舉人朝見列于
方物之前猶循歲獻計偕之例故進士一科雖始于隋
之大業盛于唐貞觀永徽之際而王制大樂正論造士
之秀者以告於王而升諸司馬曰進士其造端乎考唐
選舉志科目有秀才明經俊士明法明字明算等多至

摭言　序　一　雅雨堂

017　摭言十五卷（3）

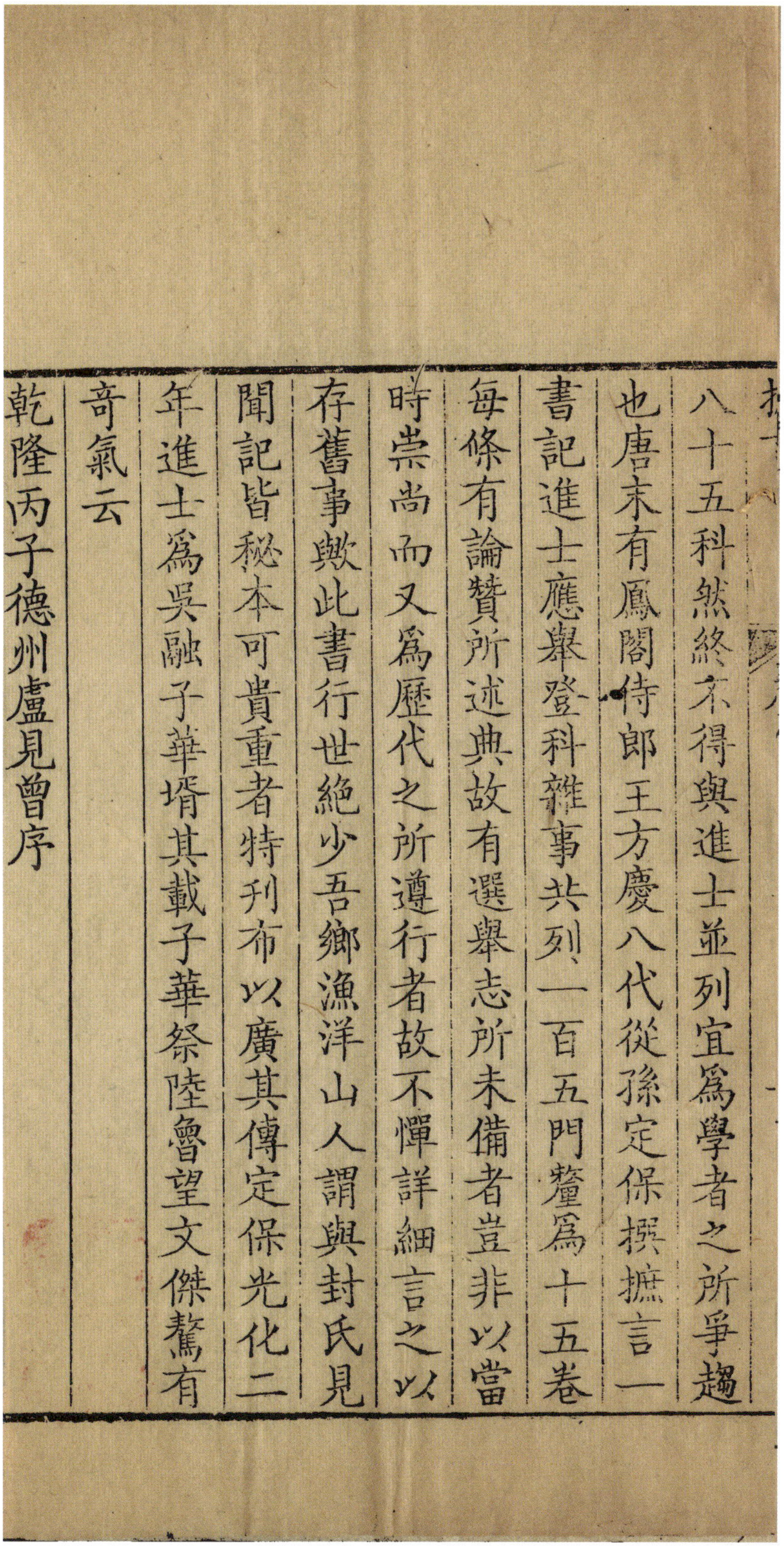

八十五科然終不得與進士並列宜爲學者之所爭趨也唐末有鳳閣侍郎王方慶八代從孫定保撰摭言一書記進士應舉登科雜事共列一百五門釐爲十五卷每條有論贊所述典故有選舉志所未備者豈非以當時崇尚而又爲歷代之所遵行者故不憚詳細言之以存舊事歟此書行世絕少吾鄉漁洋山人謂與封氏見聞記皆秘本可貴重者特刊布以廣其傳定保光化二年進士爲吳融子華壻其載子華祭陸魯望文傑驁有奇氣云

乾隆丙子德州盧見曾序

017 摭言十五卷（4）

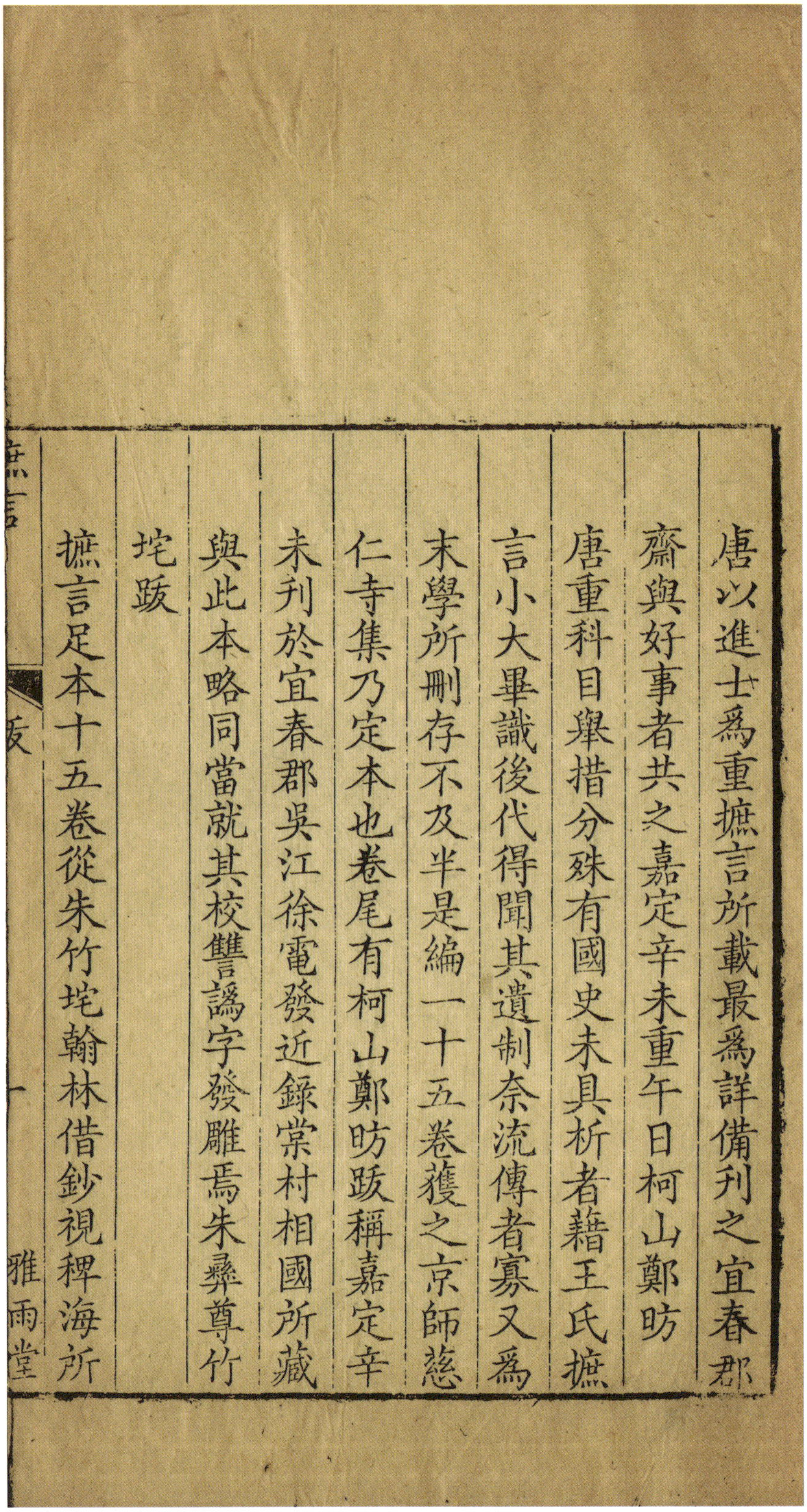
唐以進士爲重摭言所載最爲詳備刊之宜春郡
齋與好事者共之嘉定辛未重午日柯山鄭昉
唐重科目舉措分殊有國史未具析者藉王氏摭
言小大畢識後代得聞其遺制奈流傳者寡又爲
末學所刪存不及半是編一十五卷獲之京師慈
仁寺集乃定本也卷尾有柯山鄭昉跋稱嘉定辛
未刊於宜春郡吳江徐電發近錄棠村相國所藏
與此本略同當就其校讐譌字發雕焉朱彝尊竹
垞跋
摭言足本十五卷從朱竹垞翰林借鈔視稗海所

017　摭言十五卷（5）

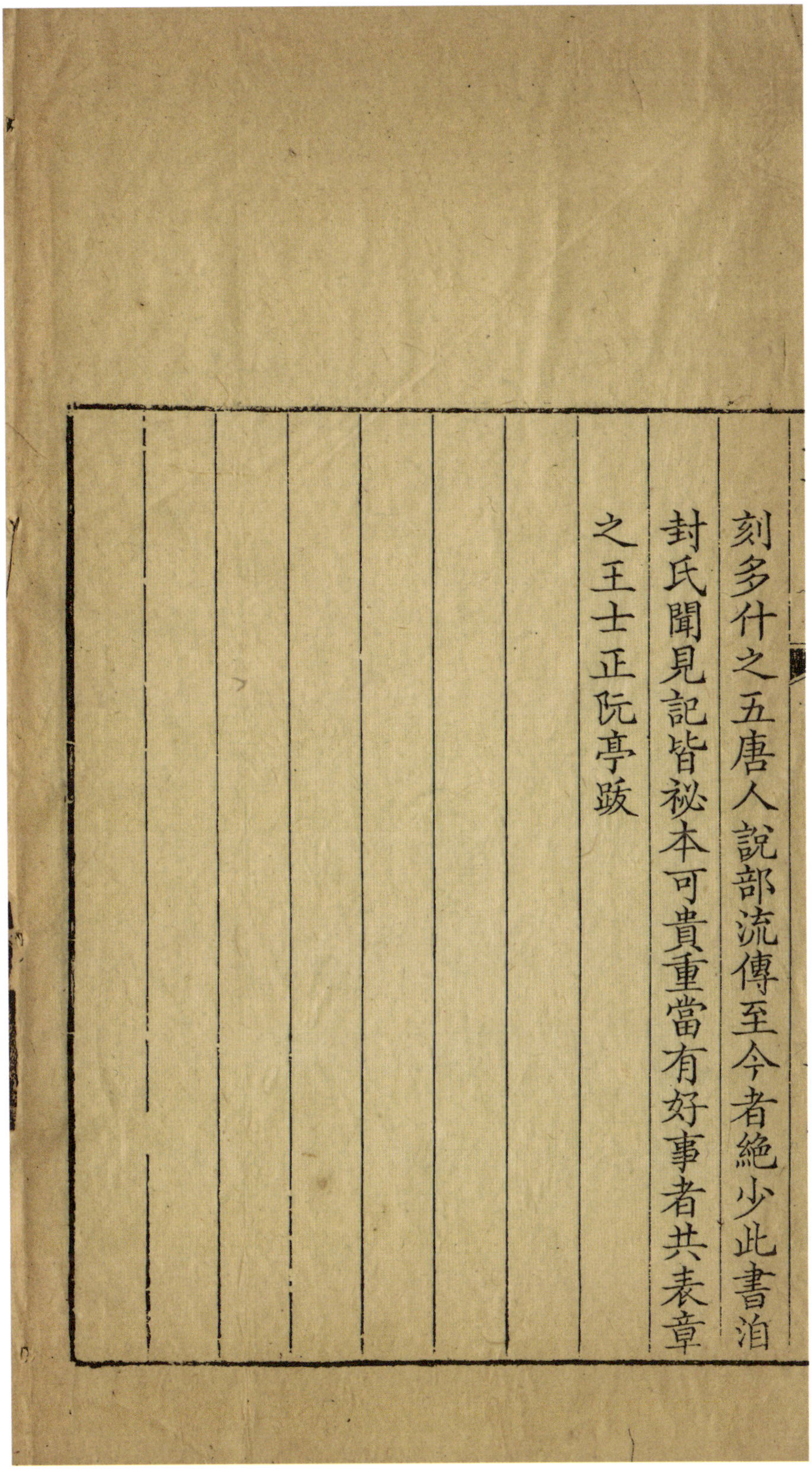

刻多什之五唐人說部流傳至今者絶少此書洎
封氏聞見記皆祕本可貴重當有好事者共表章
之王士正阮亭跋

017　摭言十五卷（6）

017　摭言十五卷

五代王定保撰。清乾隆二十一年（1756）雅雨堂寫刻本。匡高十七·七厘米，廣十四·八厘米，半葉十行，行二十一字，白口，單魚尾，左右單邊。一函四冊。館藏號：006637—006640。入選第三批《山西省珍貴古籍名録》，名録號：00453。

王定保（870—？），山東琅琊人。晚唐進士。唐亡之後遷居湖南。《摭言》為其晚年所作，成書時作者已八十五歲。《摭言》又名《唐摭言》，是筆記體裁的史書。全書一百零三門，按内容分門，採用標題立目的體例，分門別類地詳盡記述了有唐一代貢舉制度及其相關史實。第一卷中概述了進士科舉的起源、興盛及特點等史事；第二卷中論述了有關貢舉的法令、特例及變更的史事；第三卷則記述了放榜之後新科進士的狂歡、慶賀、謝恩、拜相、慈恩寺題名等名目繁多的各種儀式及習俗風尚；第四、五、六卷記載了唐人的軼事；第七卷至第十五卷則細分門類，詳盡記述了唐代進士科舉中各種各樣的事例。此部分内容最多，共有五十九種名目，其中所涉及人物、事件更為豐富且典型。《四庫全書總目提要》云：「是書述有唐一代貢舉之制特詳，多史志所未及。其一切雜事，亦足以覘名場之風氣，驗士習之淳澆。法戒兼陳，可為永鑒。」

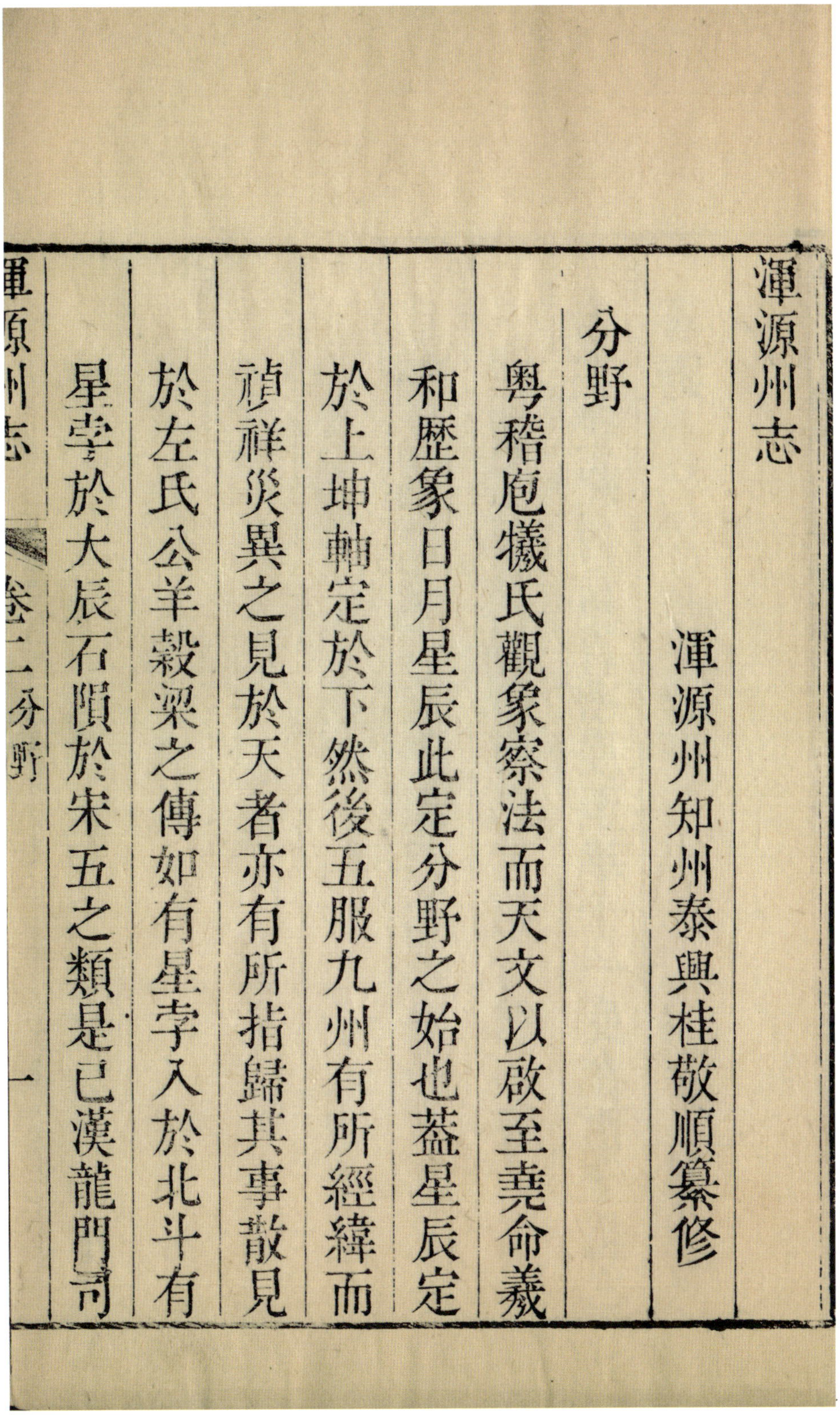
渾源州志

渾源州知州泰興桂敬順纂修

分野

粤稽庖犧氏觀象察法而天文以啟至堯命羲和歷象日月星辰此定分野之始也蓋星辰定於上坤軸定於下然後五服九州有所經緯而禎祥災異之見於天者亦有所指歸其事散見於左氏公羊穀梁之傳如有星孛入於北斗有星孛於大辰石隕於宋五之類是已漢龍門司

渾源州志　卷二　分野　一

018　［乾隆］渾源州志十卷　（清）桂敬順纂修　清乾隆二十八年（1763）刻本

匡高 17.8 厘米，廣 14.5 厘米。半葉九行，行二十字，白口，單魚尾，左右雙邊。

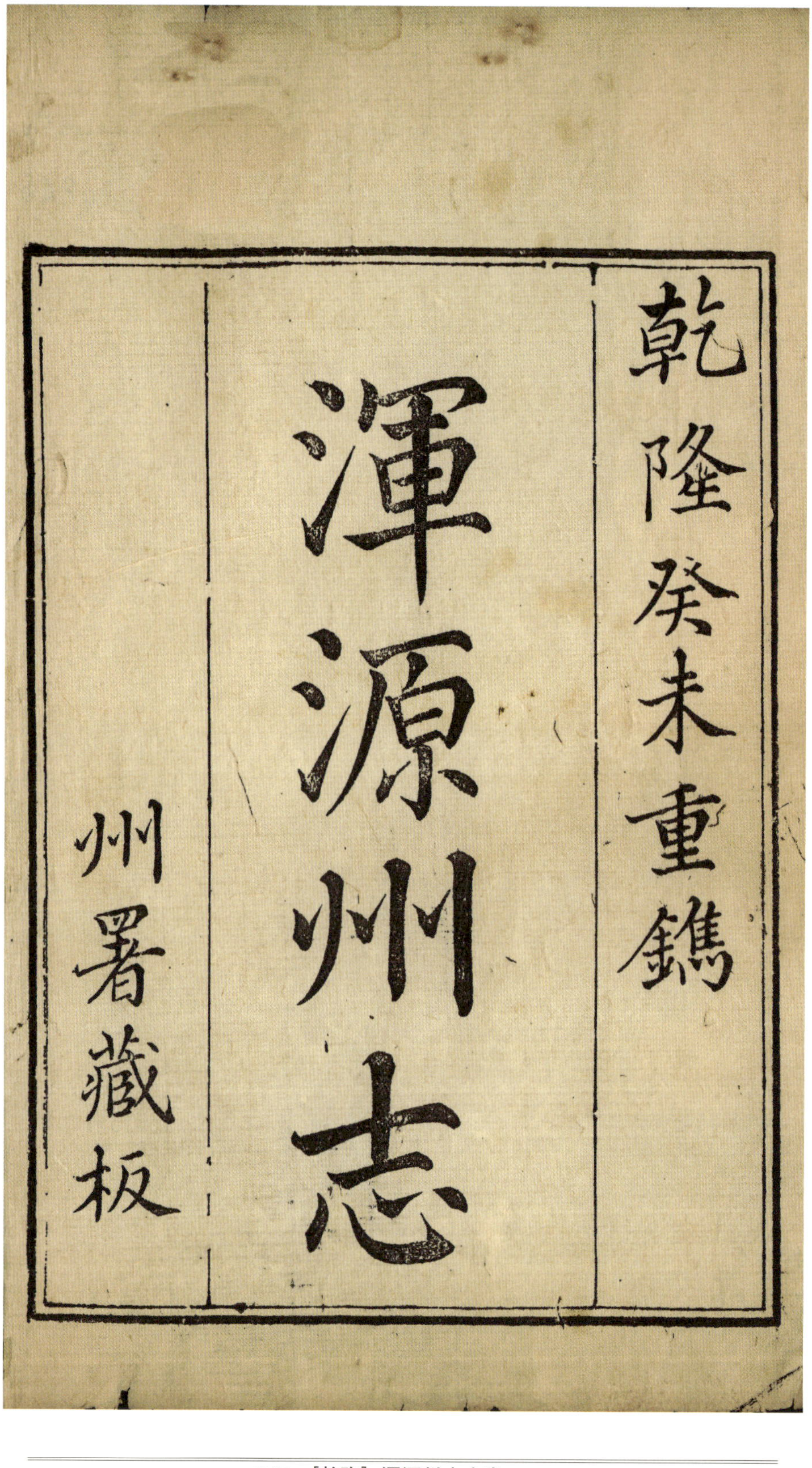

乾隆癸未重鐫

渾源州志

州署藏板

018 ［乾隆］渾源州志十卷（2）

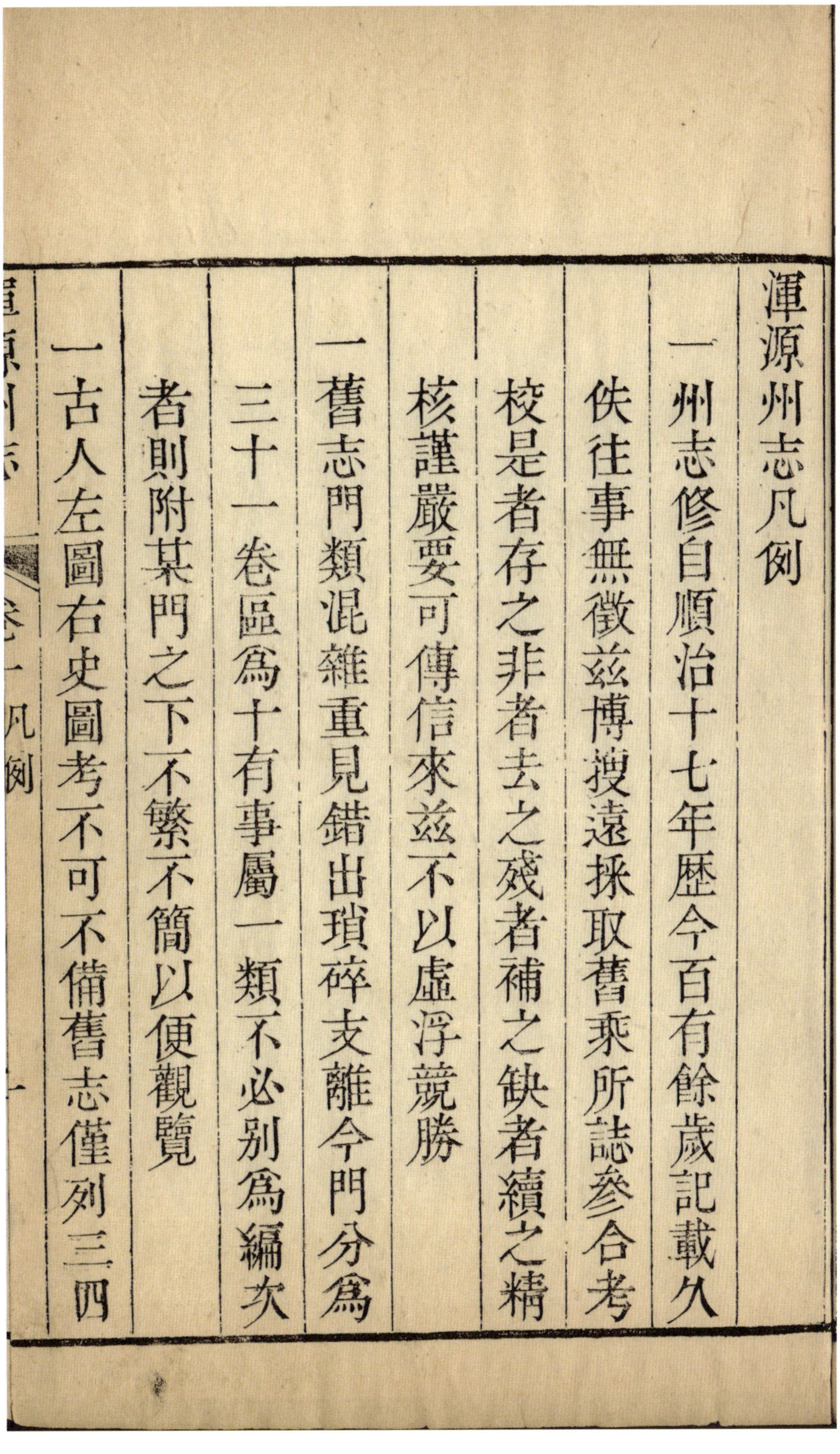

渾源州志凡例

一州志修自順治十七年歷今百有餘歲記載久佚往事無徵茲博搜遠採取舊乘所誌參合考校是者存之非者去之殘者補之缺者續之精核謹嚴要可傳信來茲不以虛浮競勝

一舊志門類混雜重見錯出瑣碎支離今門分爲三十一卷區爲十有事屬一類不必別爲編次者則附某門之下不繁不簡以便觀覽

一古人左圖右史圖考不可不備舊志僅列三四

渾源州志　卷一　凡例

018 ［乾隆］渾源州志十卷 (3)

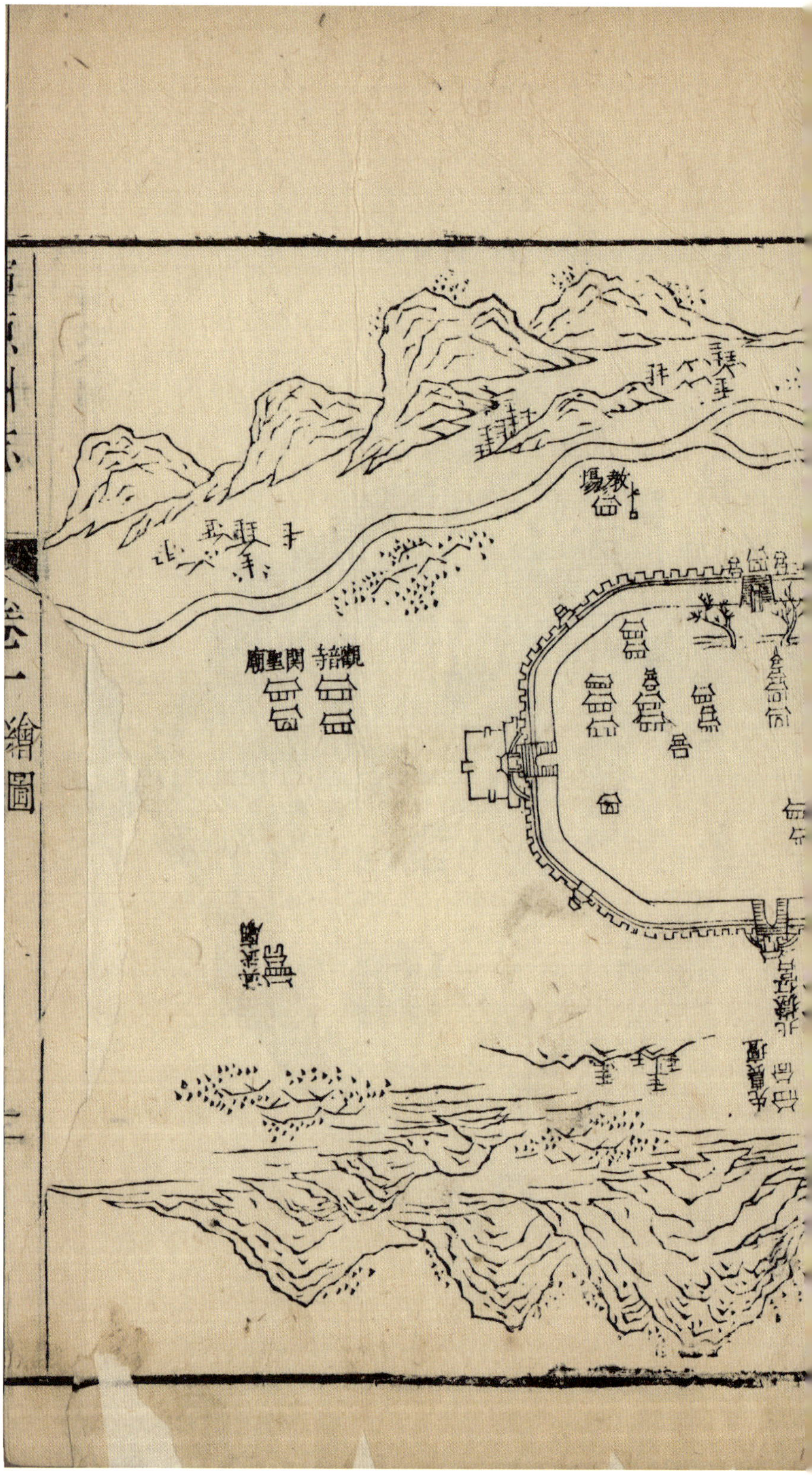

018 ［乾隆］渾源州志十卷（4）

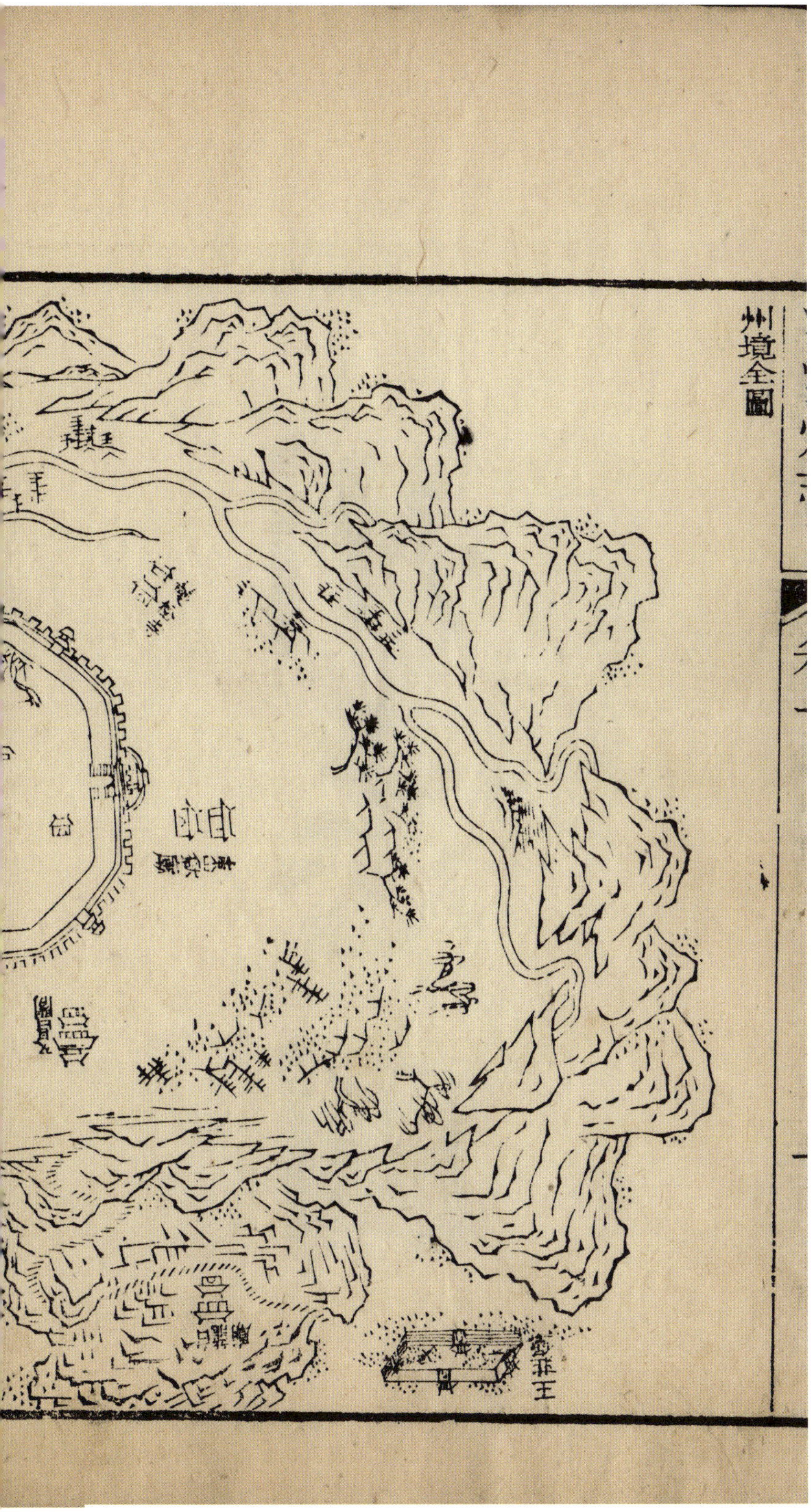
州境全圖

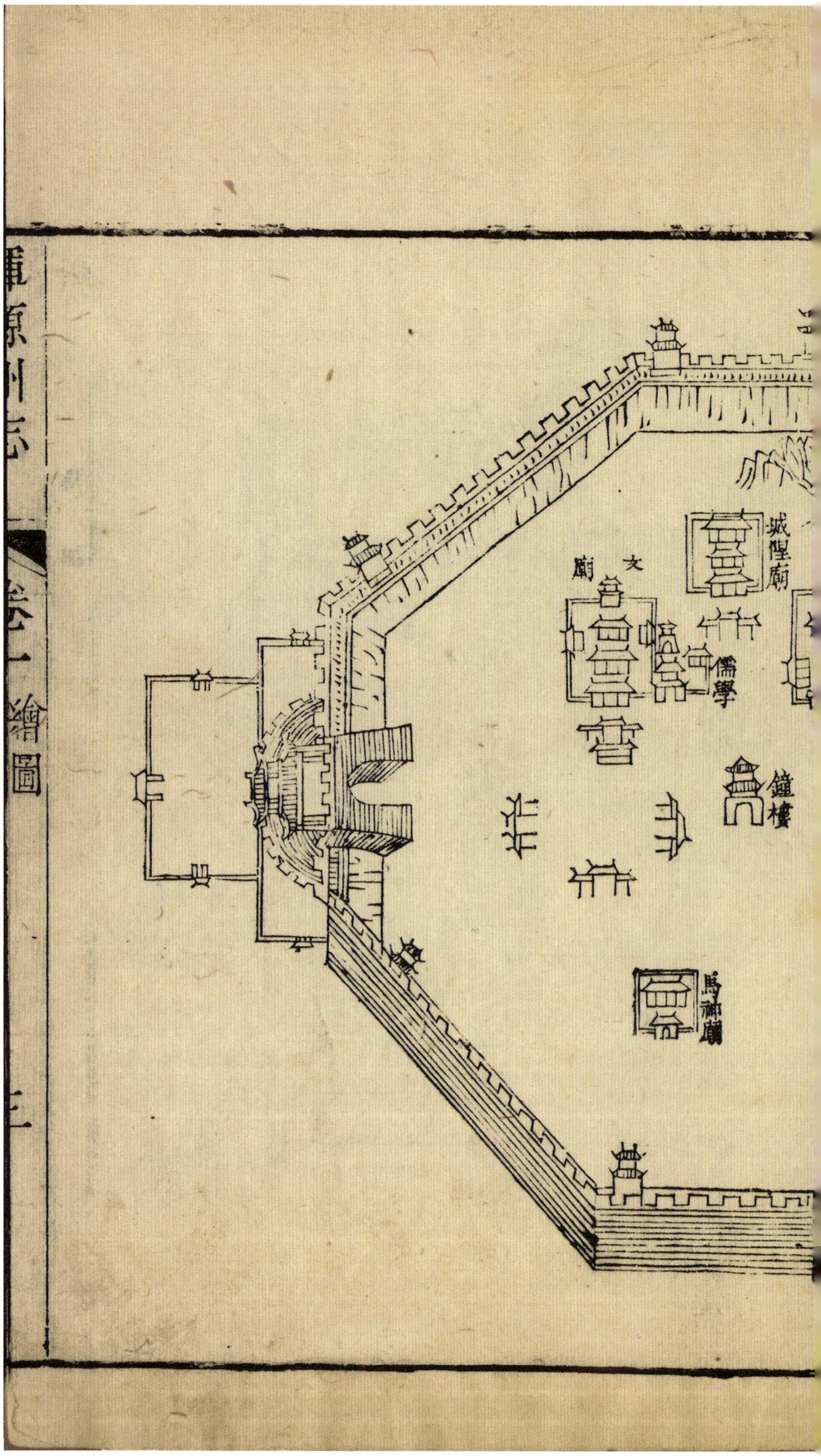

018 ［乾隆］渾源州志十卷 (5)

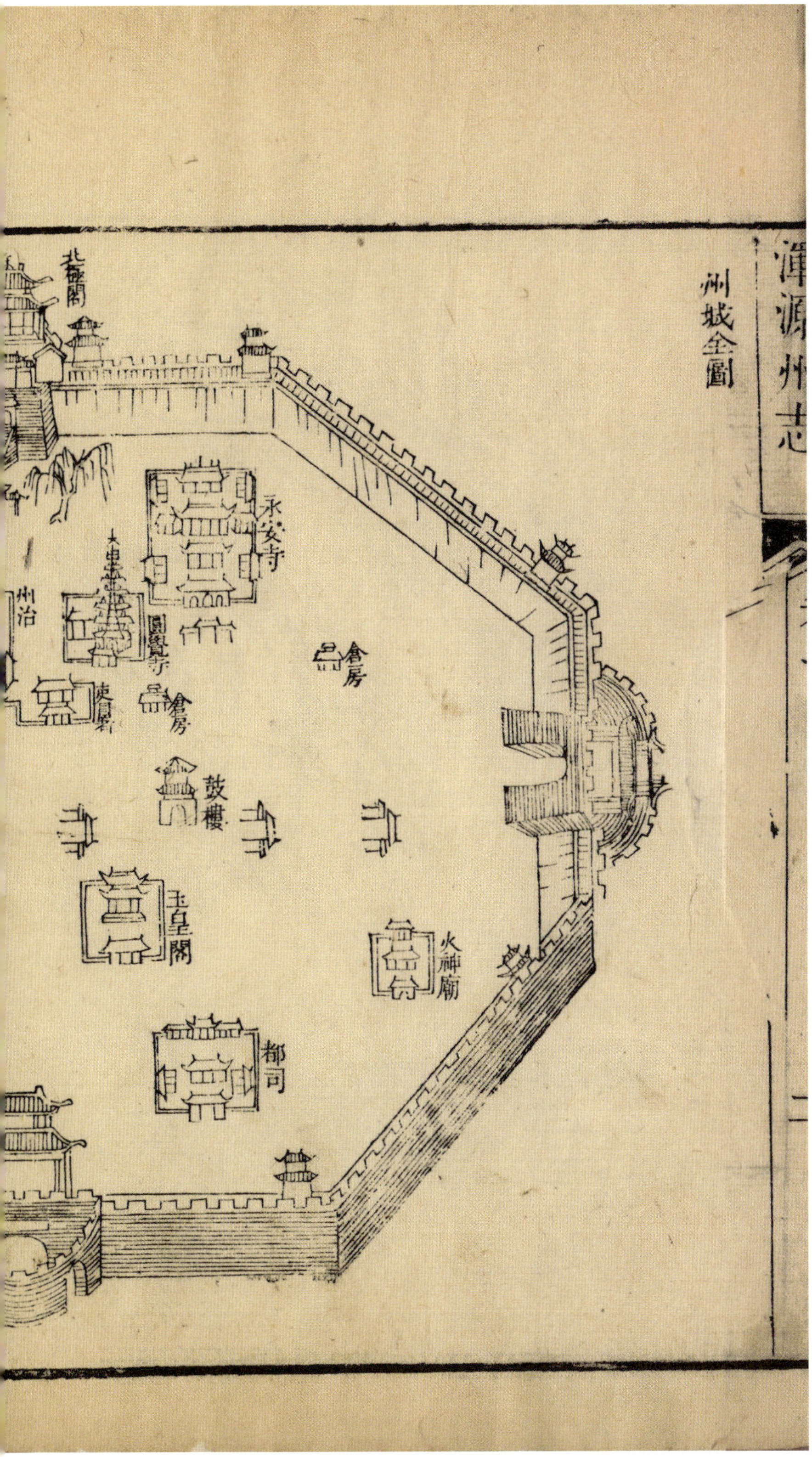
滹源州志
州城全圖
北極閣
永安寺
州治
圓覺寺
倉房
倉房
鼓樓
玉皇閣
火神廟
都司

018 ［乾隆］渾源州志十卷

清桂敬順纂修。清乾隆二十八年（1763）刻本。匡高十七·八厘米，廣十四·五厘米，半葉九行，行二十字，白口，單魚尾，左右雙邊。一函五冊。館藏號：005246—005250。入選第二批《山西省珍貴古籍名録》，名録號：00273。

桂敬順，字昭翼，號介軒，江蘇泰興人。附貢生。清乾隆二十三年（1758）知渾源州。著有《介軒詩抄》，纂有《恒山志》五卷、《渾源州志》十卷。全志分序文、凡例、圖考、目録、分野、沿革、城池、山川、學校、鄉飲、兵志、武事、公署、田賦、名臣、科目、職官、人物、孝義、列女、文苑、寓賢、藝術、祥異、古跡、風俗、祠廟、寺觀、墳墓、藝文、拾遺共三十一門，志前有圖十七幅，比清順治時州志增八景及名勝圖。圖中州城形狀呈八角形，在各地城建中頗罕見。城中有金建明修的圓覺寺及元創清修的永安寺均繪有圖，但未繪號稱恒山第一景的懸空寺。《列女傳》附有「壽婦目」，收百歲以上老婦一人，最高者達一百零三歲，五代同堂，此目亦為它志中所罕見。

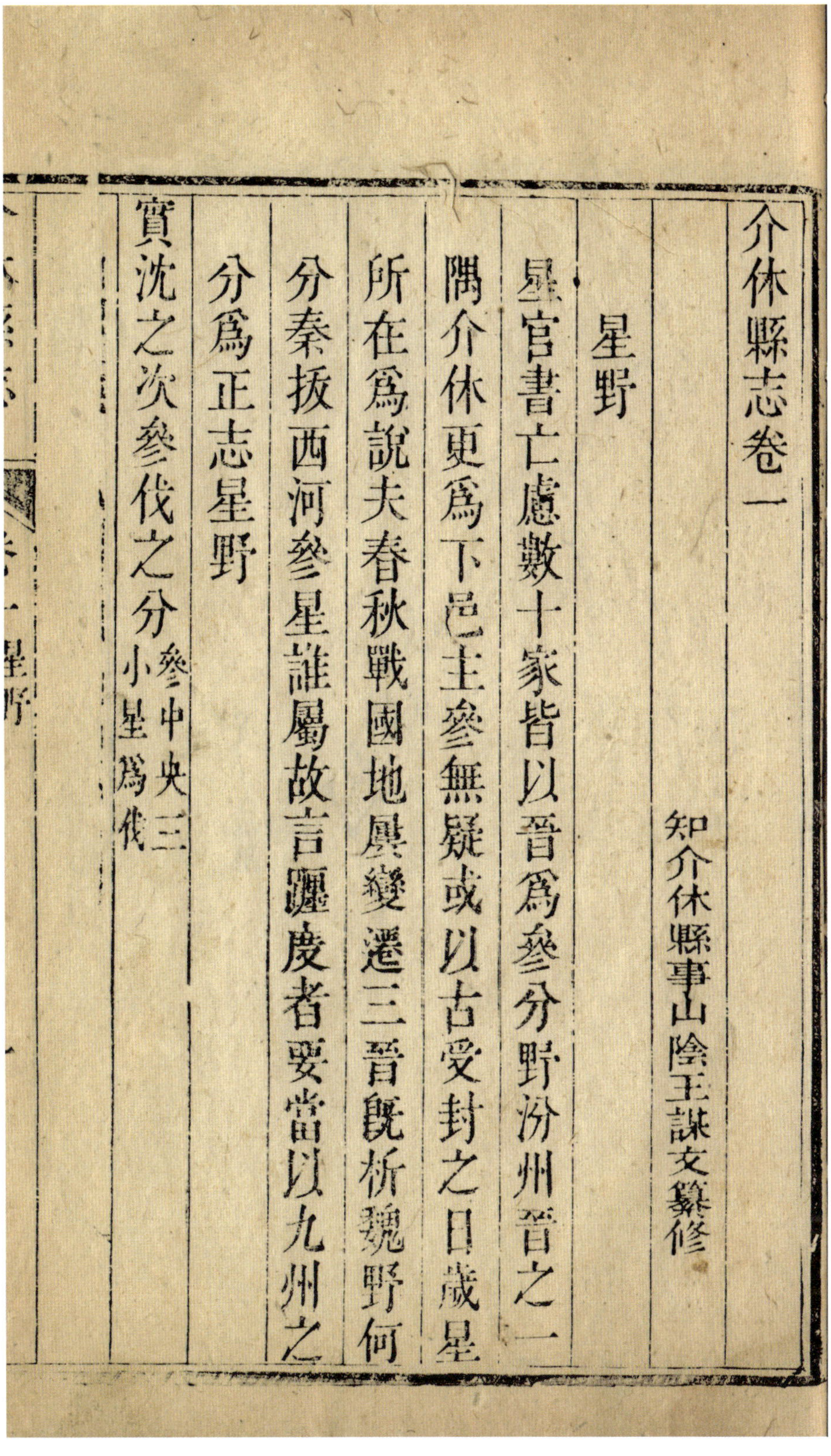

介休縣志卷一

知介休縣事山陰王謀文纂修

星野

星官書亡慮數十家皆以晉爲參分野汾州晉之一隅介休更爲下邑主參無疑或以古受封之日歲星所在爲說夫春秋戰國地屢變遷三晉旣析魏野何分秦拔西河參星誰屬故言躔度者要當以九州之分爲正志星野

實沈之次參伐之分參中央三小星爲伐

019 ［乾隆］介休縣志十四卷 （清）王謀文纂修 清乾隆三十五年（1770）刻本

匡高 19 厘米，廣 14.5 厘米。半葉十行，行二十一字，白口，單魚尾，四周雙邊。

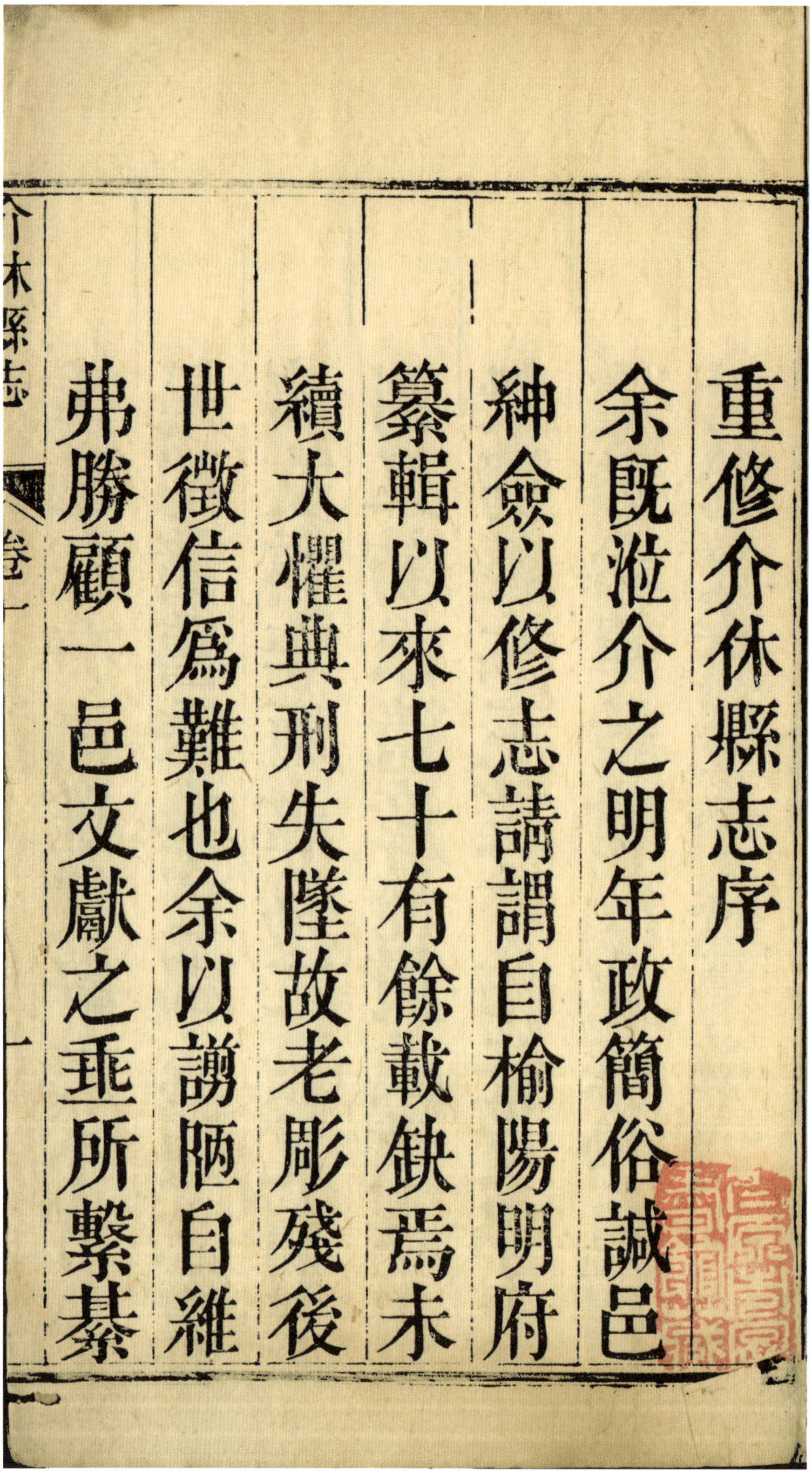

重修介休縣志序
余既涖介之明年政簡俗誠邑
紳僉以修志請謂自榆陽明府
纂輯以來七十有餘載缺焉未
續大懼典刑失墜故老彫殘後
世徵信爲難也余以謭陋自維
弗勝顧一邑文獻之埀所繫綦

介休縣志 卷一 一

019 ［乾隆］介休縣志十四卷 （2）

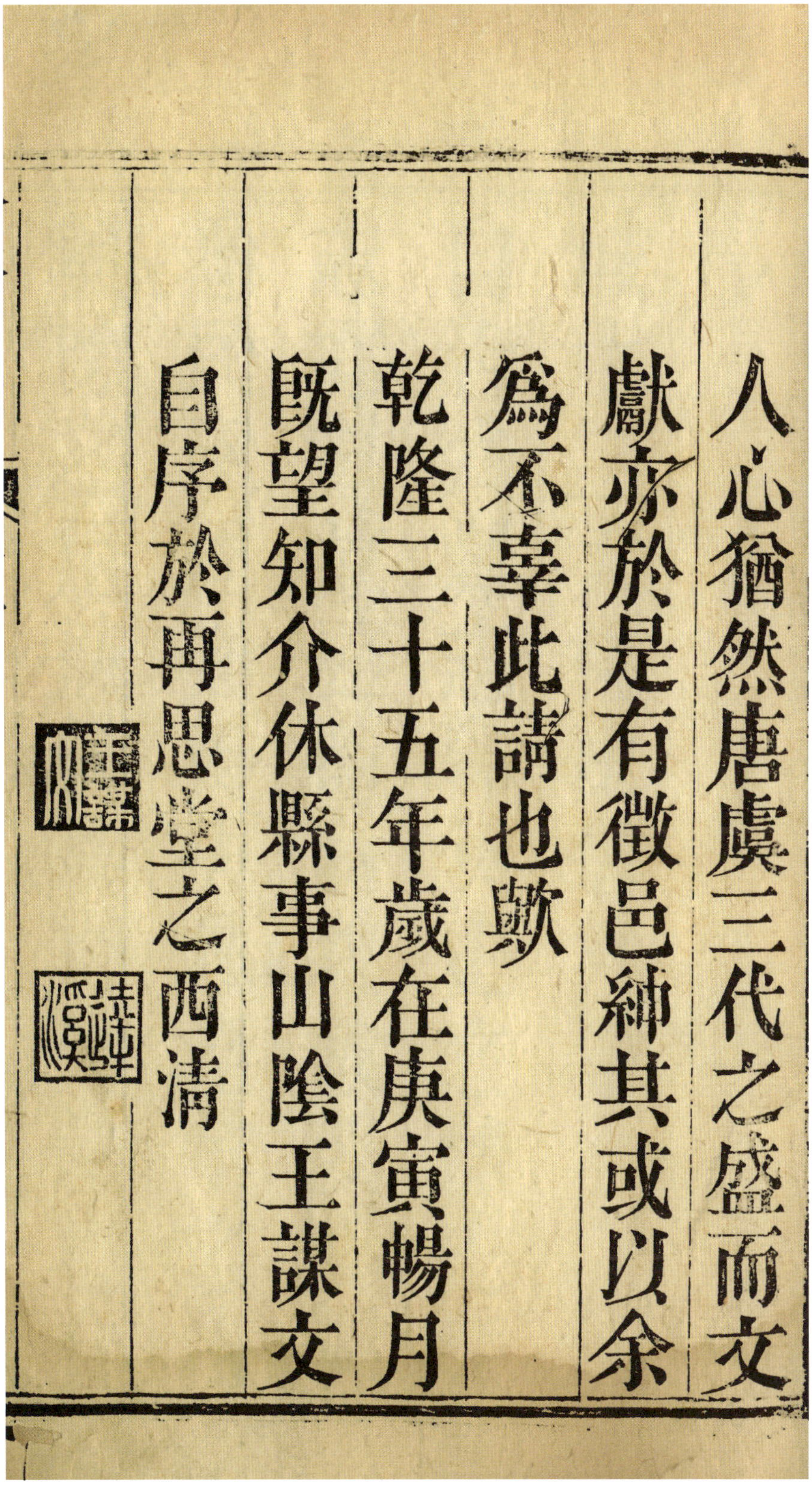
人心猶然唐虞三代之盛而文
獻亦於是有徵邑紳其或以余
爲不辜此請也歟
乾隆三十五年歲在庚寅暢月
旣望知介休縣事山陰王謀文
自序於再思堂之西清

019 ［乾隆］介休縣志十四卷（3）

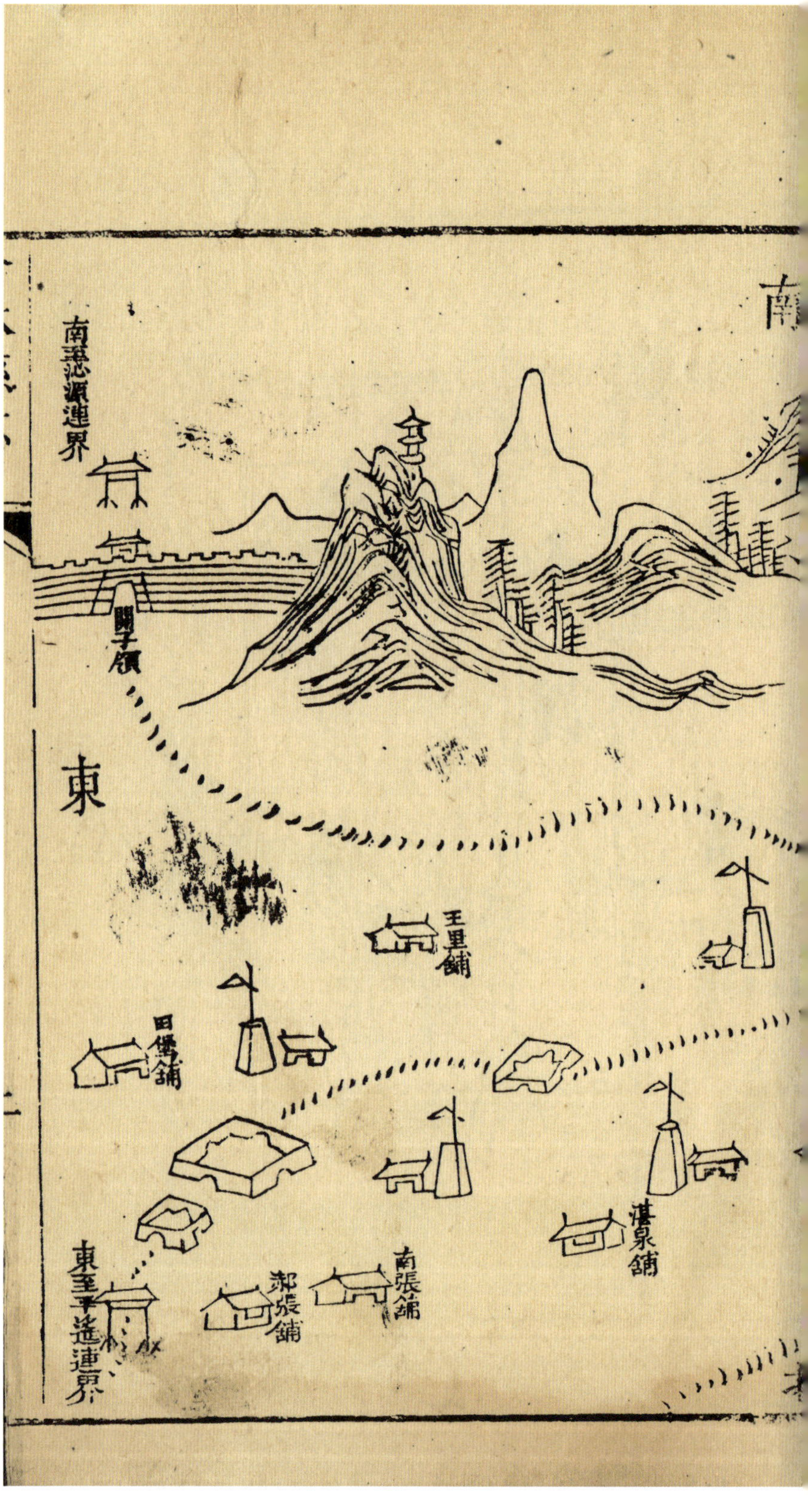

019 ［乾隆］介休縣志十四卷（4）

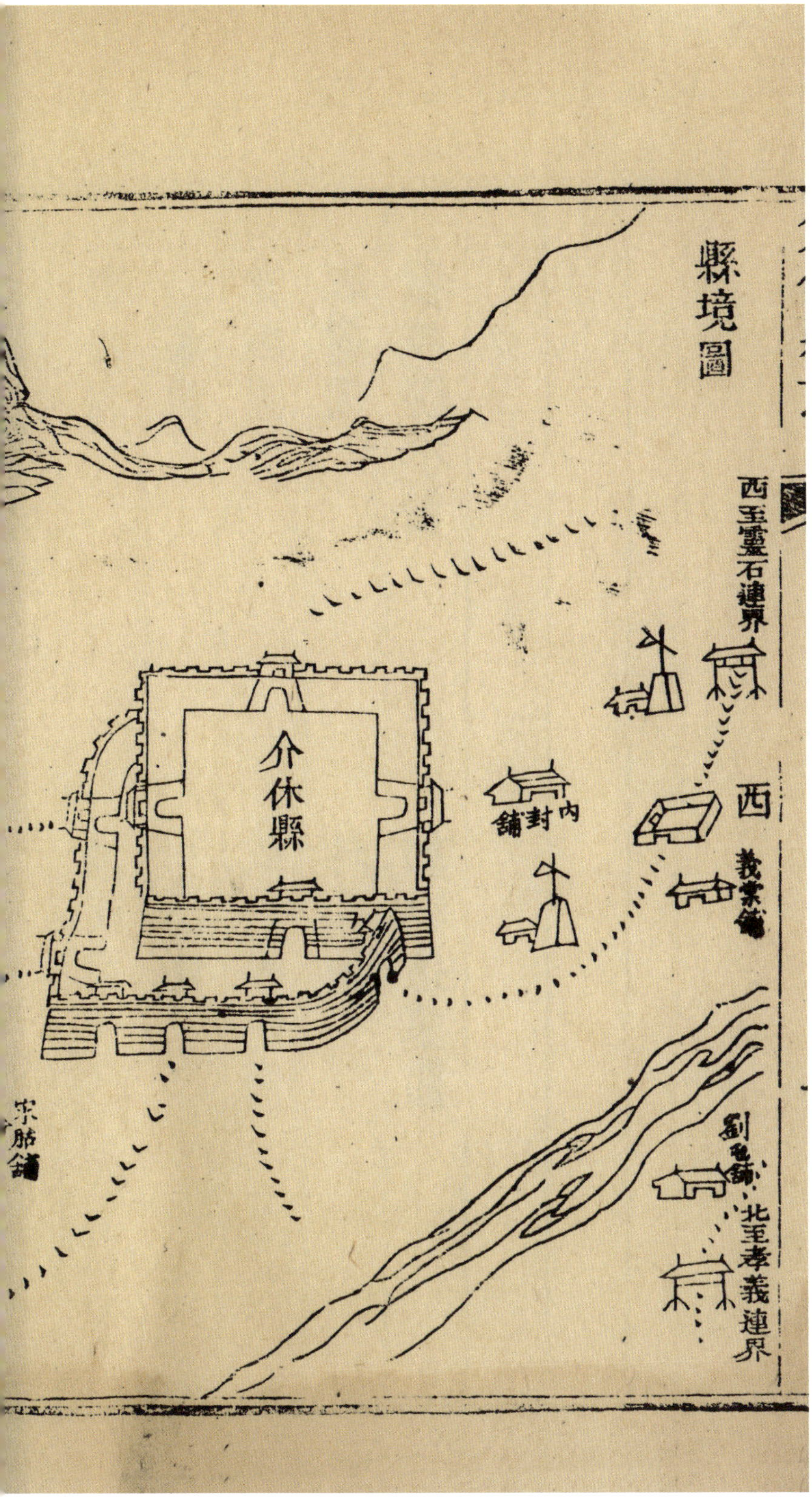
縣境圖
西至靈石連界
介休縣
內封舖
西
義棠舖
劉屯舖
北至孝義連界
宋胏舖

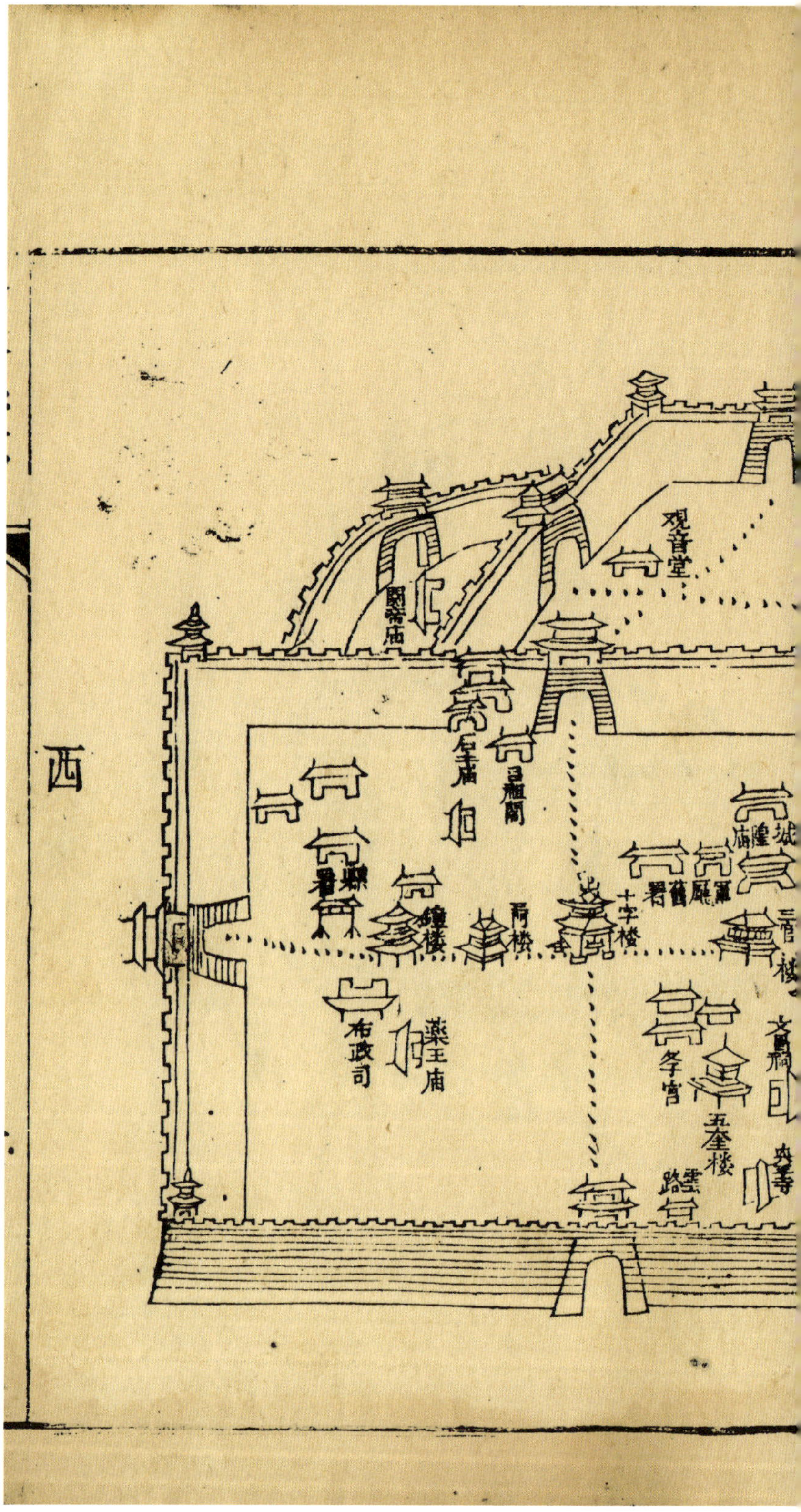

019 ［乾隆］介休縣志十四卷（5）

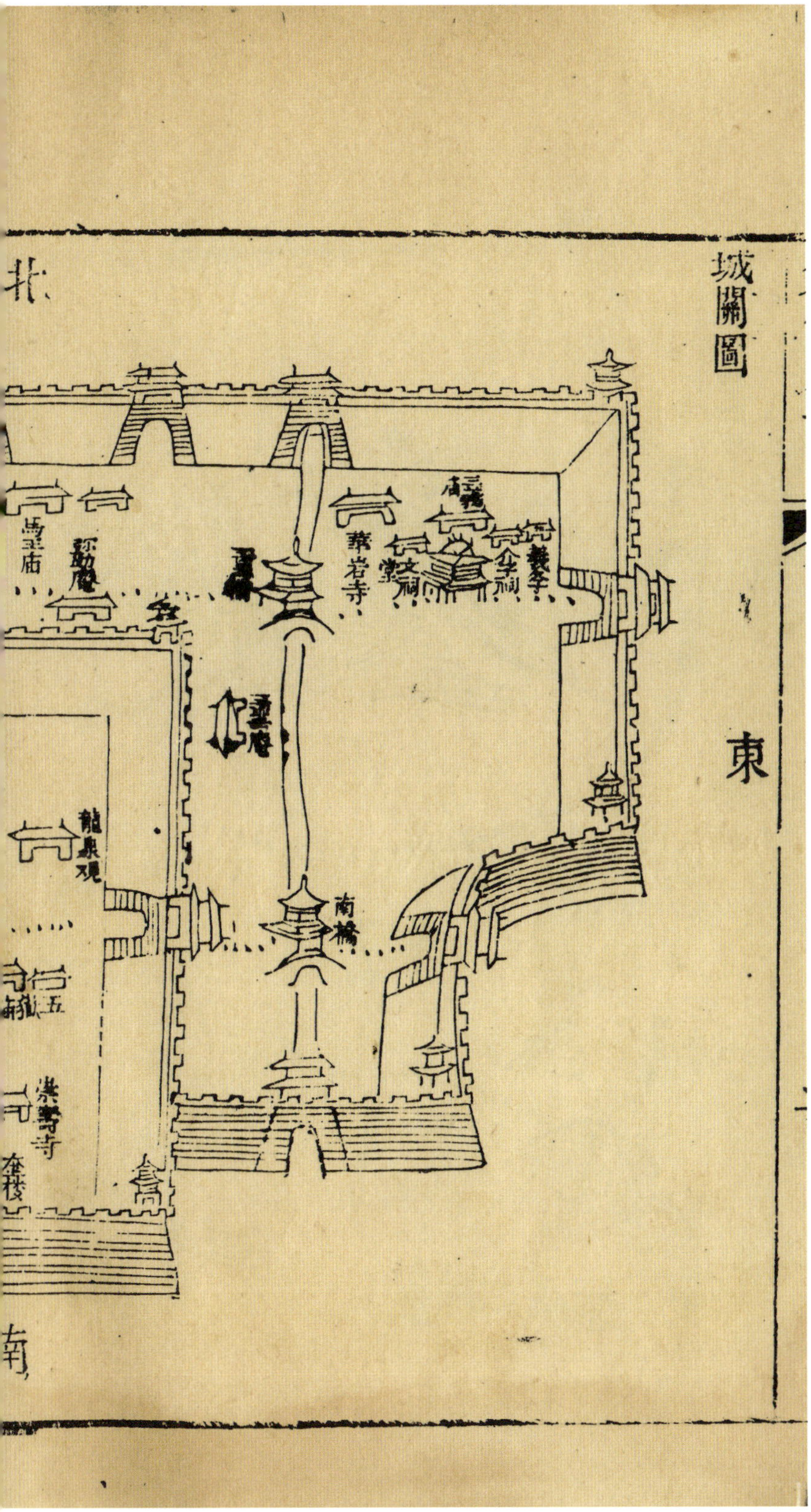
城關圖
北
東
南
馬王庙
華岩寺
龍泉观
南橋

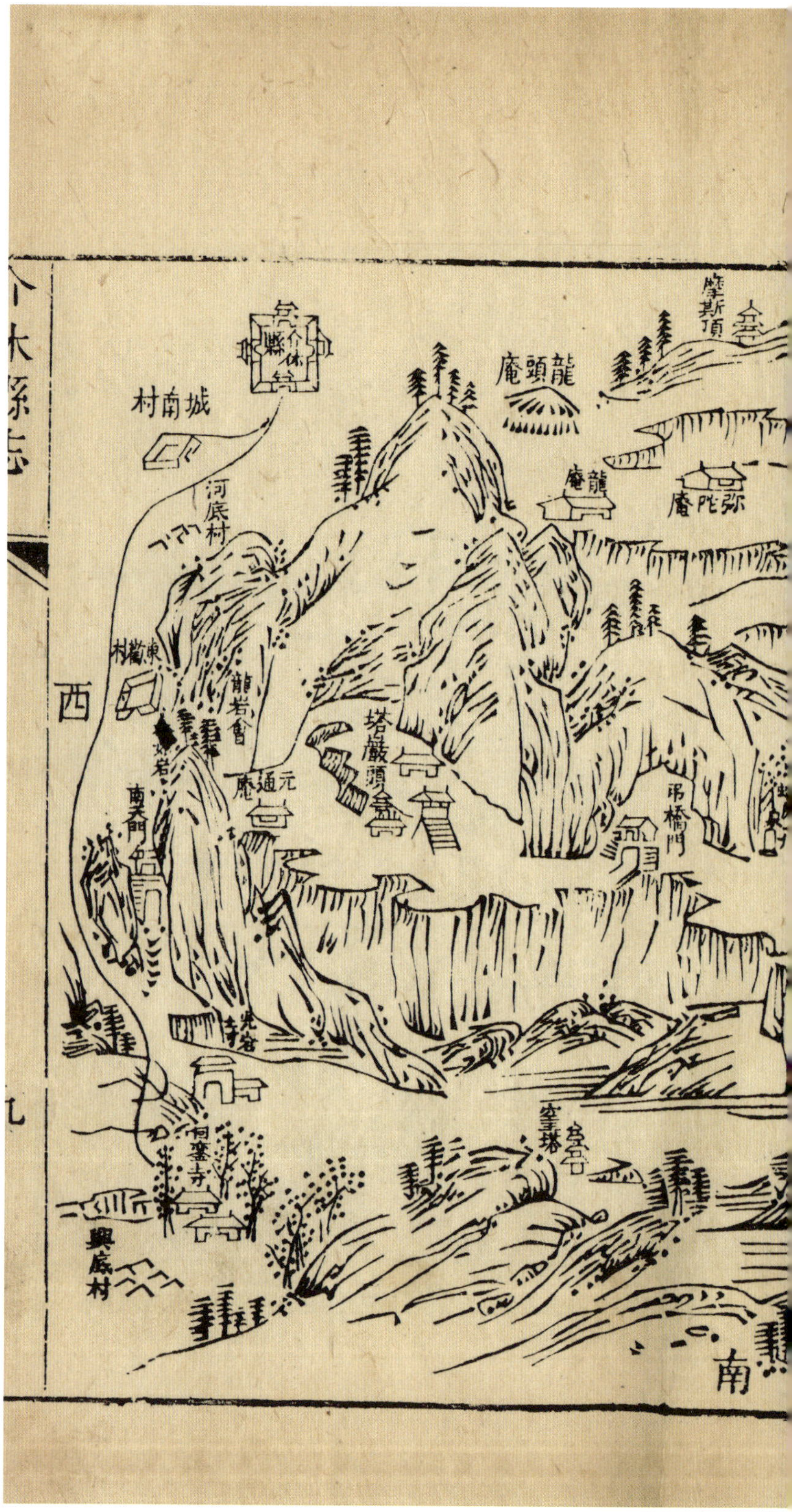

019 ［乾隆］介休縣志十四卷 (6)

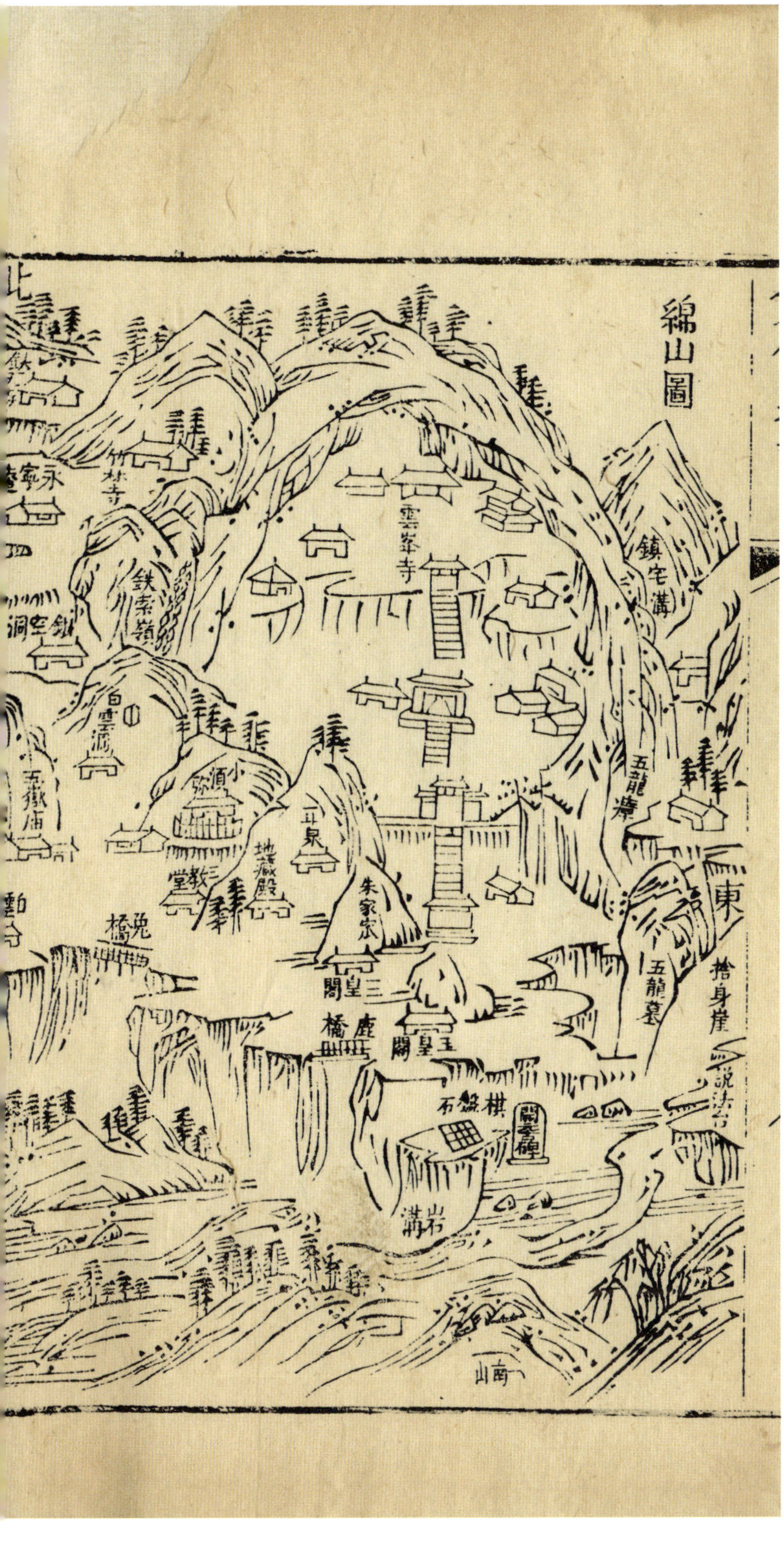
綿山圖
雲峯寺
鎮宅溝
五龍溝
東
五龍墓
捨身崖
說法台
棋盤石
岩溝
鉄索嶺
白雲洞
小須弥
平泉
地藏殿
朱家宗
三皇閣
玉皇閣
鹿橋
兔橋
教堂
竹林寺
五嶽庙
北

019 ［乾隆］介休縣志十四卷

清王謀文纂修。清乾隆三十五年（1770）刻本。匡高十九厘米，廣十四·五厘米，半葉十行，行二十一字，白口，單魚尾，四周雙邊。一函八册。舘藏號：005272—005279。入選第二批《山西省珍貴古籍名録》，名録號：00276。

王謀文，字遠溪，浙江山陰（今浙江紹興）人。貢生。清乾隆三十三年（1768）知介休縣。全志分星野、沿革、疆域、祥異、山川、學校、公署、壇廟、田賦、風俗、職官、宦績、選舉、封蔭、人物、孝義、寓賢、列女、藝文、雜誌二十門四十五目，卷首有縣境、城池、文廟、縣署、狐歧勝水、城關、村落、綿山書院、綿山、郭有道墓圖。此志全面介紹清乾隆時期山西介休縣的沿革，現狀及風俗等情況，是研究當地文史、地理的系統資料。

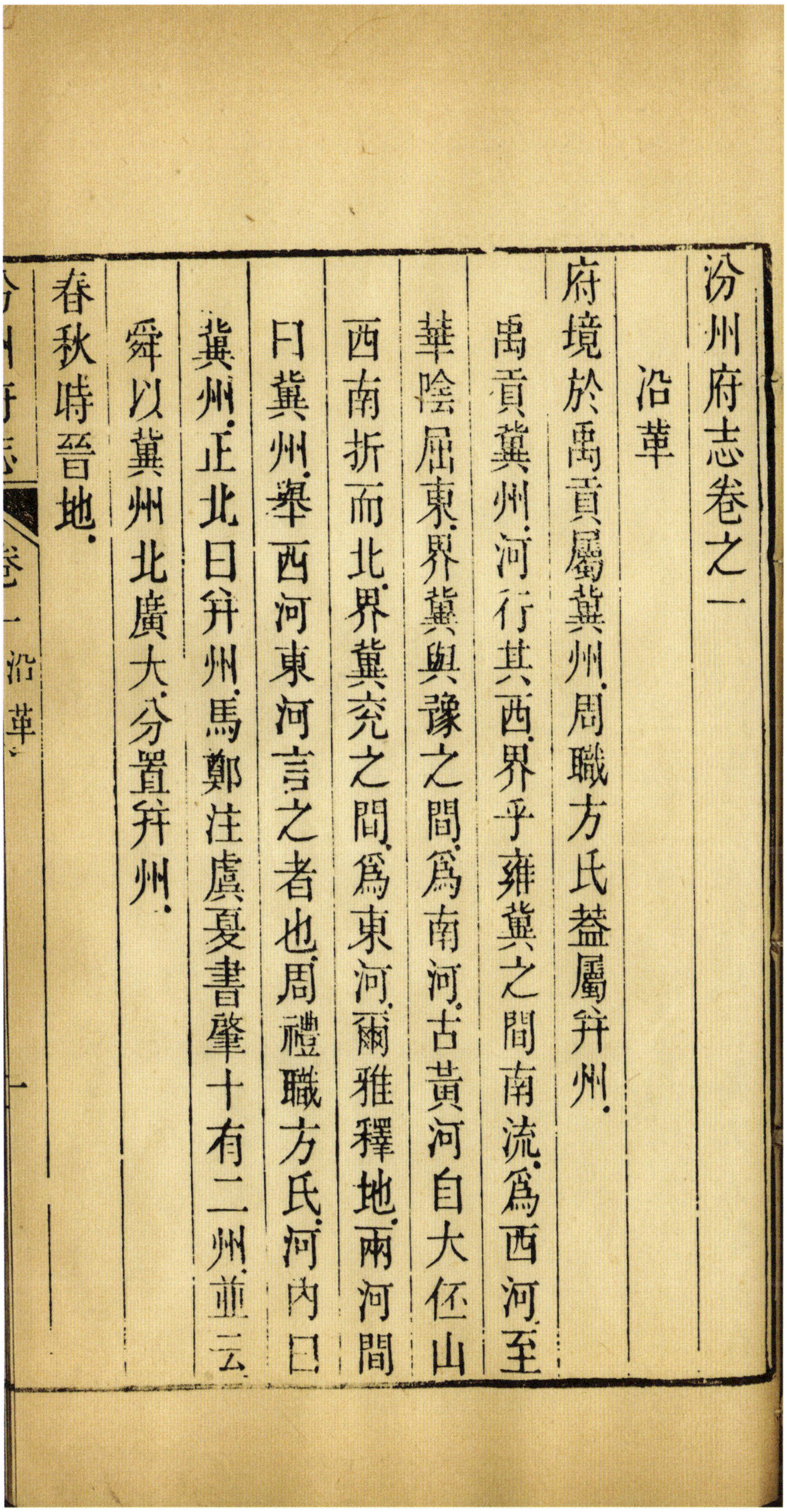
汾州府志卷之一

沿革

府境於禹貢屬冀州周職方氏葢屬幷州

禹貢冀州河行其西界乎雍冀之間南流爲西河至華陰屈東界冀與豫之間爲南河古黄河自大伾山西南折而北界冀兗之間爲東河爾雅釋地兩河間曰冀州舉西河東河言之者也周禮職方氏河内曰冀州正北曰幷州馬鄭注虞夏書肇十有二州並云舜以冀州北廣大分置幷州

春秋時晉地

汾州府志　卷一　沿革

020　[乾隆] 汾州府志三十四卷首一卷　（清）孫和相修　戴震纂　清乾隆三十六年（1771）刻本

匡高 20 厘米，廣 14 厘米。半葉十行，行二十一字，白口，單魚尾，左右雙邊。

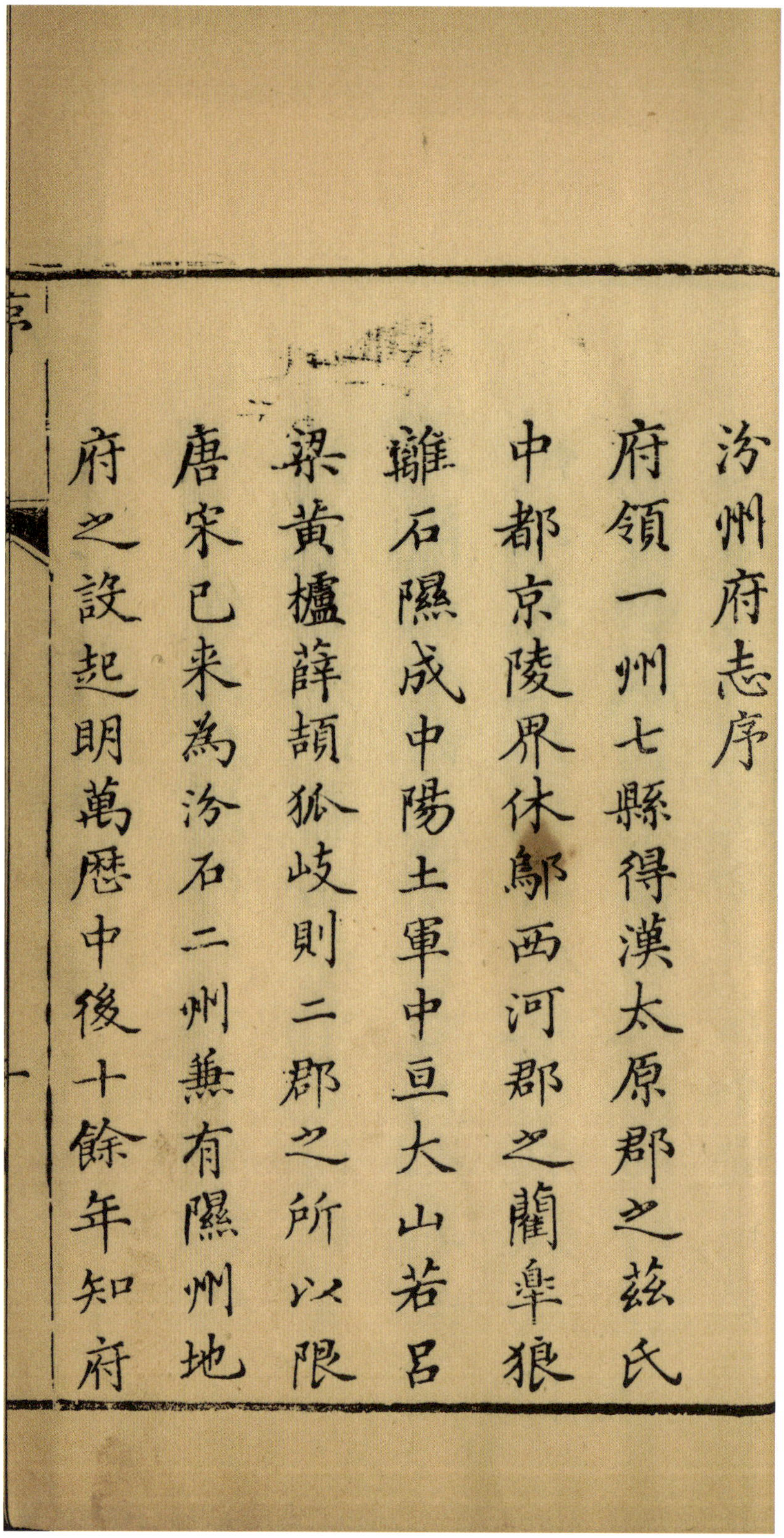
汾州府志序
府領一州七縣得漢太原郡之茲氏
中都京陵界休鄔西河郡之藺皋狼
離石隰成中陽土軍中亘大山若呂
梁黄櫨薛頡狐岐則二郡之所以限
唐宋已来為汾石二州兼有隰州地
府之設起明萬歷中後十餘年知府

020 ［乾隆］汾州府志三十四卷首一卷（2）

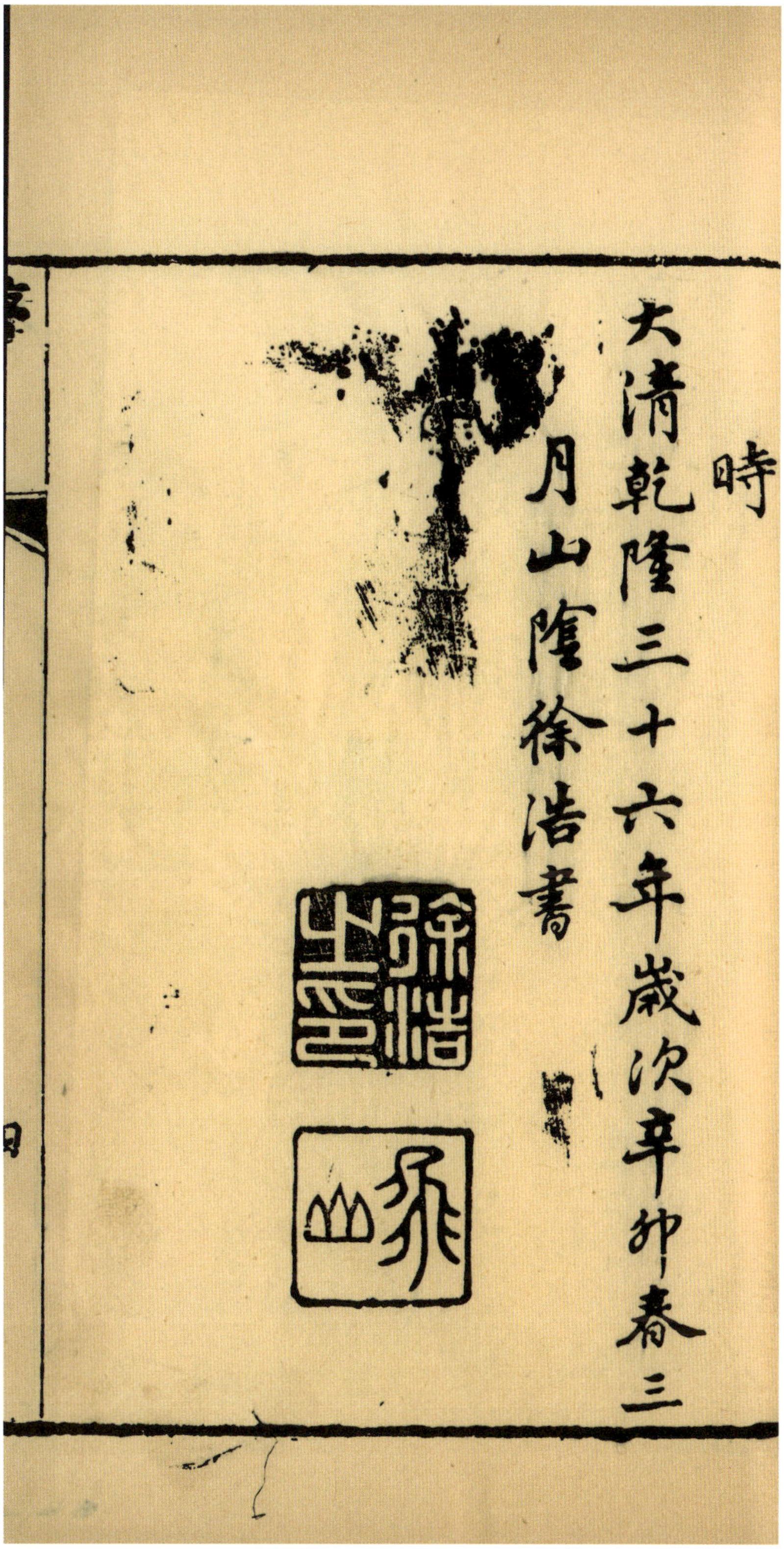
時
大清乾隆三十六年歲次辛卯春三
月山陰徐浩書

020 ［乾隆］汾州府志三十四卷首一卷 (3)

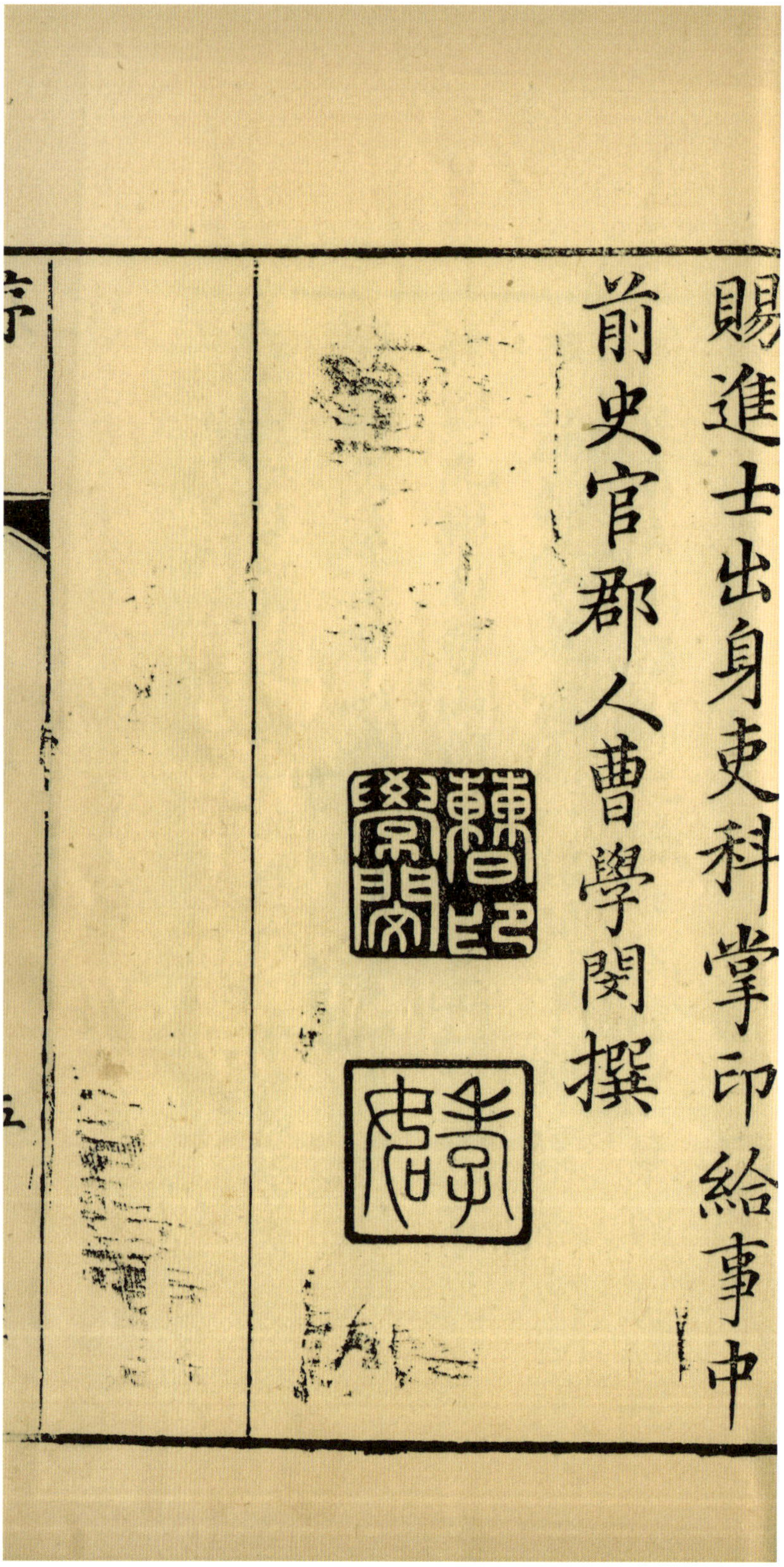

020 ［乾隆］汾州府志三十四卷首一卷（4）

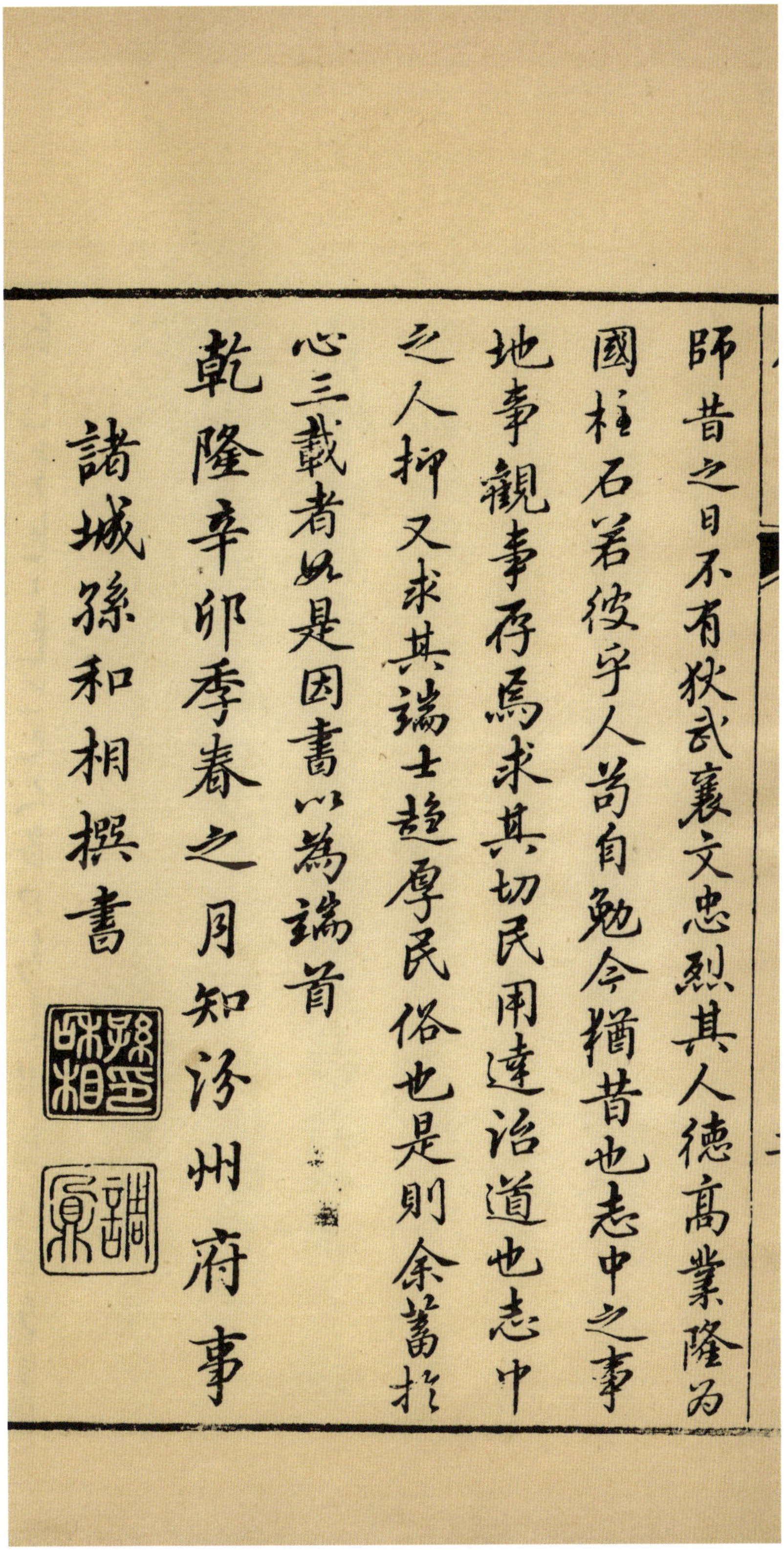
師昔之日不有狄武襄文忠烈其人德高業隆爲
國柱石若彼守人苟自勉今猶昔也志中之事
地事觀事存爲求其切民用達治道也志中
之人抑又求其端士趨厚民俗也是則余蓄於
心三載者如是因書以爲端首
乾隆辛卯季春之月知汾州府事
諸城孫和相撰書

020 [乾隆] 汾州府志三十四卷首一卷 (5)

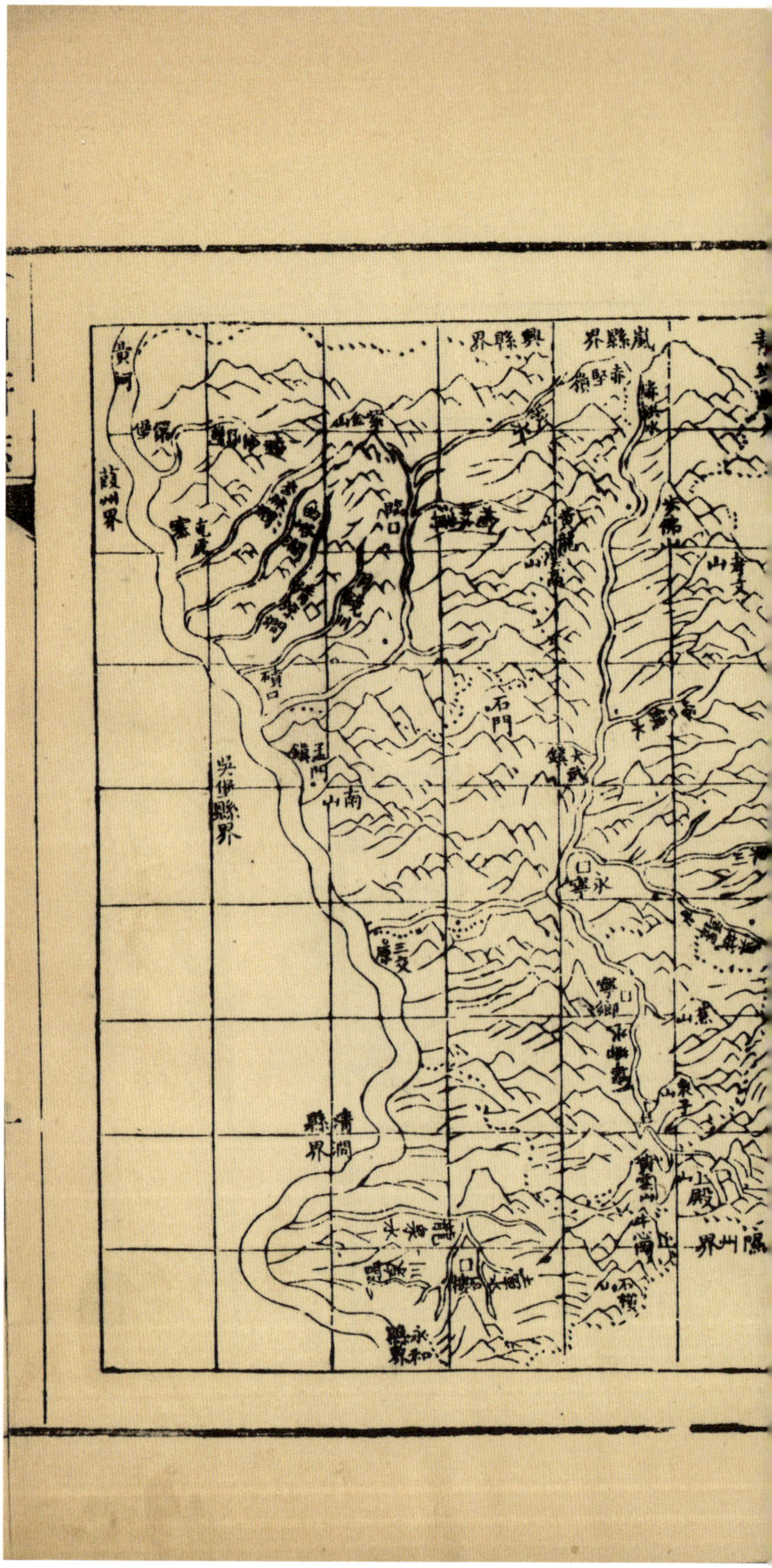

020 ［乾隆］汾州府志三十四卷首一卷（6）

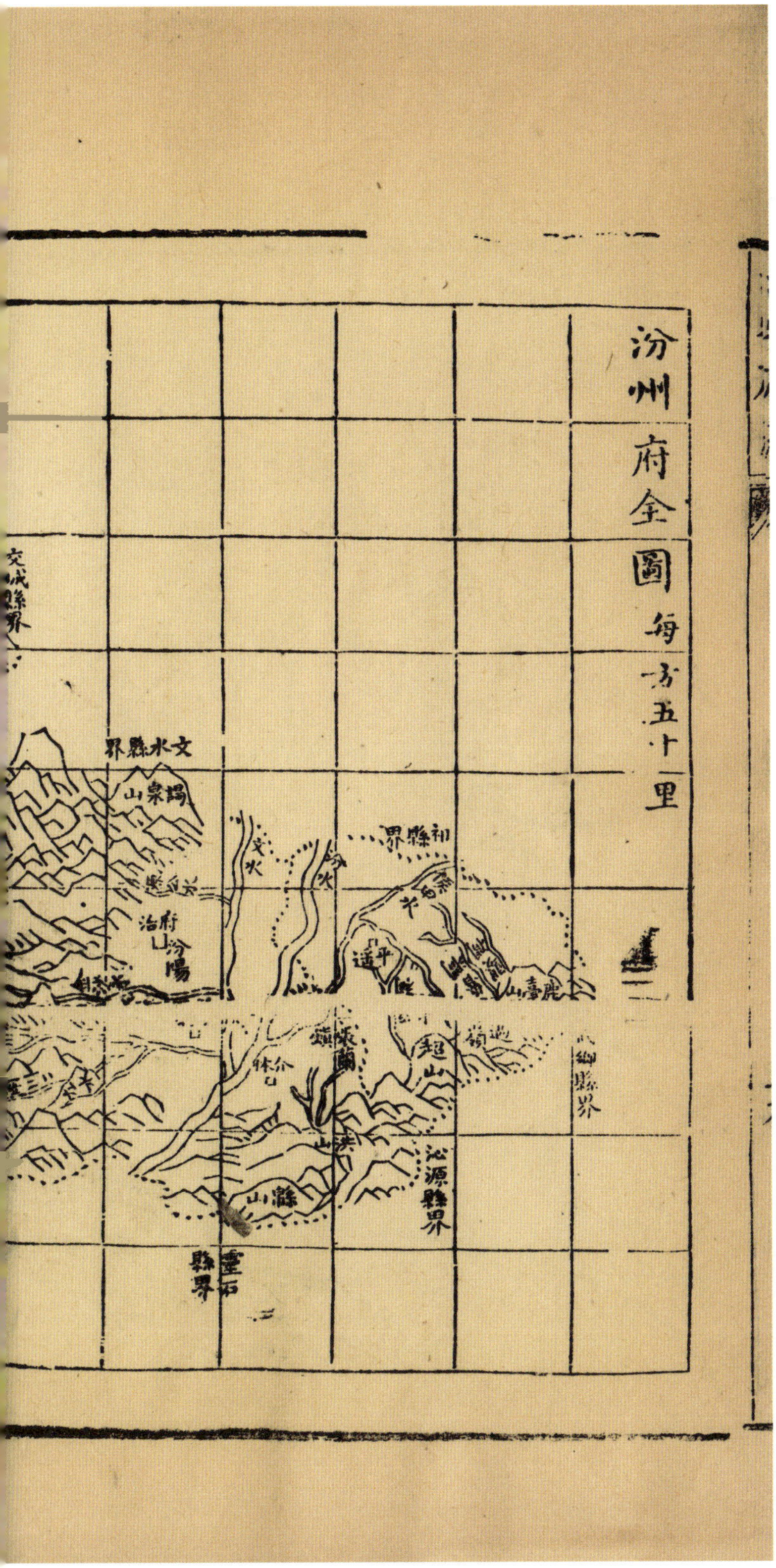
汾州府全圖
每方五十里
交城縣界
文水縣界
祁縣界
沁源縣界

020 ［乾隆］汾州府志三十四卷首一卷

清孫和相修，戴震纂。清乾隆三十六年（1771）刻本。匡高二十厘米，廣十四厘米，半葉十行，行二十一字，白口，單魚尾，左右雙邊。存十一卷（一至四、十二至十六、十九至二十卷），一函五册。舘藏號：005267–005271。入選第二批《山西省珍貴古籍名録》，名録號：00277。

孫和相，字調鼎，山東諸城人。清乾隆三年（1738）舉人。清乾隆三十二年（1767）任汾州知府。戴震（1724—1777），字東原，號杲溪，安徽休寧人。清乾隆二十七年（1762）舉人。清代語言文字學家、地理學家、哲學家、思想家。此志為清代方志中注重地理沿革及考據派的代表，在地方志編輯史上影響甚大。因體例精當，被誉为府志之楷模。清代大儒段玉裁稱：「其書之詳核，自古他志所未有。」全志分三十門。府州縣圖按方格繪製，較前志準確。沿革門考古今西河、汾州、中都、平陽、介休、永安地域之變遷，指出汾陽之名宋宣和之前已有之，補正《元史·地理志》以為始于金之誤；古跡門記古城三十餘處；祠廟門增寺觀七十餘所；藝文志收元人文章十四篇，多為元人文集所未收。

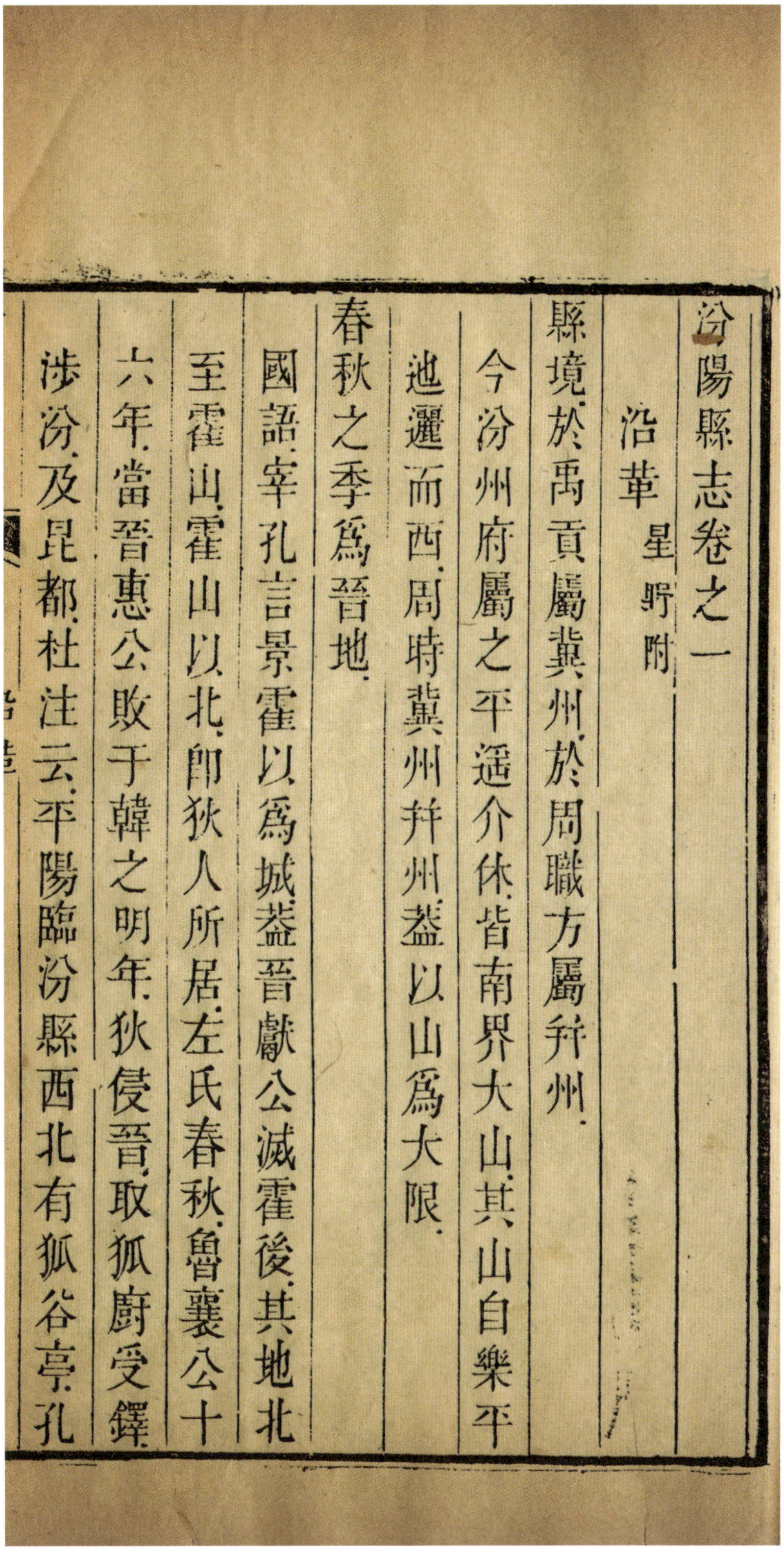

汾陽縣志卷之一

沿革 星野附

縣境於禹貢屬冀州於周職方屬幷州

今汾州府屬之平遥介休皆南界大山其山自樂平迤邐而西周時冀州幷州葢以山爲大限

春秋之季爲晉地

國語宰孔言景霍以爲城葢晉獻公滅霍後其地北至霍山霍山以北即狄人所居左氏春秋魯襄公十六年當晉惠公敗于韓之明年狄侵晉取狐厨受鐸涉汾及昆都杜注云平陽臨汾縣西北有狐谷亭孔

021 ［乾隆］汾陽縣志十四卷首一卷 （清）李文起修 戴震纂 清乾隆三十七年（1772）刻本

匡高 19.2 厘米，廣 13.4 厘米。半葉十行，行二十一字，白口，單魚尾，左右雙邊。

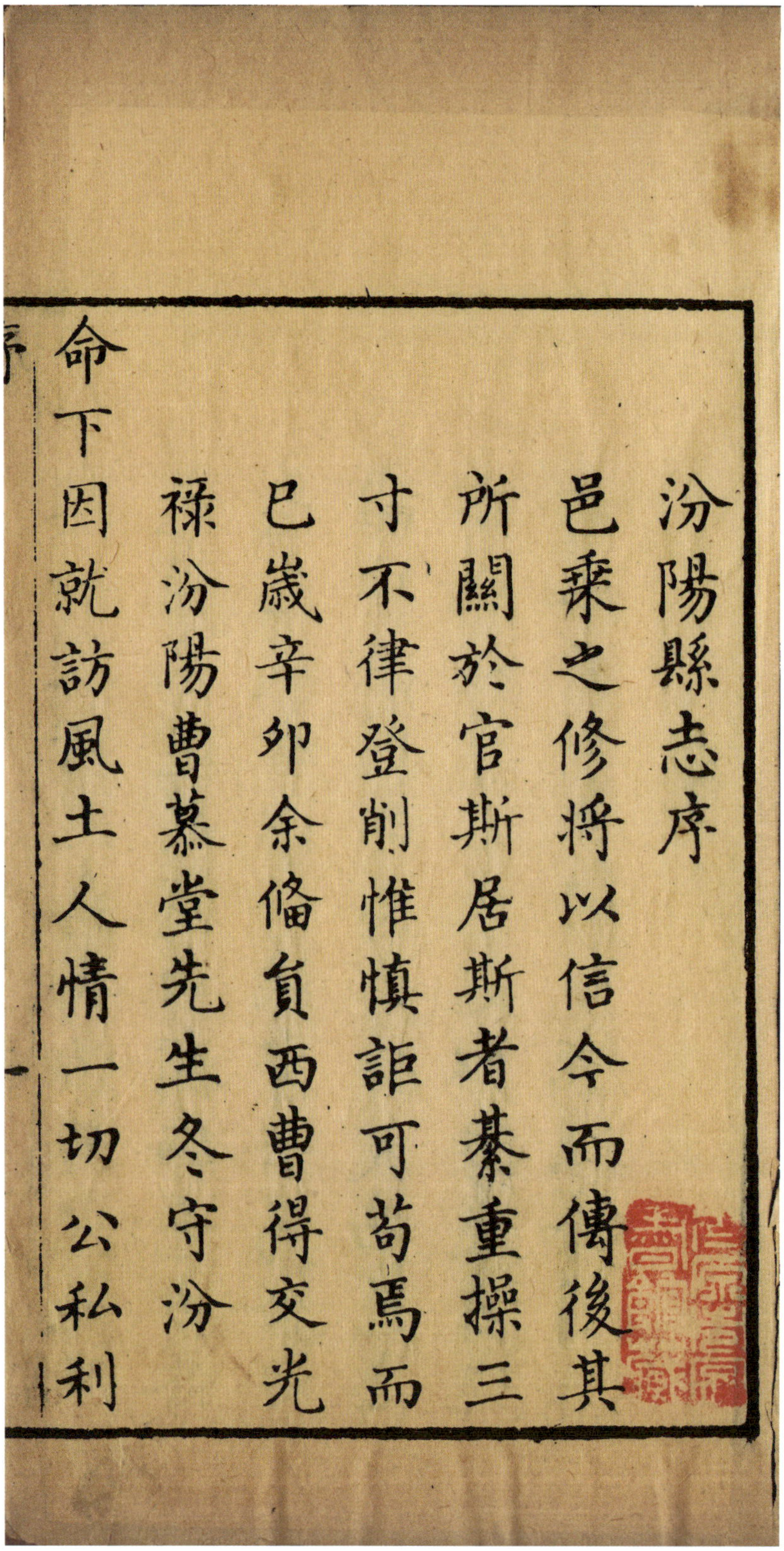
汾陽縣志序
邑乘之修將以信今而傳後其
所關於官斯居斯者綦重操三
寸不律登削惟慎詎可苟焉而
已歲辛卯余備員西曹得交光
祿汾陽曹慕堂先生冬守汾
命下因就訪風土人情一切公私利

021 ［乾隆］汾陽縣志十四卷首一卷（2）

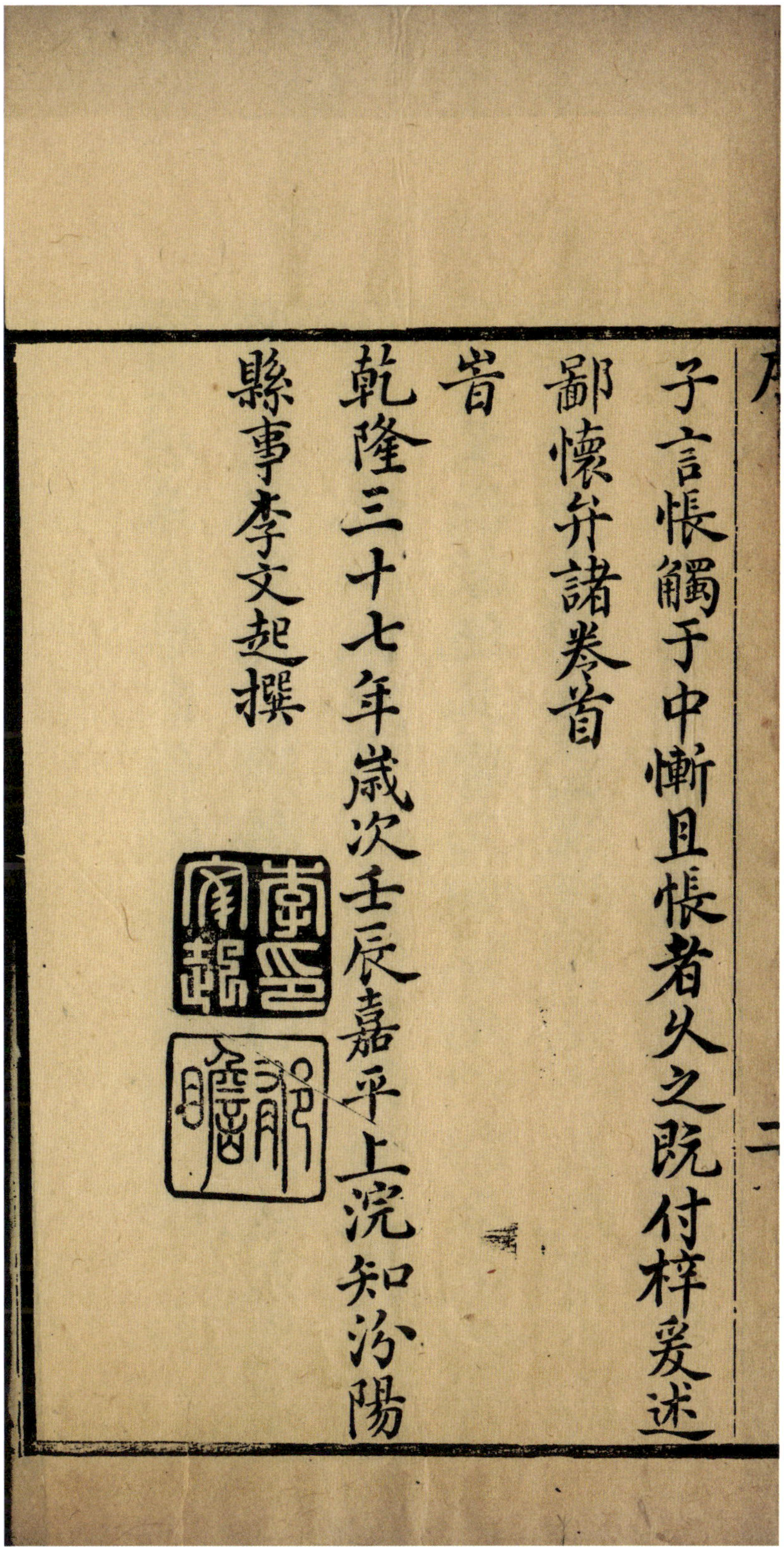
子言悵觸于中慚且悵者久之旣付梓爰述
鄙懷弁諸卷首
旹
乾隆三十七年歲次壬辰嘉平上浣知汾陽
縣事李文起撰

021　［乾隆］汾陽縣志十四卷首一卷（3）

021 ［乾隆］汾陽縣志十四卷首一卷（4）

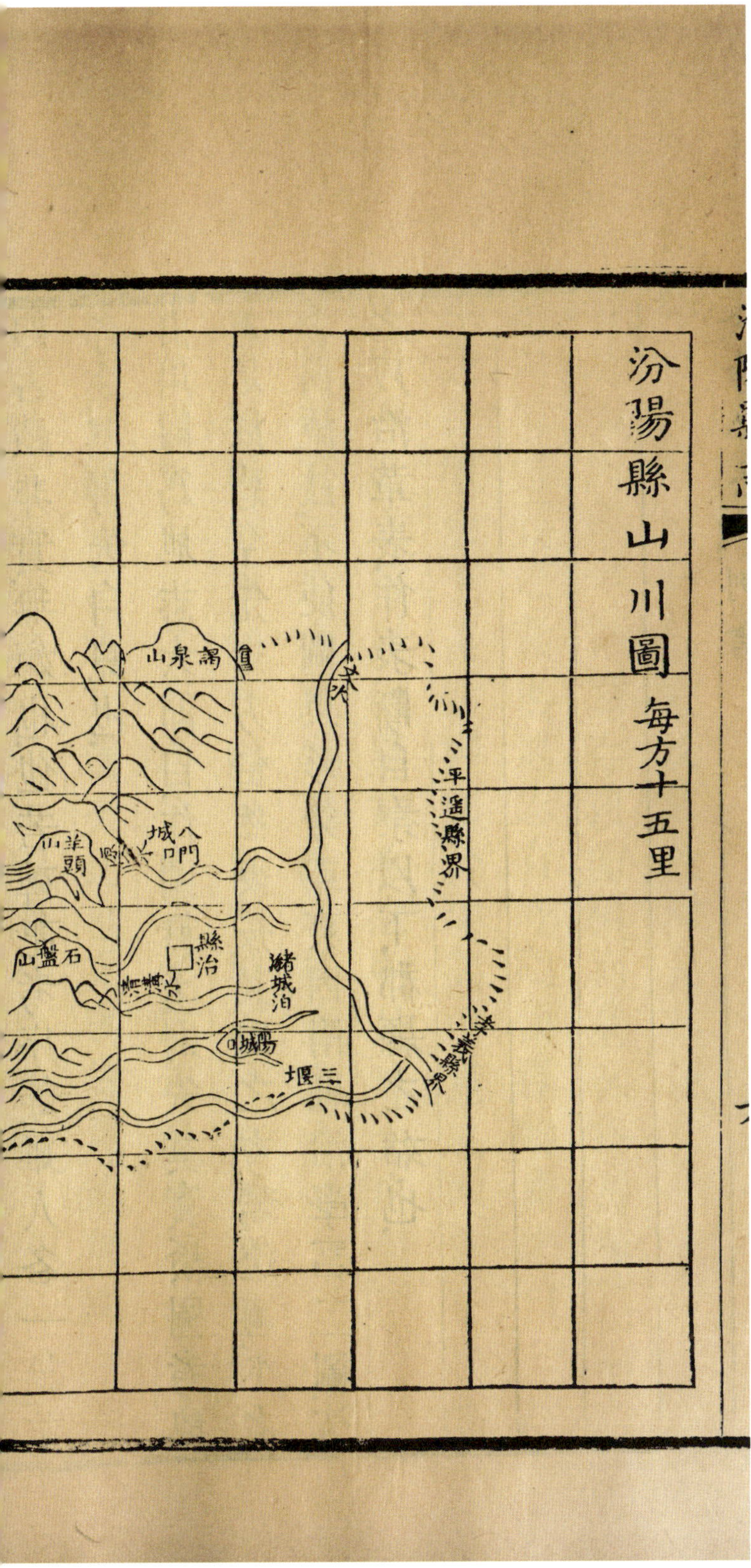
汾陽縣山川圖
每方十五里
謁泉山
汾水
平遙縣界
八門城
石盤山
縣治
三堰

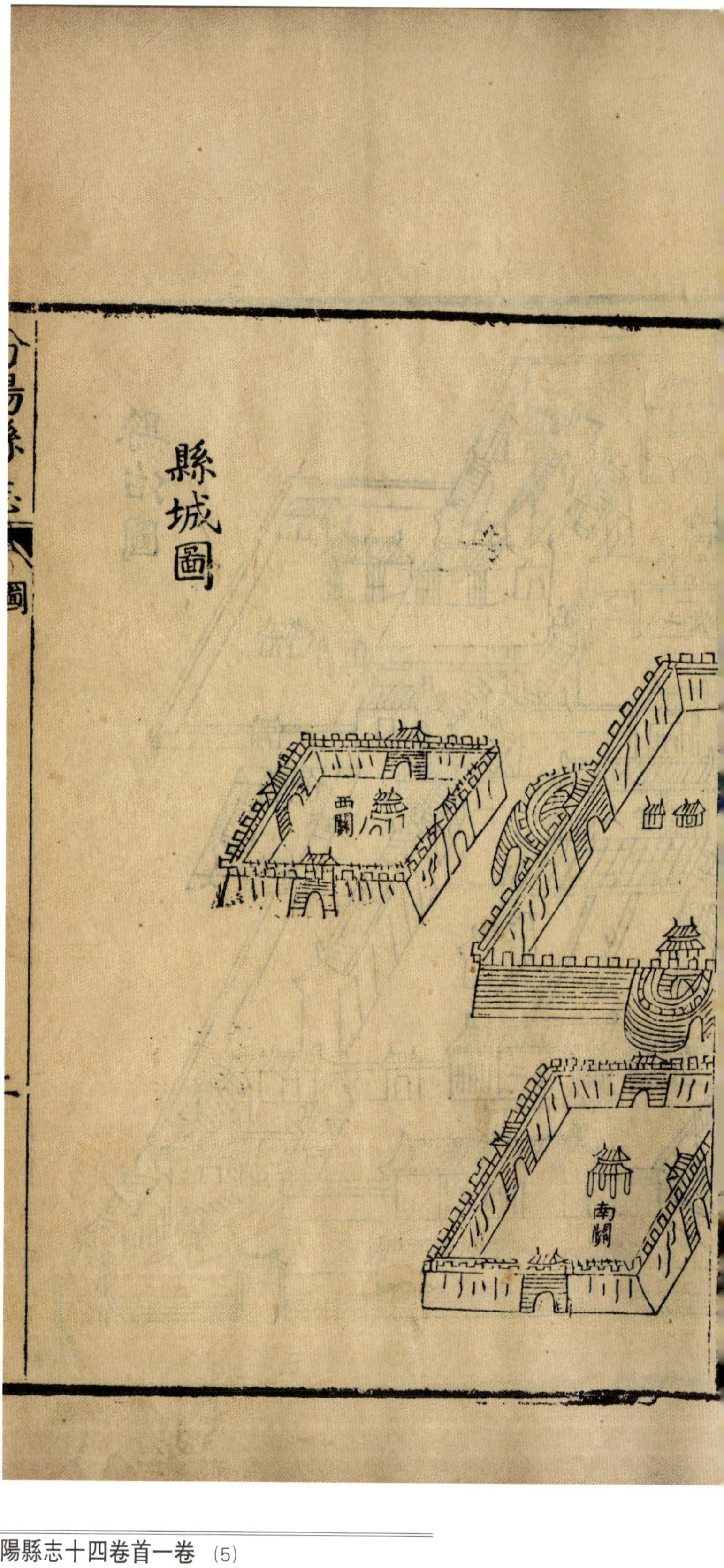

021 ［乾隆］汾陽縣志十四卷首一卷 (5)

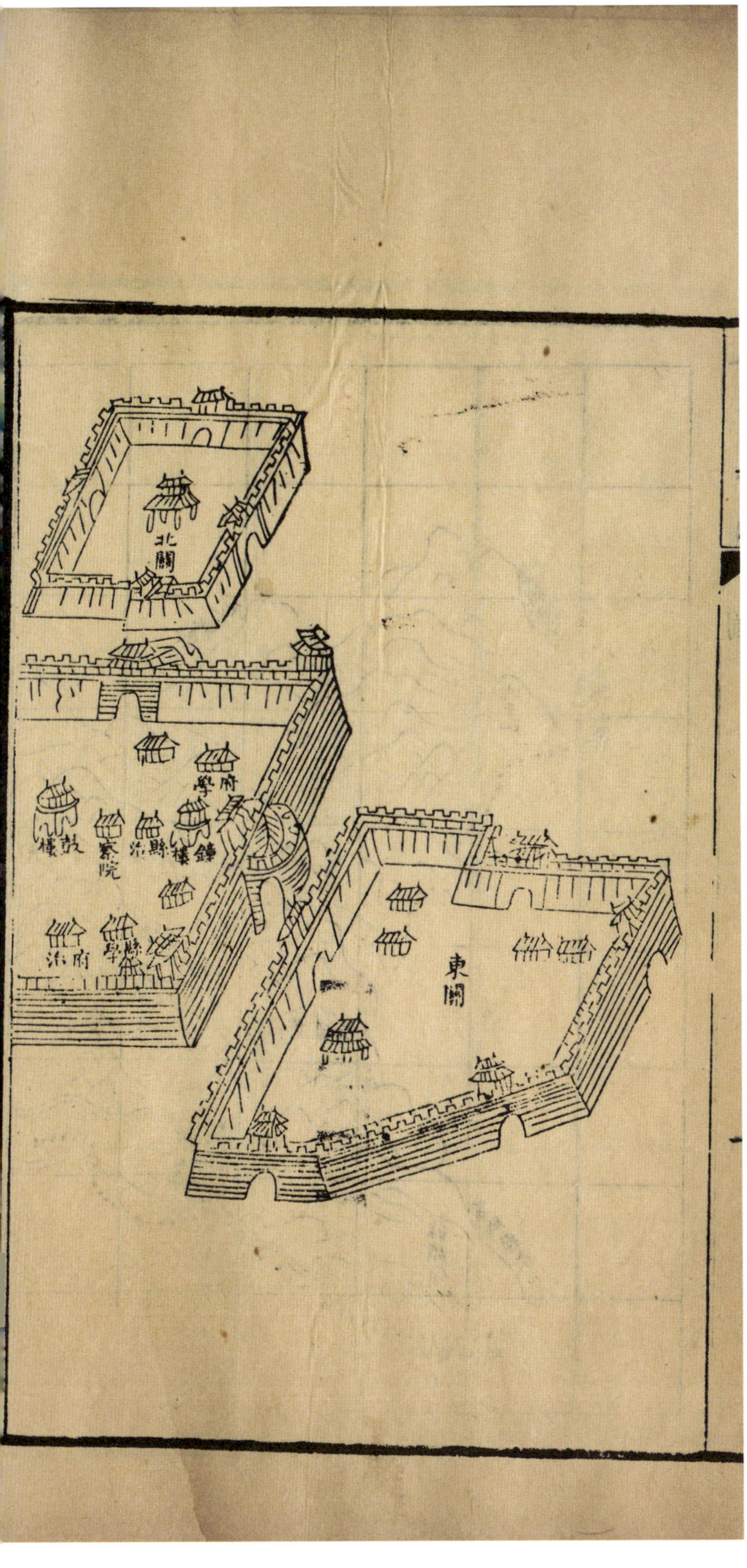
北關
府學
鐘樓
縣治
察院
鼓樓
縣學
府治
東關

021 ［乾隆］汾陽縣志十四卷首一卷

清李文起修，戴震纂。清乾隆三十七年（1772）刻本。匡高十九·二厘米，廣十三·四厘米，半葉十行，行二十一字，小字雙行，白口，單魚尾，左右雙邊。一函六册。館藏號：005173—005178。入選第二批《山西省珍貴古籍名録》，名録號：00279。

李文起，字鬱瞻，廣東舊善（今廣東惠州）人。清乾隆二十五年（1760）進士。清乾隆三十五年（1770）知汾陽縣。戴震，前《汾州府志》提要已著録。全志分二十二門，即沿革、疆域、山川、城池、官署、賦稅、學校、名宦、職官、食封、流寓、人物、孝義、科目、文苑、仕實、列女、古跡、壇廟、事考、雜識、藝文，附目十七，首一卷，有序、銜名、目録、凡例、圖、表。是志於沿革考證最詳，探討了西河、汾州、汾陽等地名的源流、沿革及地域上古今的異同。人物門搜羅甚富，可補正史之缺。《續修四庫全書提要》稱其「結構嚴謹，一掃前志之荒蕪，寧缺毋濫，誠方志中之善本」。梁啟超所著《中國近三百年學術史》將其列為名志。

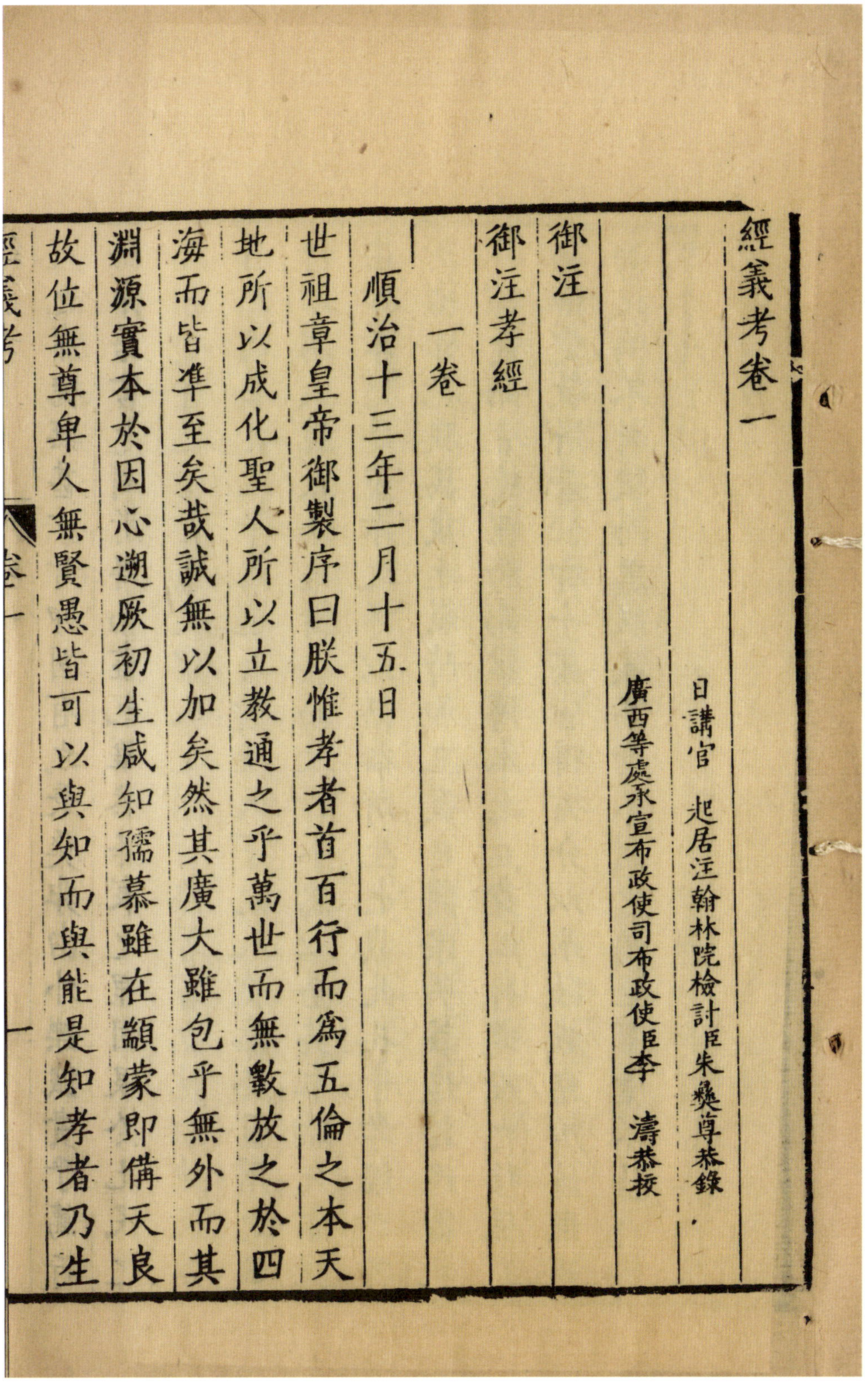
經義考卷一

日講官　起居注翰林院檢討臣朱彝尊恭錄

廣西等處承宣布政使司布政使臣李　濤恭梓

御注

御注孝經

一卷

順治十三年二月十五日

世祖章皇帝御製序曰朕惟孝者首百行而爲五倫之本天地所以成化聖人所以立教通之乎萬世而無斁放之於四海而皆準至矣哉誠無以加矣然其廣大雖包乎無外而其淵源實本於因心遡厥初生咸知孺慕雖在顓蒙即備天良故位無尊卑人無賢愚皆可以與知而與能是知孝者乃生

經義考　卷一　一

022 經義考三百卷 （清）朱彝尊撰 清乾隆四十二年（1777）刻本

匡高 19.4 厘米，廣 14.8 厘米。半葉十二行，行二十三字，白口，單魚尾，四周單邊。

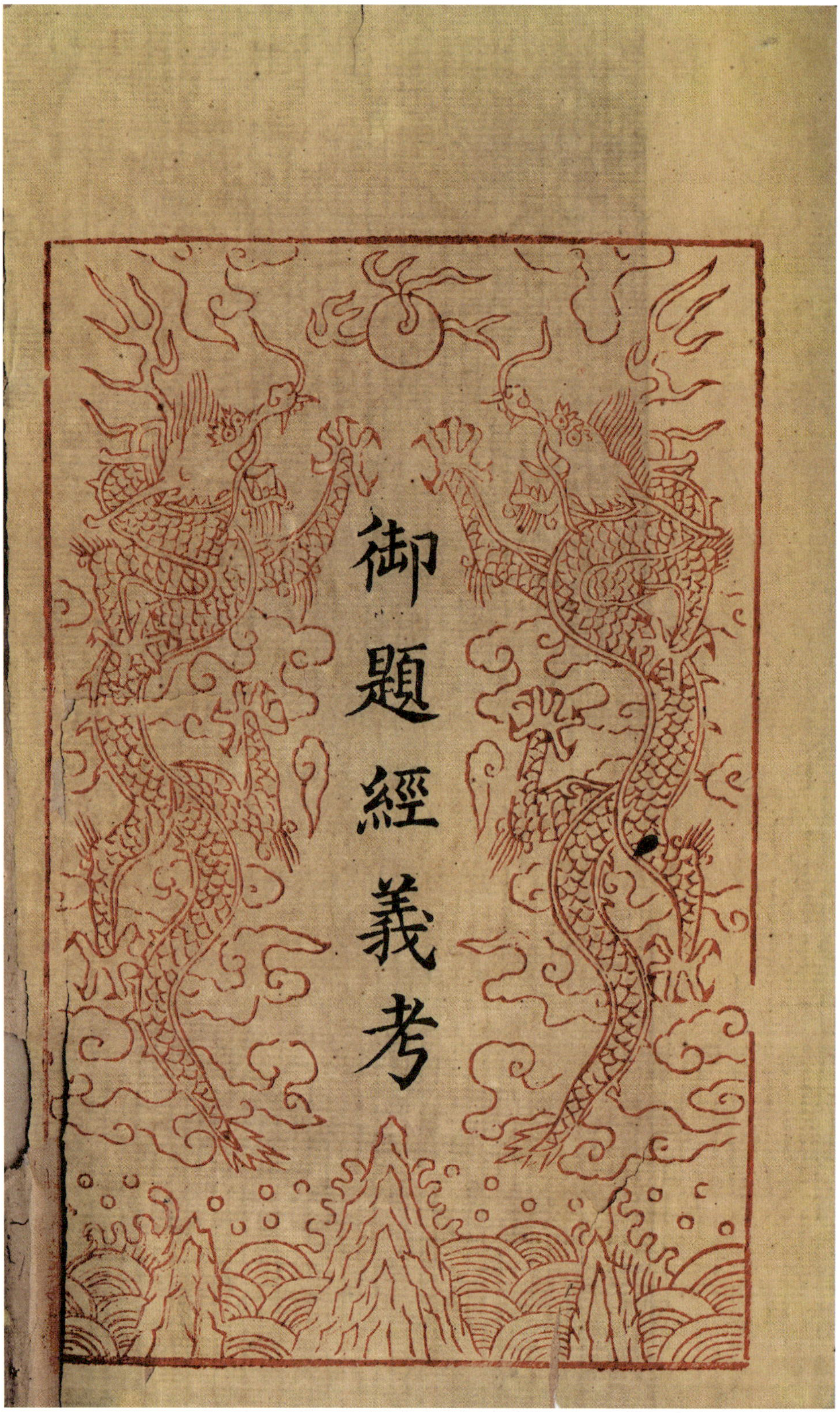

022　經義考三百卷（2）

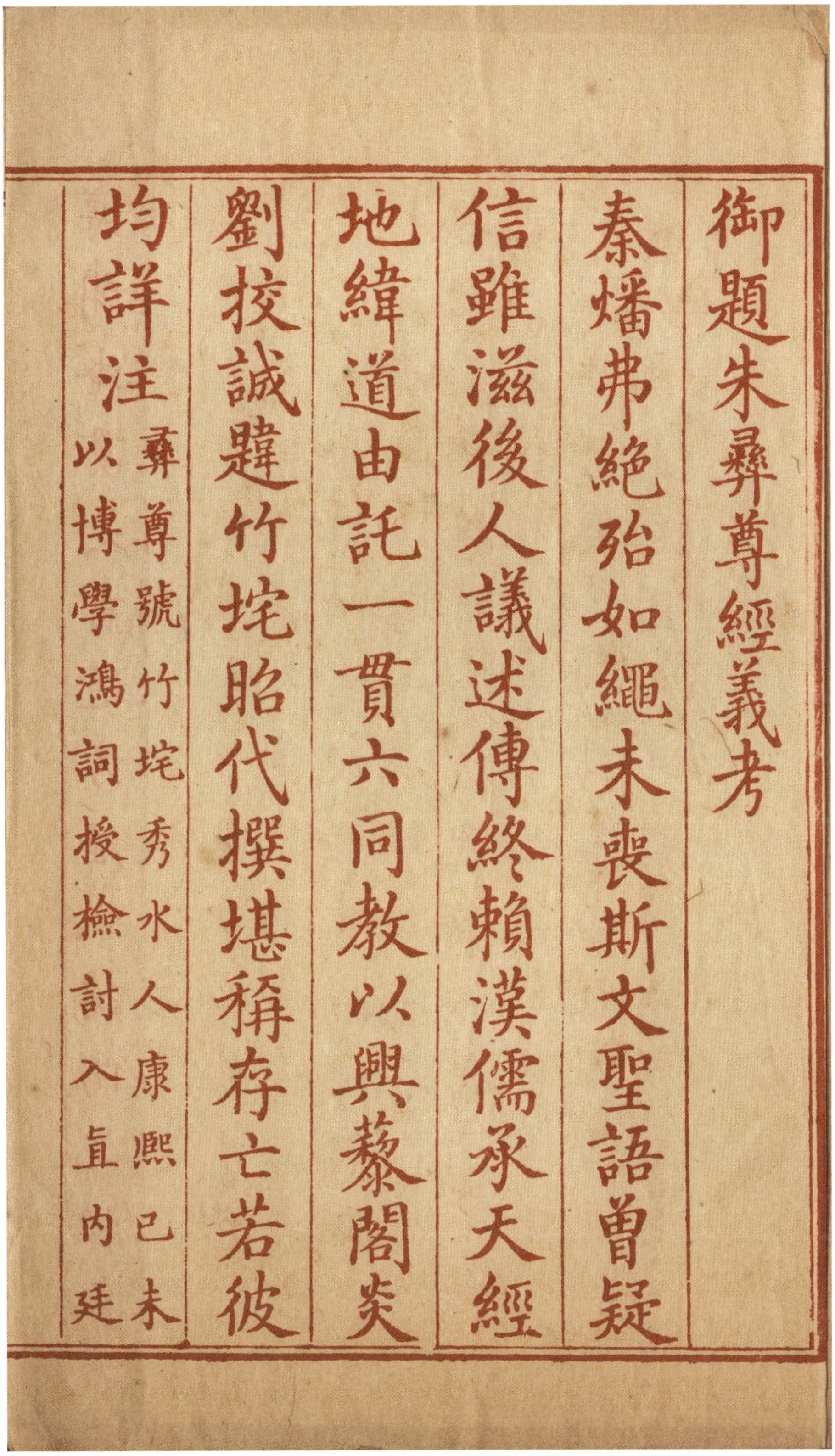
御題朱彝尊經義考
秦燔弗絶殆如繩未喪斯文聖語曾疑
信雖滋後人議述傳終賴漢儒承天經
地緯道由託一貫六同教以興藜閣炎
劉挍誠韙竹垞貽代撰堪稱存亡若彼
均詳注彝尊號竹垞秀水人康熙己未以博學鴻詞授檢討入直内廷

022　經義考三百卷（3）

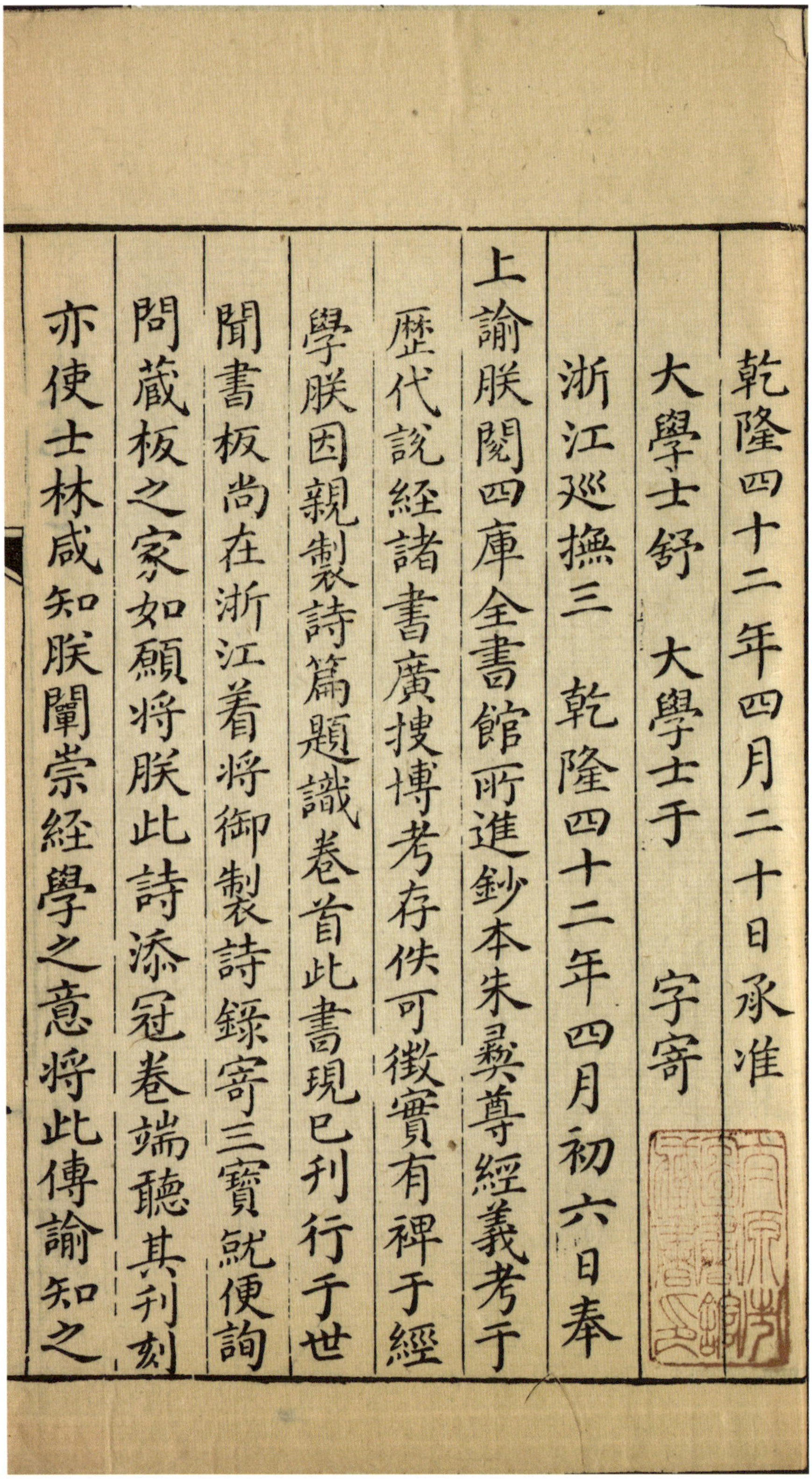
乾隆四十二年四月二十日承准
大學士舒　大學士于　字寄
浙江巡撫三　乾隆四十二年四月初六日奉
上諭朕閲四庫全書館所進鈔本朱彝尊經義考于
歷代説經諸書廣捜博考存佚可徵實有裨于經
學朕因親製詩篇題識卷首此書現已刊行于世
聞書板尚在浙江着将御製詩録寄三寶就便詢
問藏板之家如願将朕此詩添冠卷端聽其刋刻
亦使士林咸知朕闡崇經學之意将此傳諭知之

022　經義考三百卷（4）

經義考者諸儒說經之書目也古經六易書詩禮樂春秋見
于經解其時夫子傳易子夏序詩虞卿論春秋各有經說行
乎其間卽至燔書以後尚有古五子十八篇周官傳四篇列
漢志中嗣此諸儒之說經者遂紛紛焉自宋人倡爲論曰秦
人焚經而經存漢人窮經而經亡而後之僞爲文中子者直
伸其語曰九師興而易道微三傳作而春秋散于是譚經之
徒各掃先儒之說而經學不可問矣漢儒信經凡所立說惟
恐其說之稍違于經而宋人不然有疑文言非十翼文者有
疑顧命非周公所制禮者有疑春秋非夫子作者有疑春秋
傳非左邱氏書者有疑孝經爲六代後增改非七十子所舊
傳者而至于士禮則廢之周官經則明斥之王制月令明堂
位諸篇則直祛之詘之然且有誤讀隋書經籍志而謂尚書

022 經義考三百卷（5）

及則東諸兩漢兩漢之所未備則取諸義疏義疏之所不可通然後廣以宋元明之說勿信今而疑古致有兔園冊子師心自用之誚以仰副

聖天子尊經勸學之至意是則余區區刊是書之志也夫甲戌長至德州盧見曾撰

022　經義考三百卷（6）

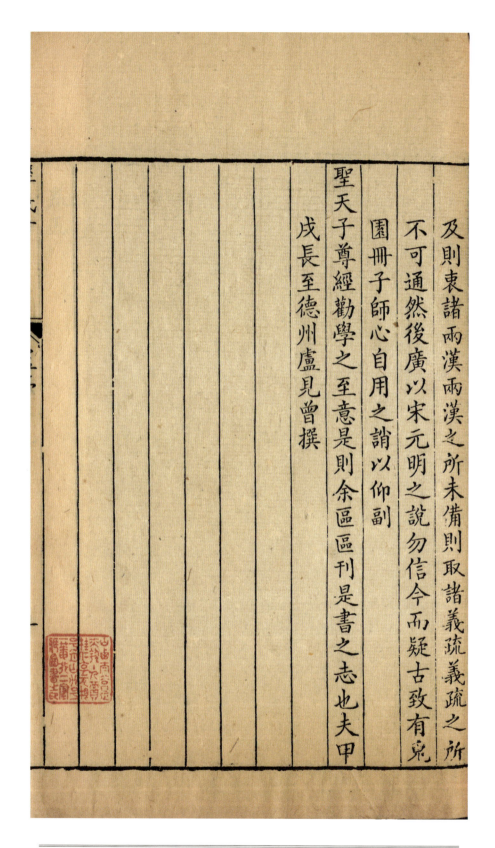

022 經義考三百卷

清朱彝尊撰。清乾隆四十二年（1777）刻本。匡高十九·四厘米，廣十四·八厘米，半葉十二行，行二十三字，白口，單魚尾，四周雙邊。館藏二百九十八卷，缺二十六、二百九十九卷，八函六十四冊。館藏號：005292—005355。入選第三批《山西省珍貴古籍名録》，名録號：00449。

朱彝尊（1626—1709），字錫鬯，號竹垞，浙江秀水（今浙江嘉興）人。經學家、史學家和目録學家。清康熙十八年（1679）舉博學宏詞，授翰林院檢討，參與纂修《明史》。《經義考》是朱彝尊考證歷代經籍存佚的著作，凡三百卷。清初隨着學風由空轉實，學者紛紛倡導經學，注重考據。朱氏于辭官後據從前見聞，考察古今經學文獻，於清康熙三十四年（1695）至清康熙三十八年（1699）撰成此書，原名《經義存亡考》。清康熙四十四年（1705）刊行，但當時僅刊行半部（至春秋類）。清乾隆十八年（1753）盧見曾在朱彝尊之孫朱稻孫處見到《經義考》未刻部分的原稿，於是重新編撰校勘，增加凡例，於清乾隆二十年（1755）編成，共三百卷，改名《經義考》。《經義考》首録御注、敕撰的經學書籍三卷，再録經學文獻二十七類二百九十七卷。其類目為易、書、詩、周禮、儀禮、禮記、通禮、樂、春秋、論語、孝經、孟子、爾雅、群經、四書、逸經、毖緯、擬經、承師、宣講、立學、刊石書壁、鏤版、著録、通說、家學、自述，其中宣講、立學、家學、自述四卷有目無書，當是編撰未竟。所收經書均先著録撰人姓名、書名、卷（篇）數，注明存、闕、佚、未見和僞書，然後輯録原書序跋，介紹諸儒學說、經學派別及著者生平事蹟，最後是按語，為著者的考訂。

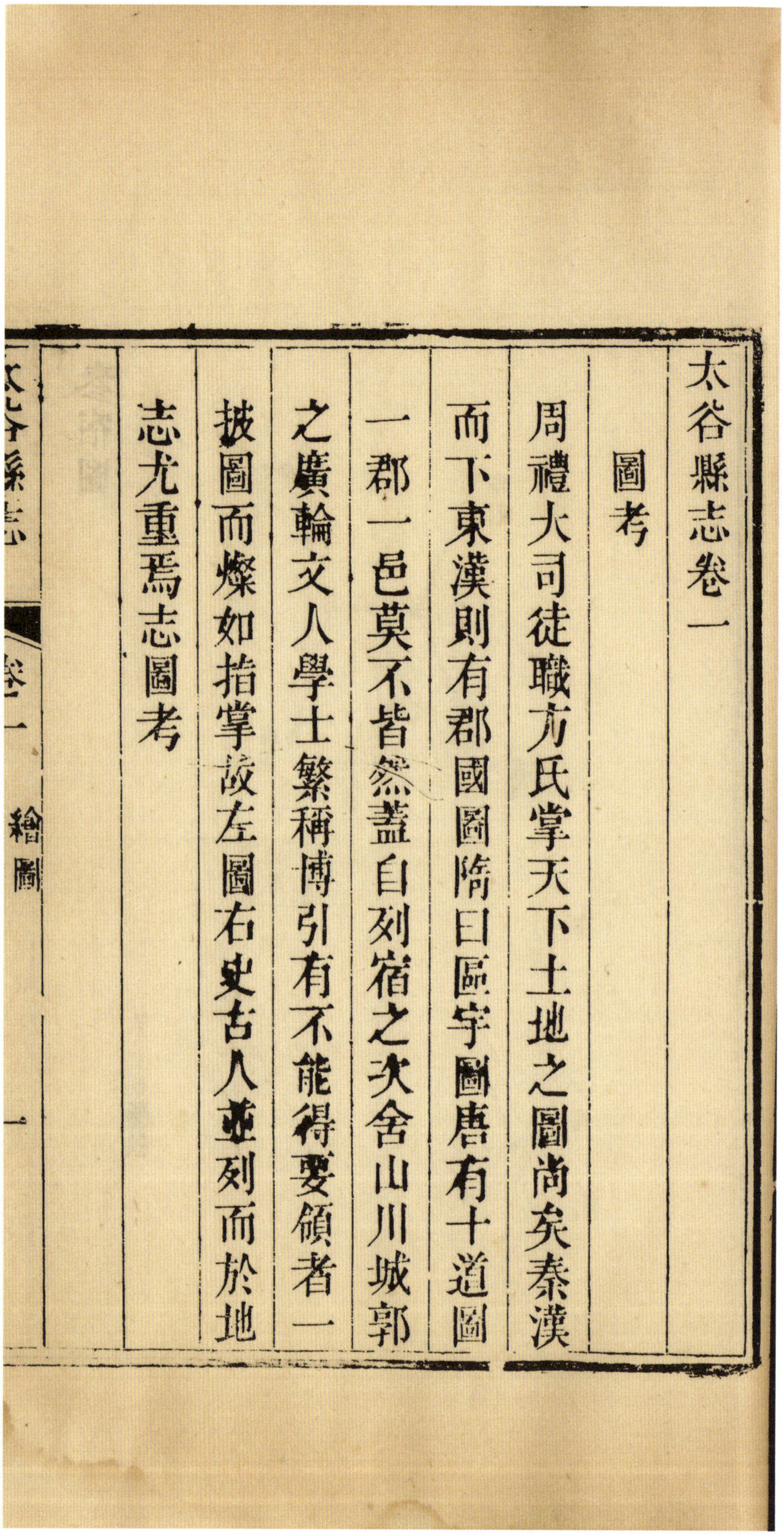

太谷縣志卷一

圖考

周禮大司徒職方氏掌天下土地之圖尚矣秦漢而下東漢則有郡國圖隋曰區宇圖唐有十道圖一郡一邑莫不皆然蓋自列宿之次舍山川城郭之廣輪文人學士繁稱博引有不能得要領者一披圖而燦如指掌故左圖右史古人並列而於地志尤重焉志圖考

023 ［乾隆］太谷縣志八卷 （清）郭晉修 管粵秀纂 清乾隆六十年（1795）刻本

匡高 19 厘米，廣 14.8 厘米。半葉九行，行二十字，白口，單魚尾，四周雙邊。

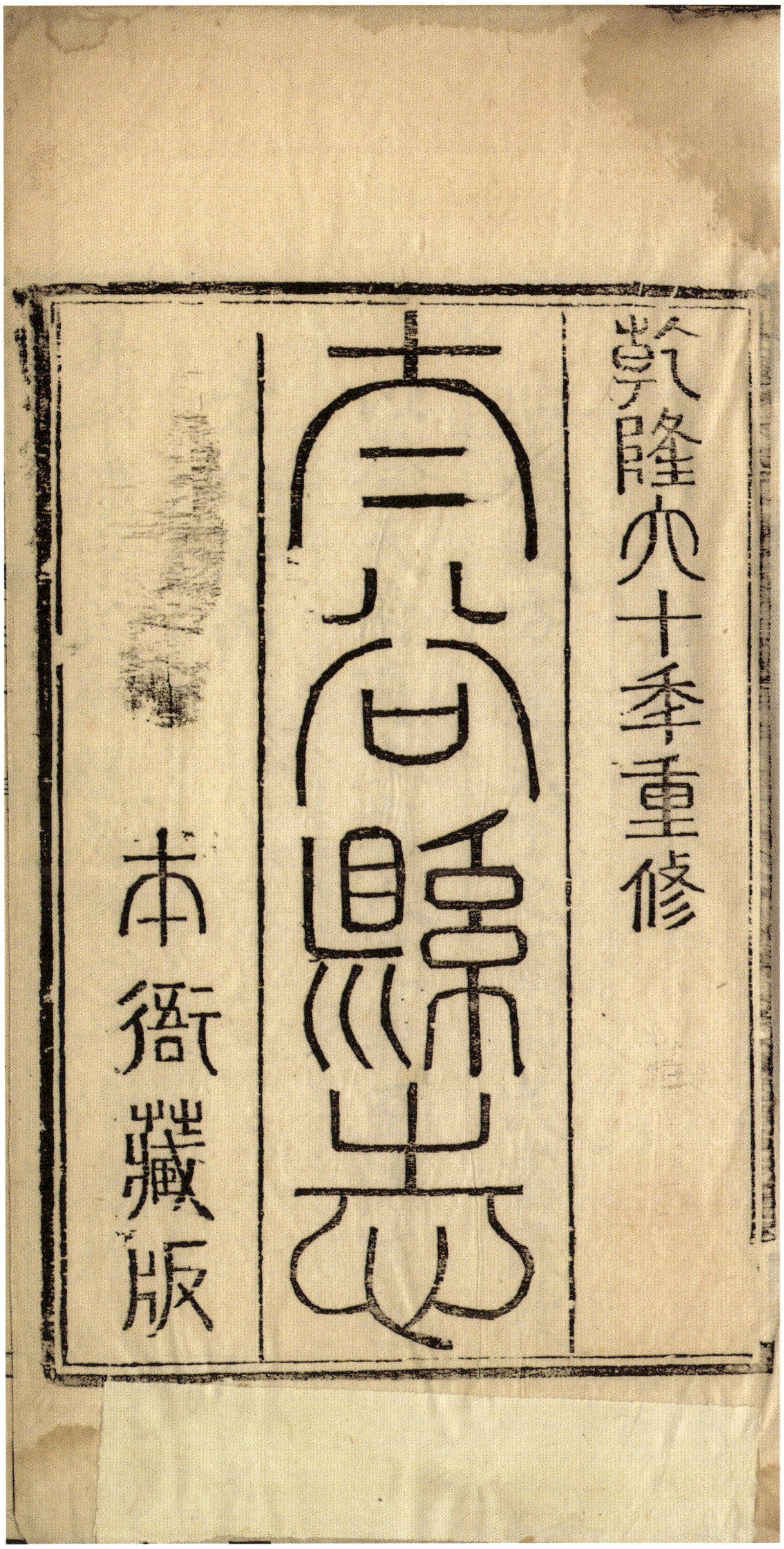
乾隆六十季重修
太谷縣志
本衙藏版

023 ［乾隆］太谷縣志八卷（2）

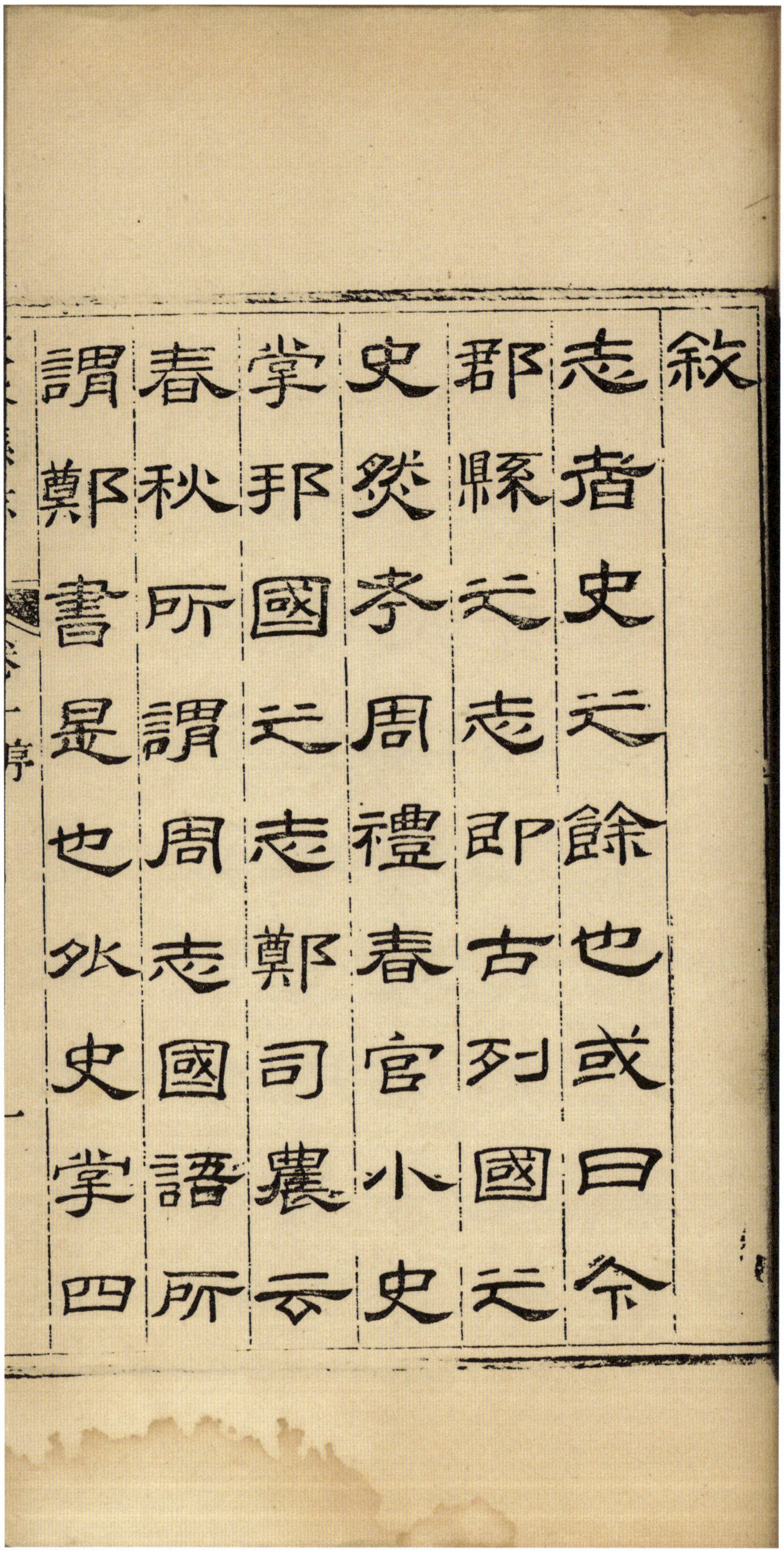

敘

志者史之餘也或曰今郡縣之志即古列國之史然考周禮春官小史掌邦國之志鄭司農云春秋所謂周志國語所謂鄭書是也外史掌四

023 ［乾隆］太谷縣志八卷（3）

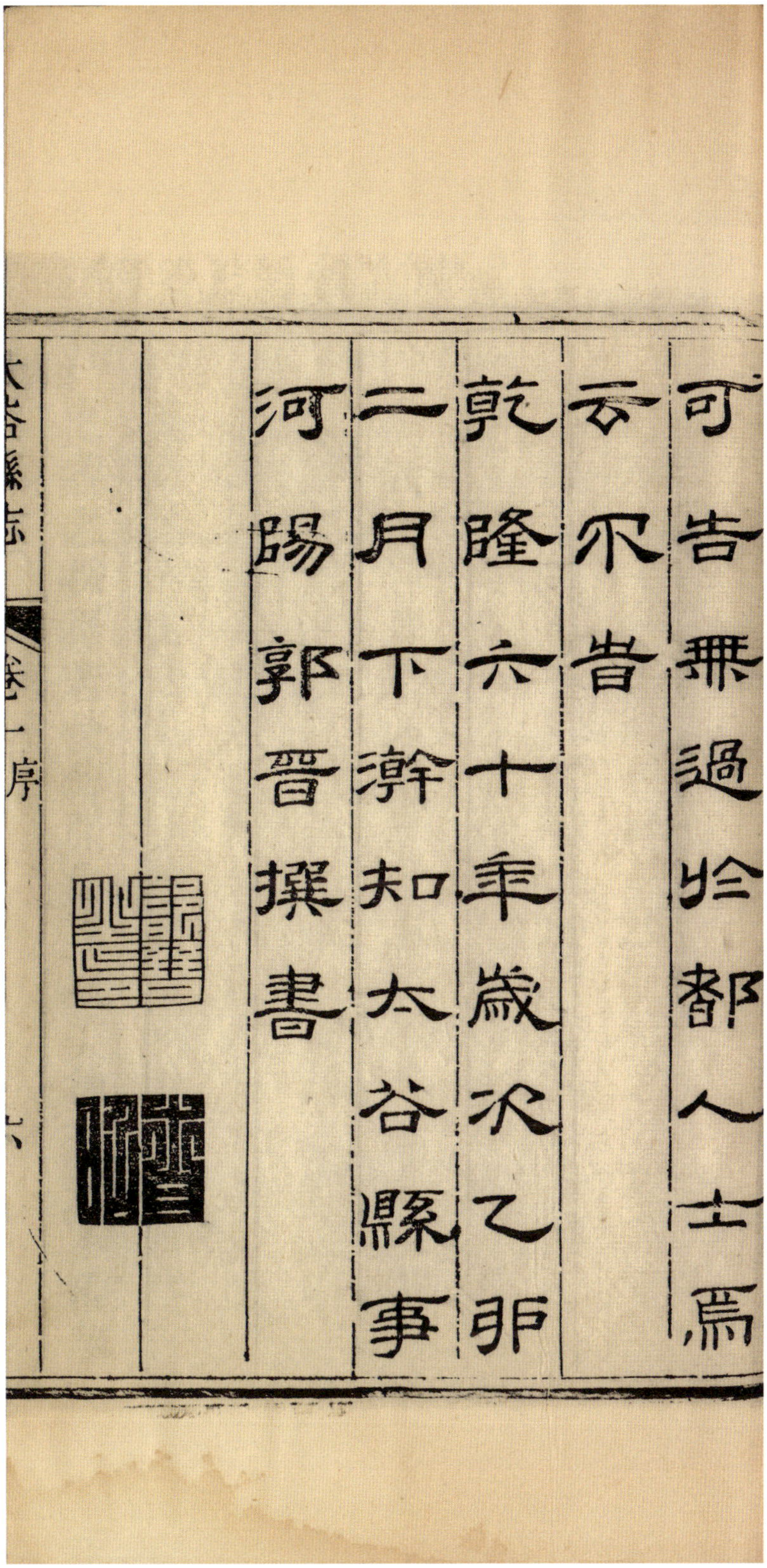

可告無過於都人士焉
云爾告
乾隆六十年歲次乙卯
二月下澣知太谷縣事
河陽郭晉撰書

太谷縣志　卷一序　六

023　［乾隆］太谷縣志八卷（4）

023 ［乾隆］太谷縣志八卷

清郭晉修，管粵秀纂。清乾隆六十年（1795）刻本。匡高十九厘米，廣十四·八厘米，半葉九行，行二十字，白口，單魚尾，四周雙邊。一函八冊，舘藏號：005179–005186。入選第二批《山西省珍貴古籍名録》，名録號：00275。

郭晉，雲南河陽（今雲南澄江）人。舉人。清乾隆五十六年（1791）知太谷縣，後官至太原知府。管粵秀，江蘇揚州甘泉（今江蘇江都）人。舉人。全志分設圖考、星野、疆域、沿革、山川、城池、公署、學校、壇廟、古跡、水利、田賦、風俗、職官、名宦、科目、仕籍、人物、列女、藝文二十門二十二目，附目十一。卷一有天文、縣治、分防廳、學宮、書院、十景圖。古跡詳考陽邑、長城、萬年地名之原委，訂前志之誤。風俗中談到太谷晉商發達之緣由：称陽邑民多而田少，竭豐年之穀，不足供兩月，故耕種之外，咸善謀生，跋涉千里率已為常。婦女善治家，商景事例，四方雲集，操奇赢利，商業發達，土俗殷富，由此焉；科目載：清武舉百三十六人，武進士二十一人；忠烈門則為金川之戰中平定準噶爾部戰死將領牛天界、張淩霞、陳聖矩父子立傳。

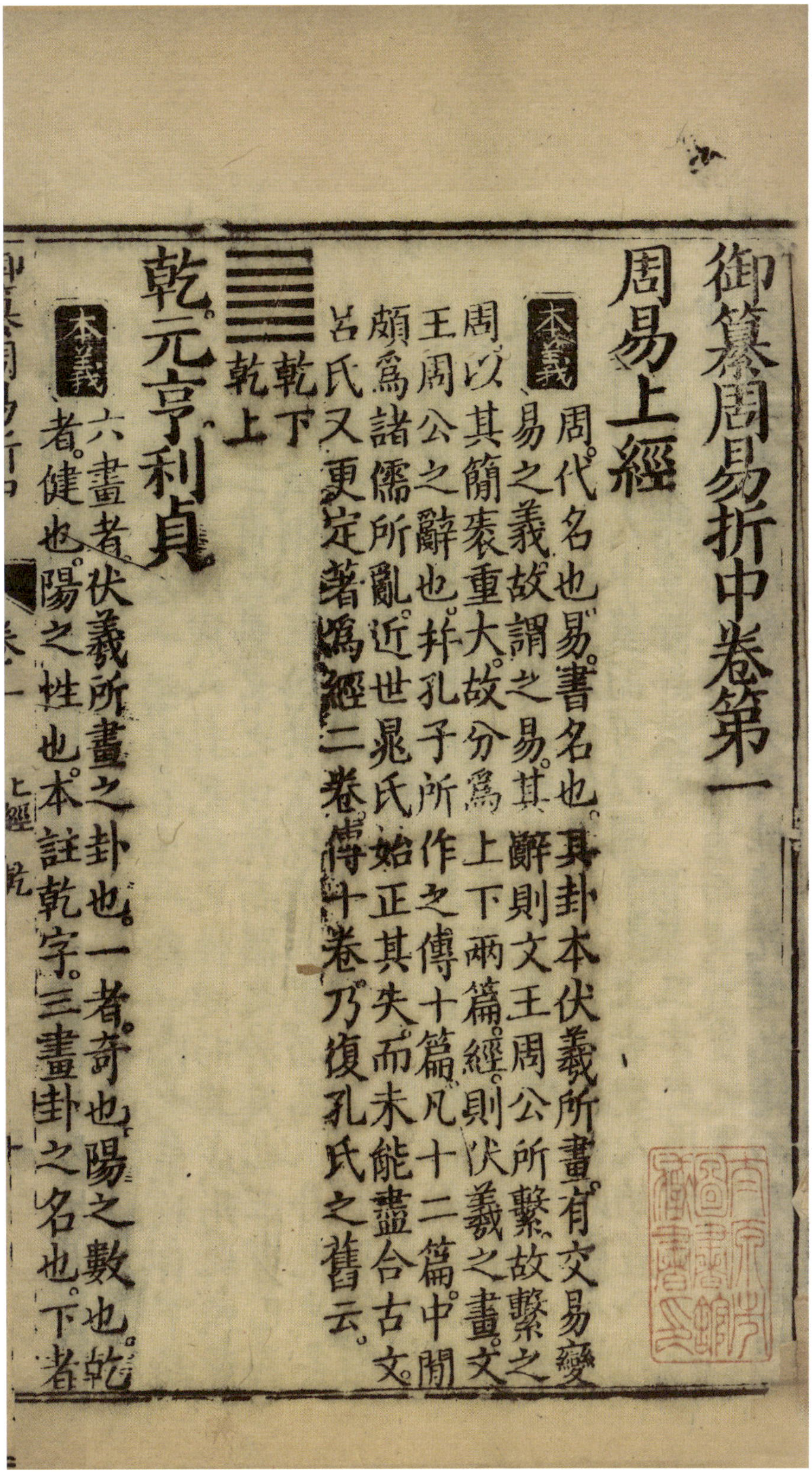
御纂周易折中卷第一
周易上經
本義 周代名也易書名也其卦本伏羲所畫有交易變易之義故謂之易其辭則文王周公所繫故繫之周以其簡袠重大故分爲上下兩篇經則伏羲之畫文王周公之辭也幷孔子所作之傳十篇凡十二篇中閒頗爲諸儒所亂近世晁氏始正其失而未能盡合古文吕氏又更定著爲經二卷傳十卷乃復孔氏之舊云
☰ 乾下乾上
乾元亨利貞
本義 六畫者伏羲所畫之卦也一者奇也陽之數也乾者健也陽之性也本註乾字三畫卦之名也下者

024　御纂七经二百九十四卷　（清）李光地　王頊齡等奉敕修　清康熙至乾隆间内府刻本

匡高 21.8 厘米，廣 16 厘米。半葉八行，行二十二字，白口，單魚尾，四周雙邊。

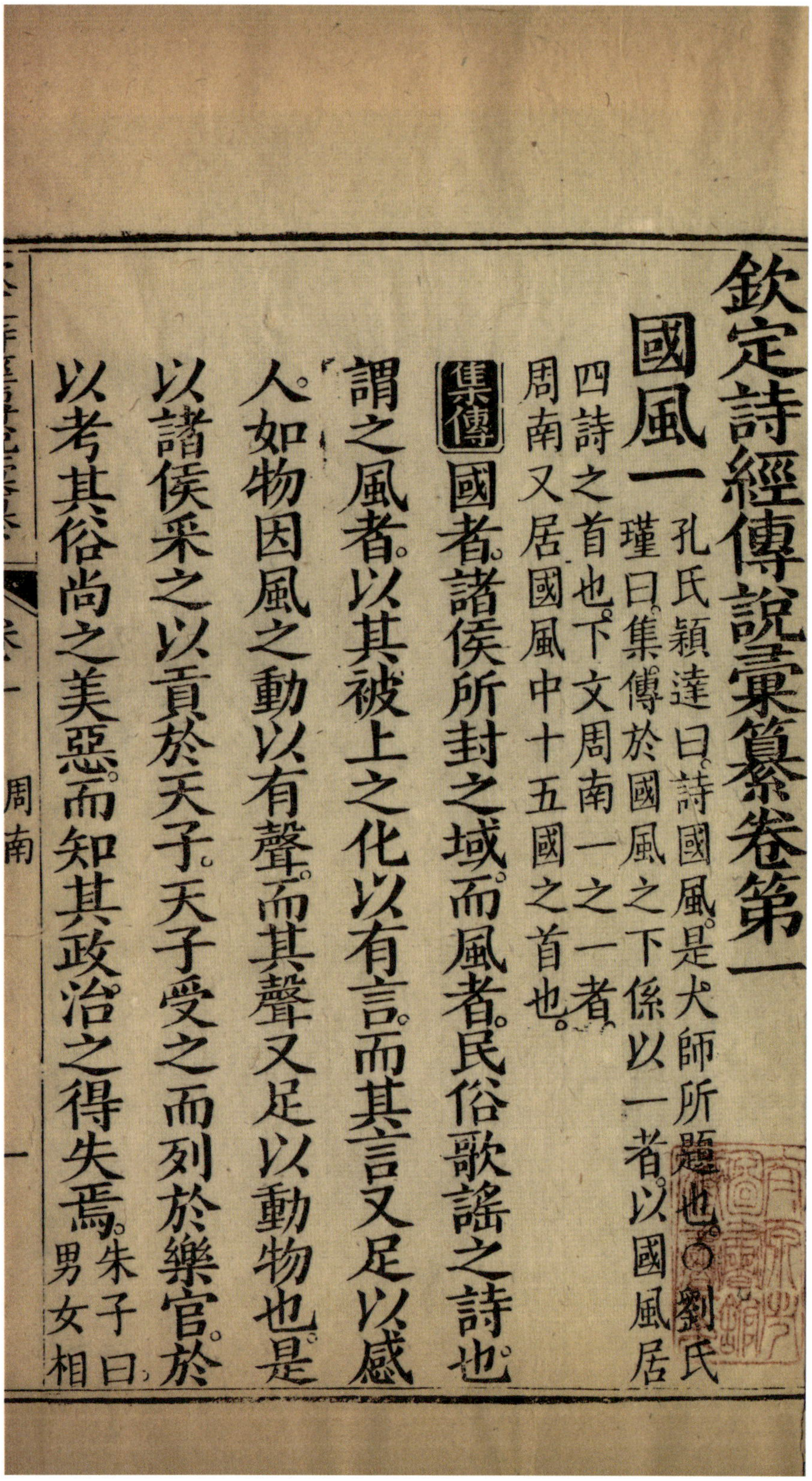

欽定詩經傳說彙纂卷第一

國風一 孔氏穎達曰詩國風是大師所題也○劉氏瑾曰集傳於國風之下係以一者以國風居四詩之首也下文周南一之一者周南又居國風中十五國之首也

集傳 國者諸侯所封之域而風者民俗歌謠之詩也謂之風者以其被上之化以有言而其言又足以感人如物因風之動以有聲而其聲又足以動物也是以諸侯采之以貢於天子天子受之而列於樂官於以考其俗尚之美惡而知其政治之得失焉 朱子曰男女相

卷一 周南 一

024 御纂七经二百九十四卷（2）

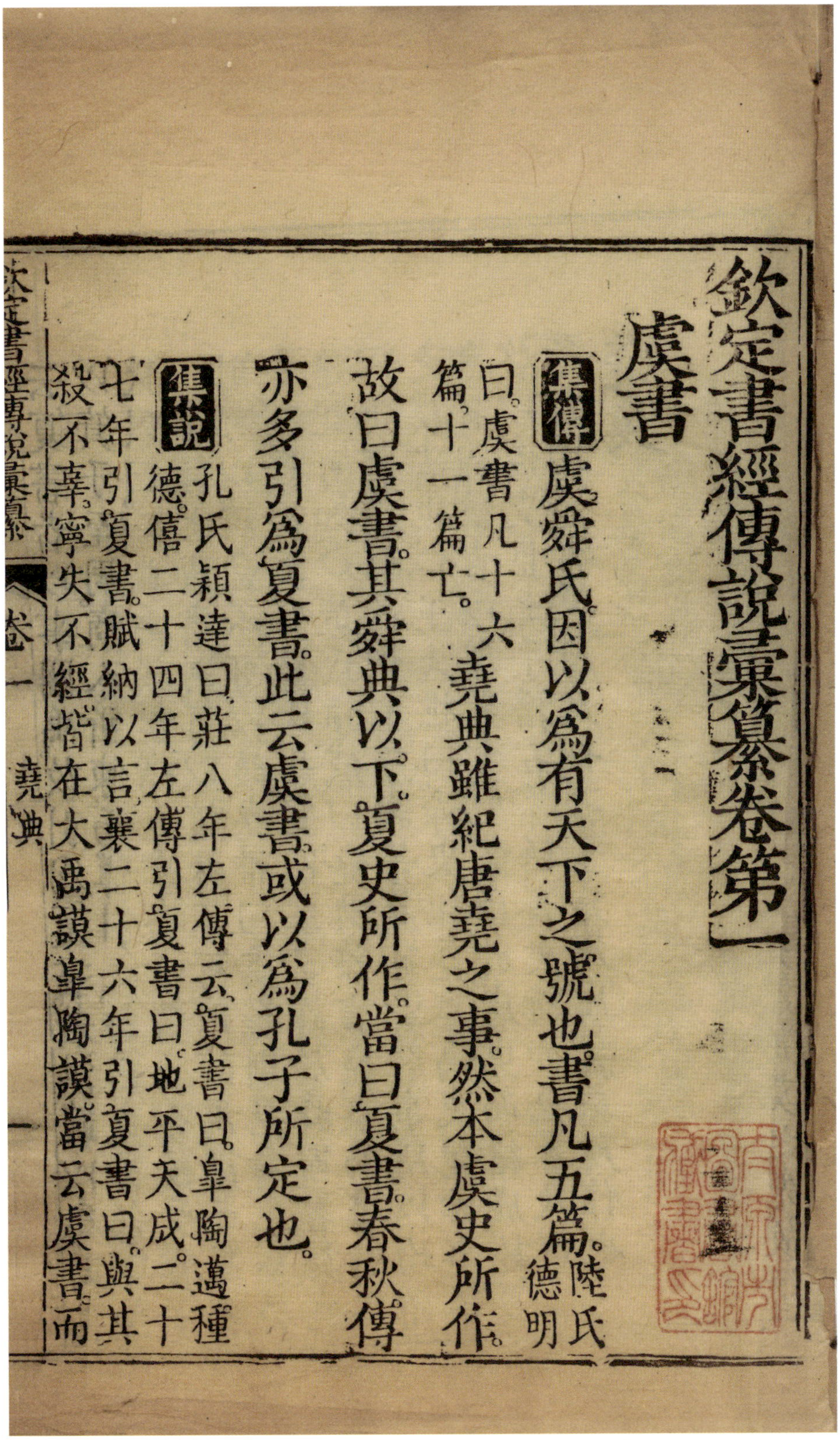

欽定書經傳說彙纂卷第一

虞書

【集傳】虞舜氏因以爲有天下之號也書凡五篇陸氏德明曰虞書凡十六篇十一篇亡堯典雖紀唐堯之事然本虞史所作故曰虞書其舜典以下夏史所作當曰夏書春秋傳亦多引爲夏書此云虞書或以爲孔子所定也

【集說】孔氏穎達曰莊八年左傳云夏書曰皋陶邁種德僖二十四年左傳引夏書曰地平天成二十七年引夏書賦納以言襄二十六年引夏書曰與其殺不辜寧失不經皆在大禹謨皋陶謨當云虞書而

024 御纂七经二百九十四卷（3）

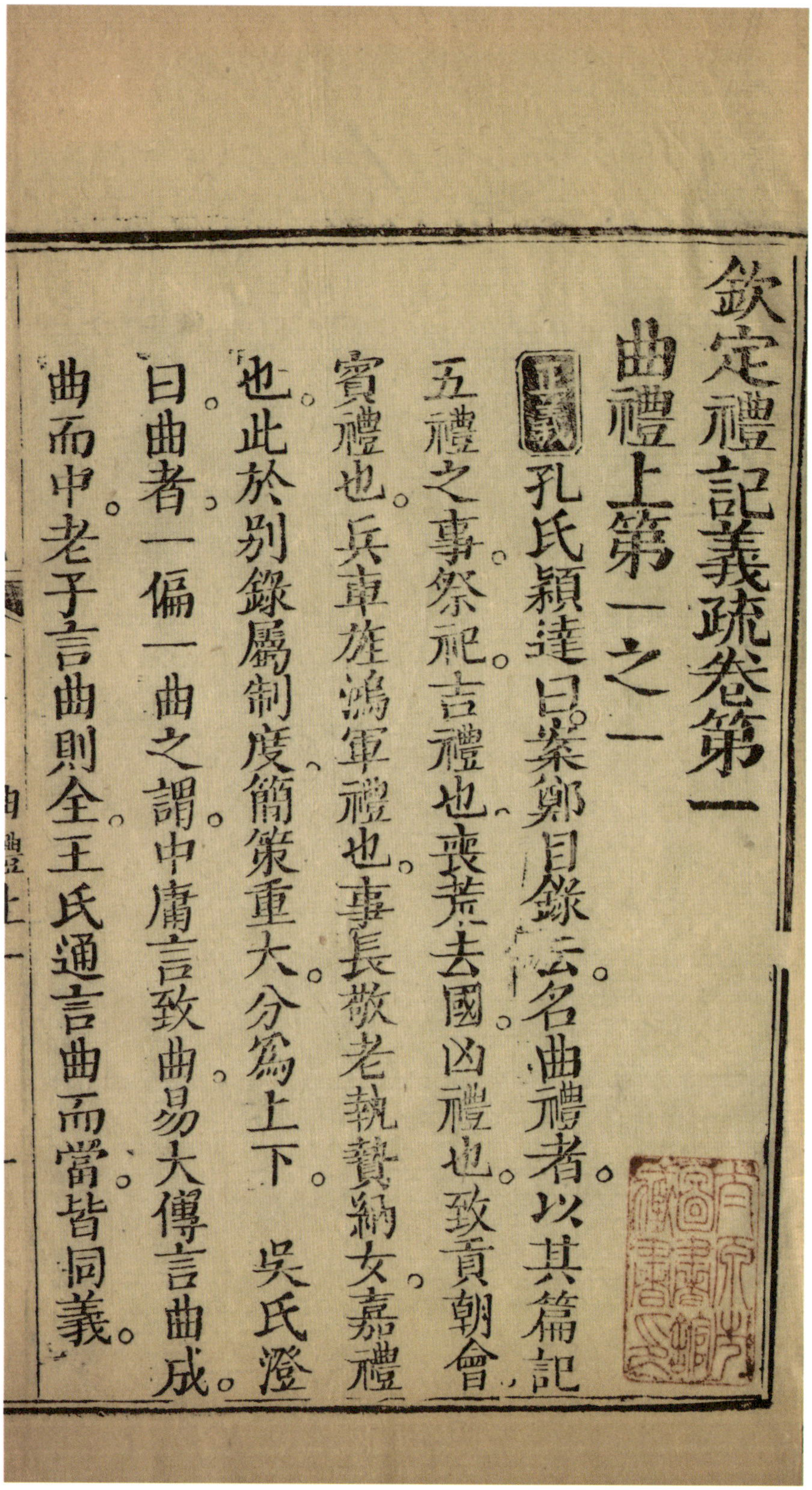

欽定禮記義疏卷第一

曲禮上第一之一

正義 孔氏穎達曰案鄭目錄云名曲禮者以其篇記五禮之事祭祀吉禮也喪荒去國凶禮也致貢朝會賓禮也兵車旌鴻軍禮也事長敬老執贄納女嘉禮也此於別錄屬制度簡策重大分爲上下 吳氏澄曰曲者一偏一曲之謂中庸言致曲易大傳言曲成曲而中老子言曲則全王氏通言曲而當皆同義

024 御纂七经二百九十四卷（4）

欽定儀禮義疏卷第一

【正義】賈氏公彦曰儀禮周公所制。班氏固曰周監於二代禮文尤具事爲之制曲爲之防故稱禮經三百威儀三千。朱子曰禮經卽今之儀禮其存者十七篇。張氏淳曰漢初未有儀禮之名疑後漢學者見十七篇中有儀有禮遂合而名之。

【存疑】賈氏公彦曰儀禮不名周者欲見兼有異代之法。士喪禮商祝夏祝其證也。

欽定儀禮義疏　卷一　士冠禮　一

024　御纂七经二百九十四卷（5）

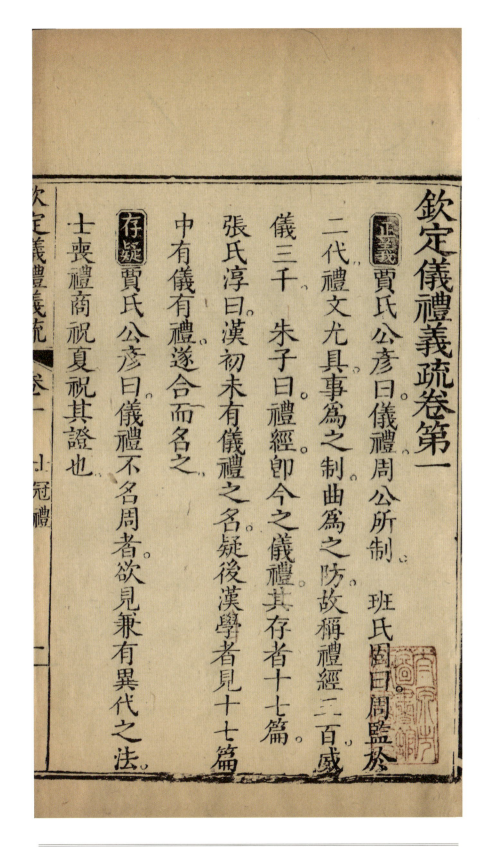

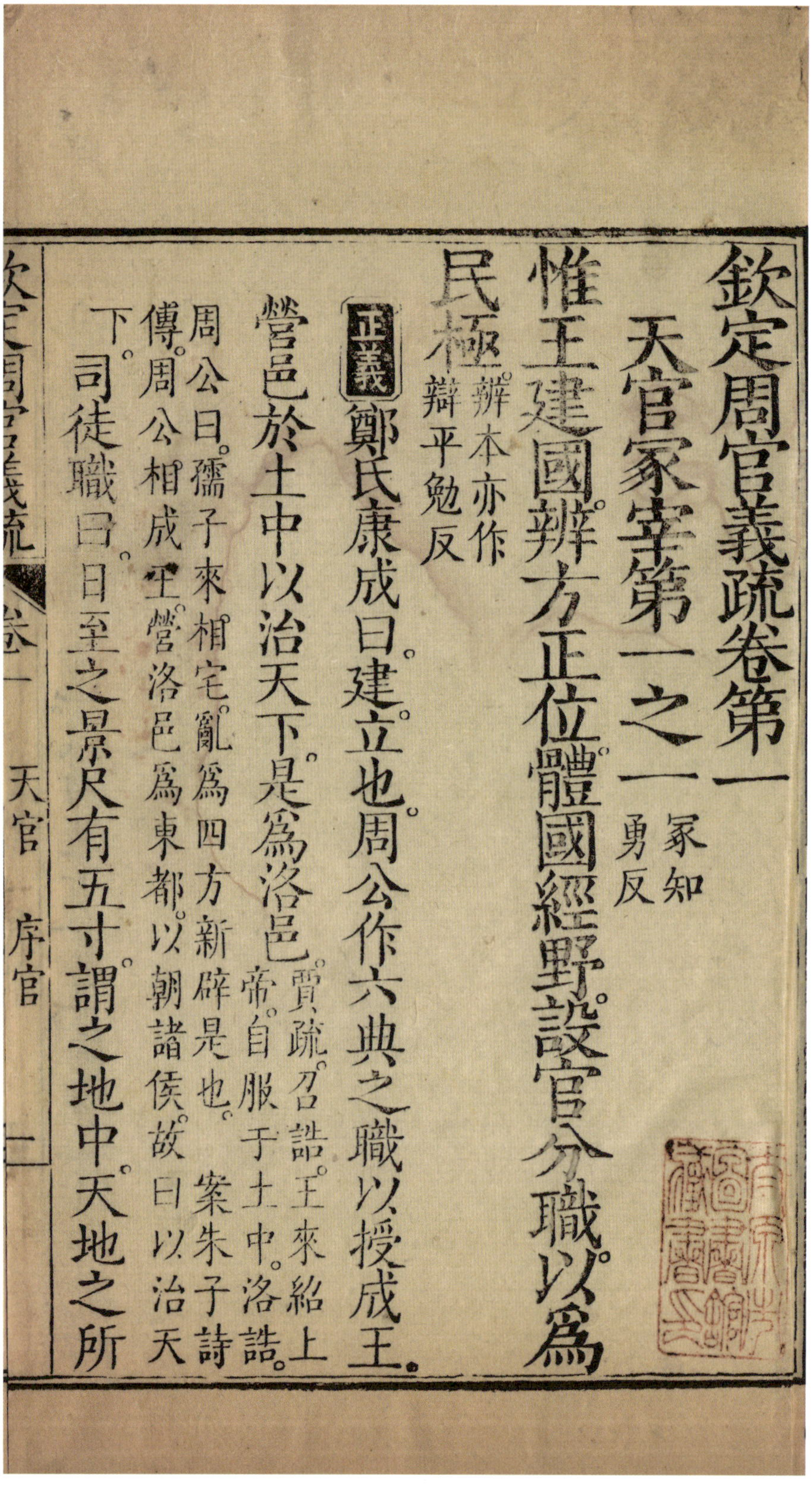
欽定周官義疏卷第一

天官冢宰第一之一 冢知勇反

惟王建國辨方正位體國經野設官分職以爲民極 辨本亦作辯平勉反

正義 鄭氏康成曰建立也周公作六典之職以授成王營邑於土中以治天下是爲洛邑 賈疏召誥王來紹上帝自服于土中洛誥周公曰孺子來相宅亂爲四方新辟是也 案朱子詩傳周公相成王營洛邑爲東都以朝諸侯故曰以治天下司徒職曰日至之景尺有五寸謂之地中天地之所

欽定周官義疏 卷一 天官 序官 二

024　御纂七经二百九十四卷（6）

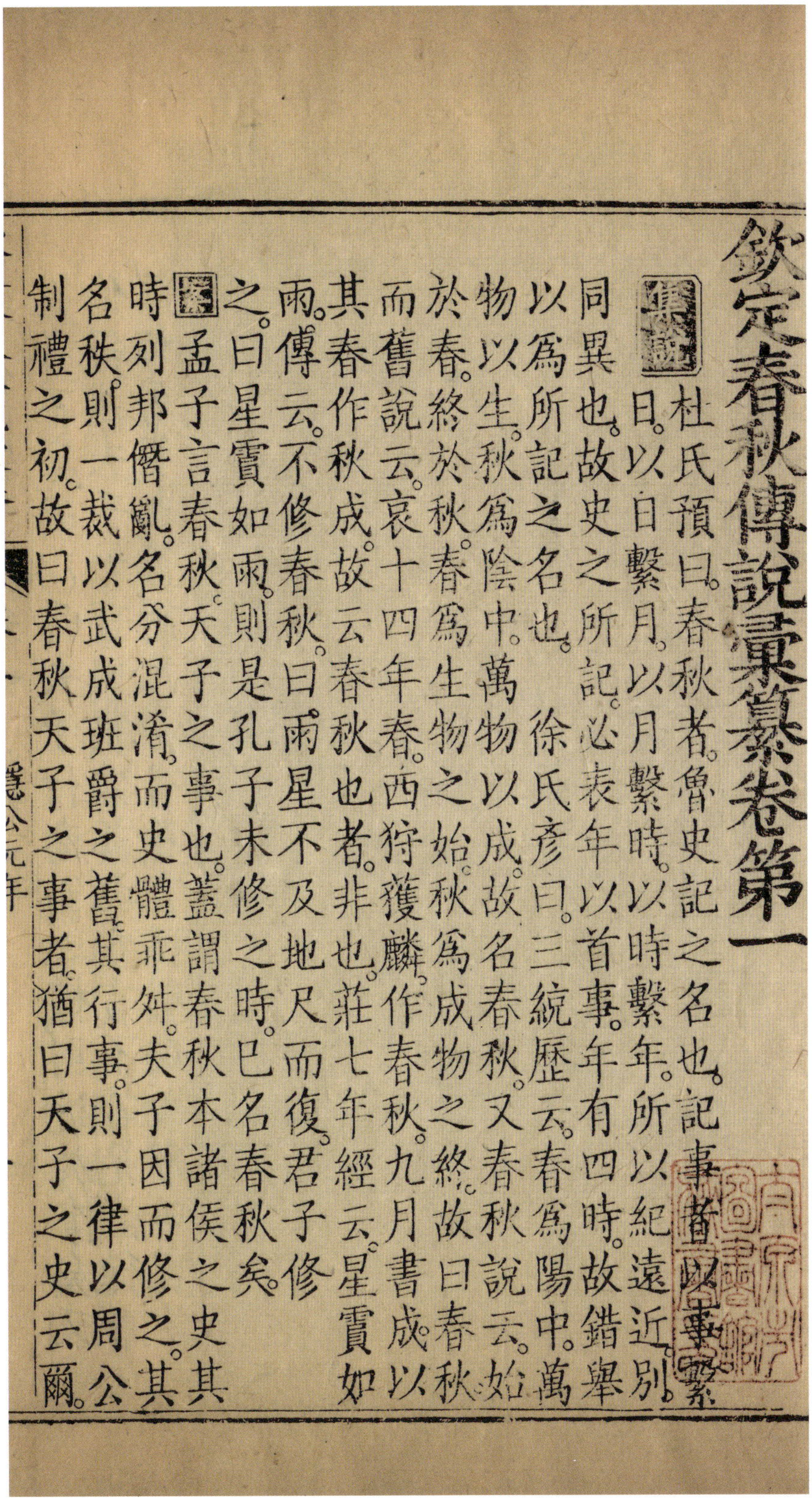

欽定春秋傳說彙纂卷第一

集說 杜氏預曰。春秋者。魯史記之名也。記事者以事繫日。以日繫月。以月繫時。以時繫年。所以紀遠近。別同異也。故史之所記。必表年以首事。年有四時。故錯舉以爲所記之名也。徐氏彥曰。三統歷云。春爲陽中。萬物以生。秋爲陰中。萬物以成。故名春秋。又春秋說云。始於春。終於秋。春爲生物之始。秋爲成物之終。故曰春秋而舊說云。哀十四年春。西狩獲麟。作春秋。九月書成。以其春作秋成。故云春秋也者。非也。莊七年經云。星霣如雨。傳云。不修春秋。曰雨星不及地尺而復。君子修之。曰星霣如雨。則是孔子未修之時。已名春秋矣。

案 孟子言春秋天子之事也。蓋謂春秋本諸侯之史其時列邦僭亂。名分混淆。而史體乖舛。夫子因而修之。其名秩則一裁以武成班爵之舊。其行事則一律以周公制禮之初。故曰春秋天子之事者。猶曰天子之史云爾。

隱公元年

024　御纂七经二百九十四卷（7）

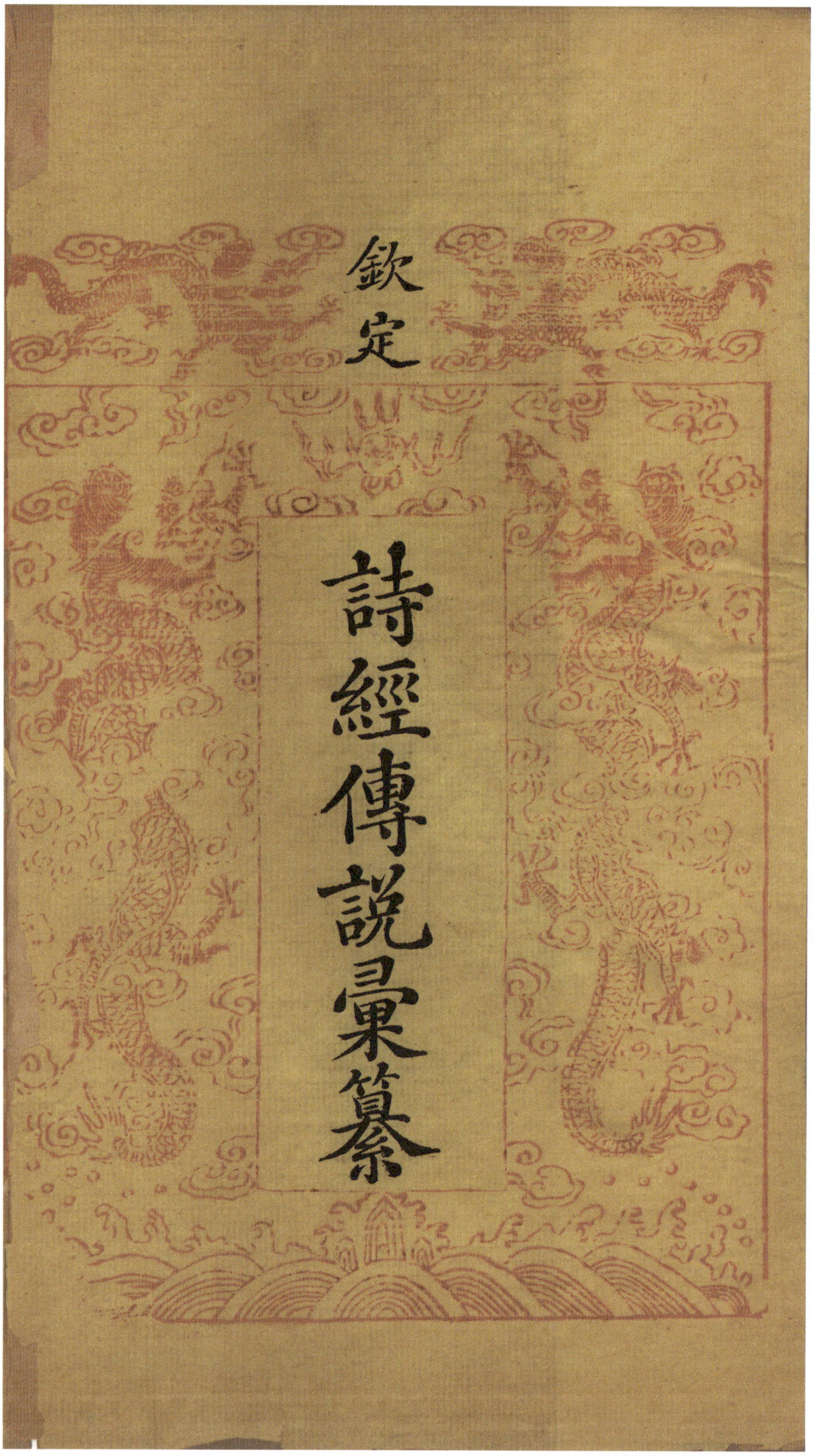

024 御纂七经二百九十四卷（8）

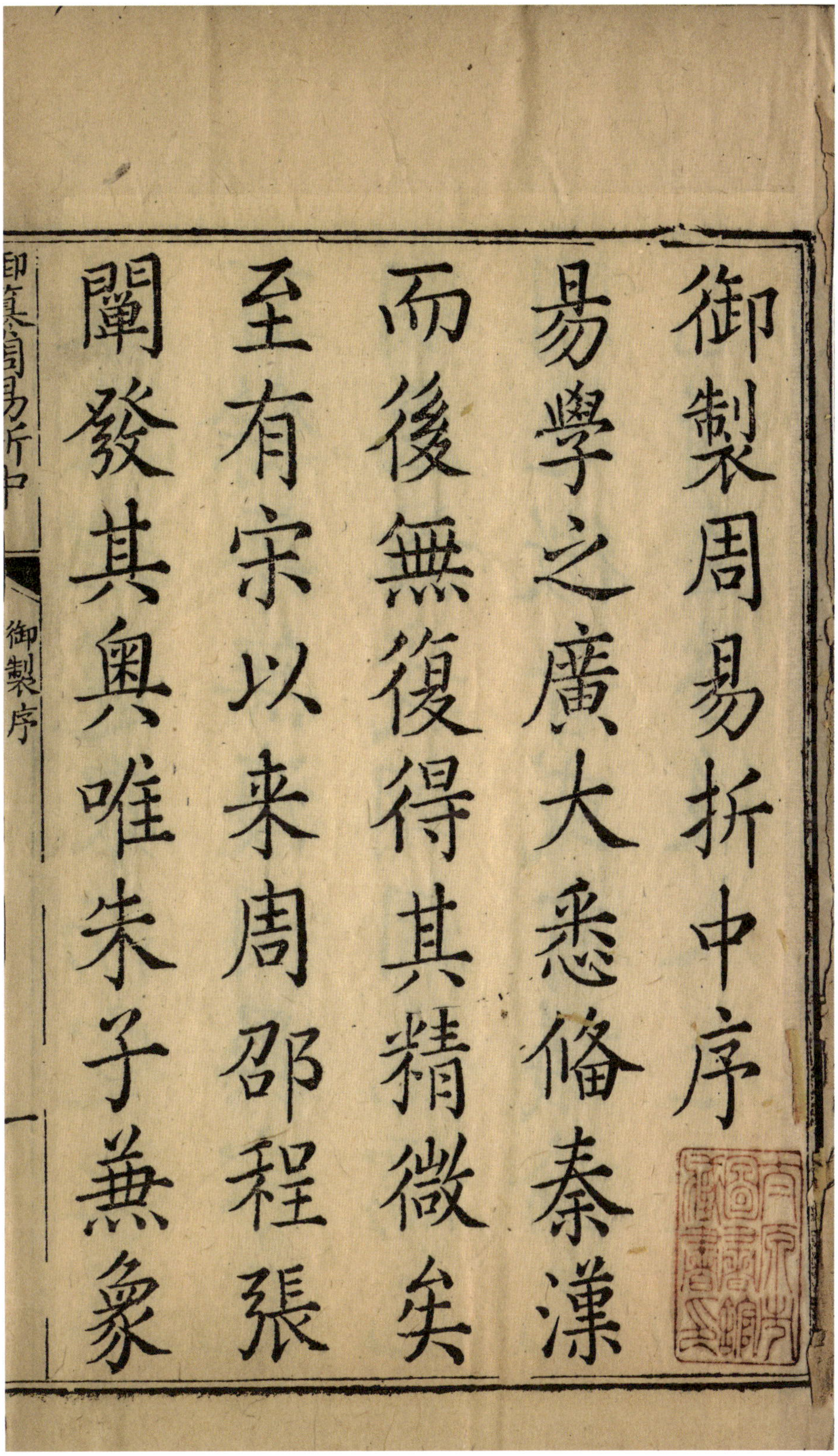

御製周易折中序
易學之廣大悉備秦漢
而後無復得其精微矣
至有宋以来周邵程張
闡發其奥唯朱子兼象

御纂周易折中　御製序　一

024　御纂七经二百九十四卷（9）

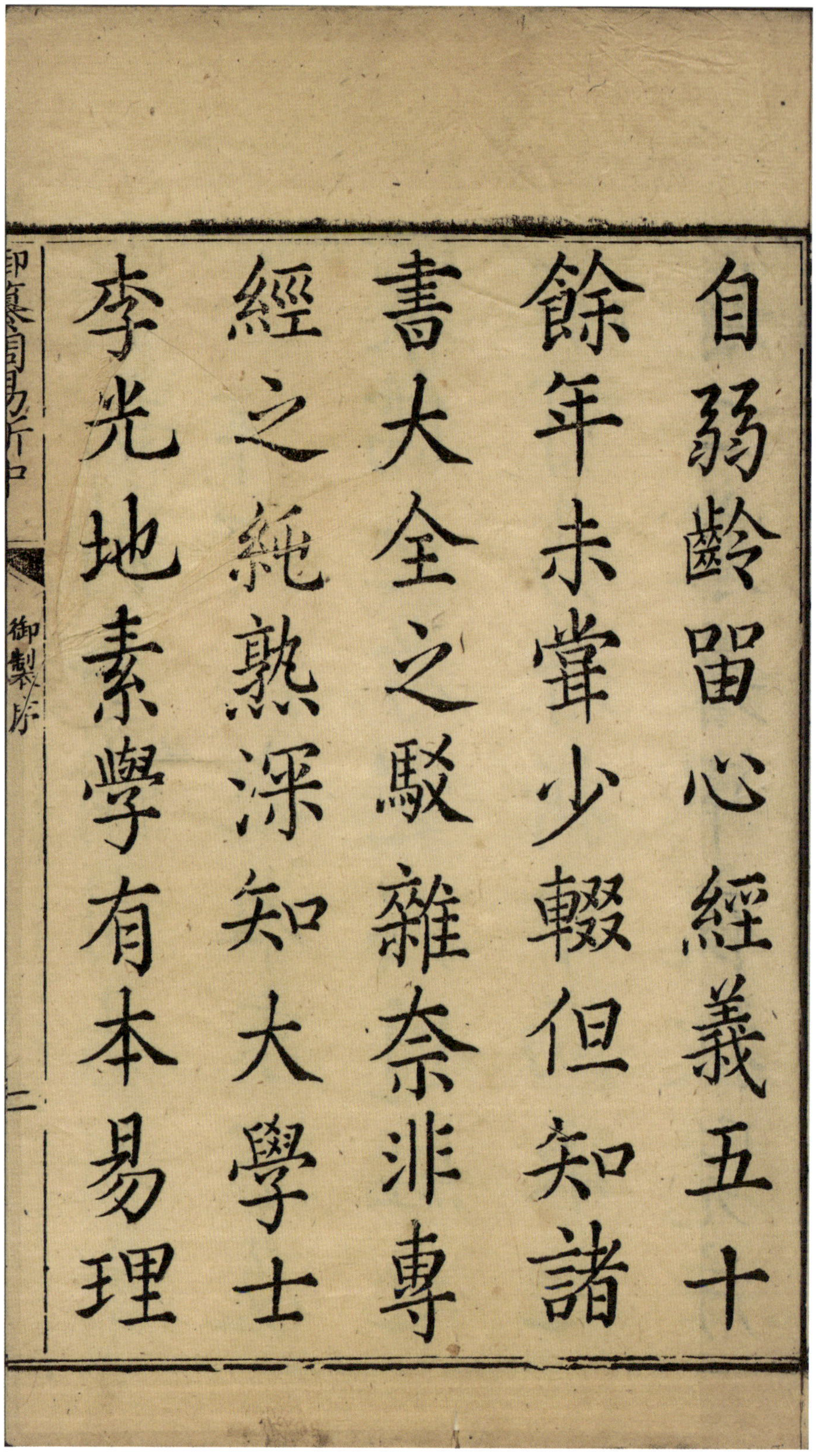

御纂周易折中　御製序　二

自弱齡留心經義五十
餘年未嘗少輟但知諸
書大全之駁雜奈非專
經之純熟深知大學士
李光地素學有本易理

024　御纂七经二百九十四卷（10）

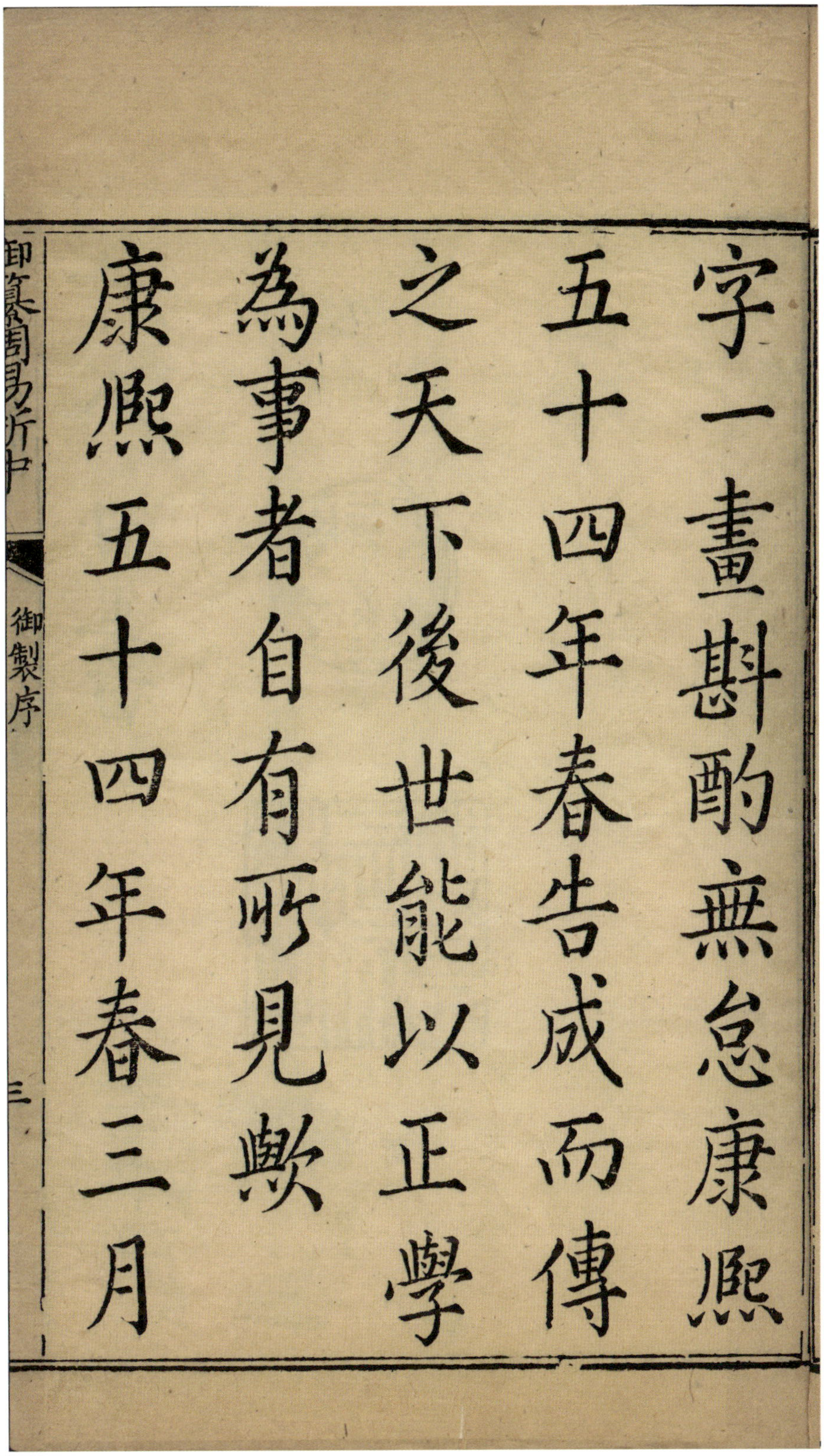
字一畫斟酌無怠康熙
五十四年春告成而傳
之天下後世能以正學
為事者自有所見歟
康熙五十四年春三月
御纂周易折中
御製序
三

024 御纂七经二百九十四卷（11）

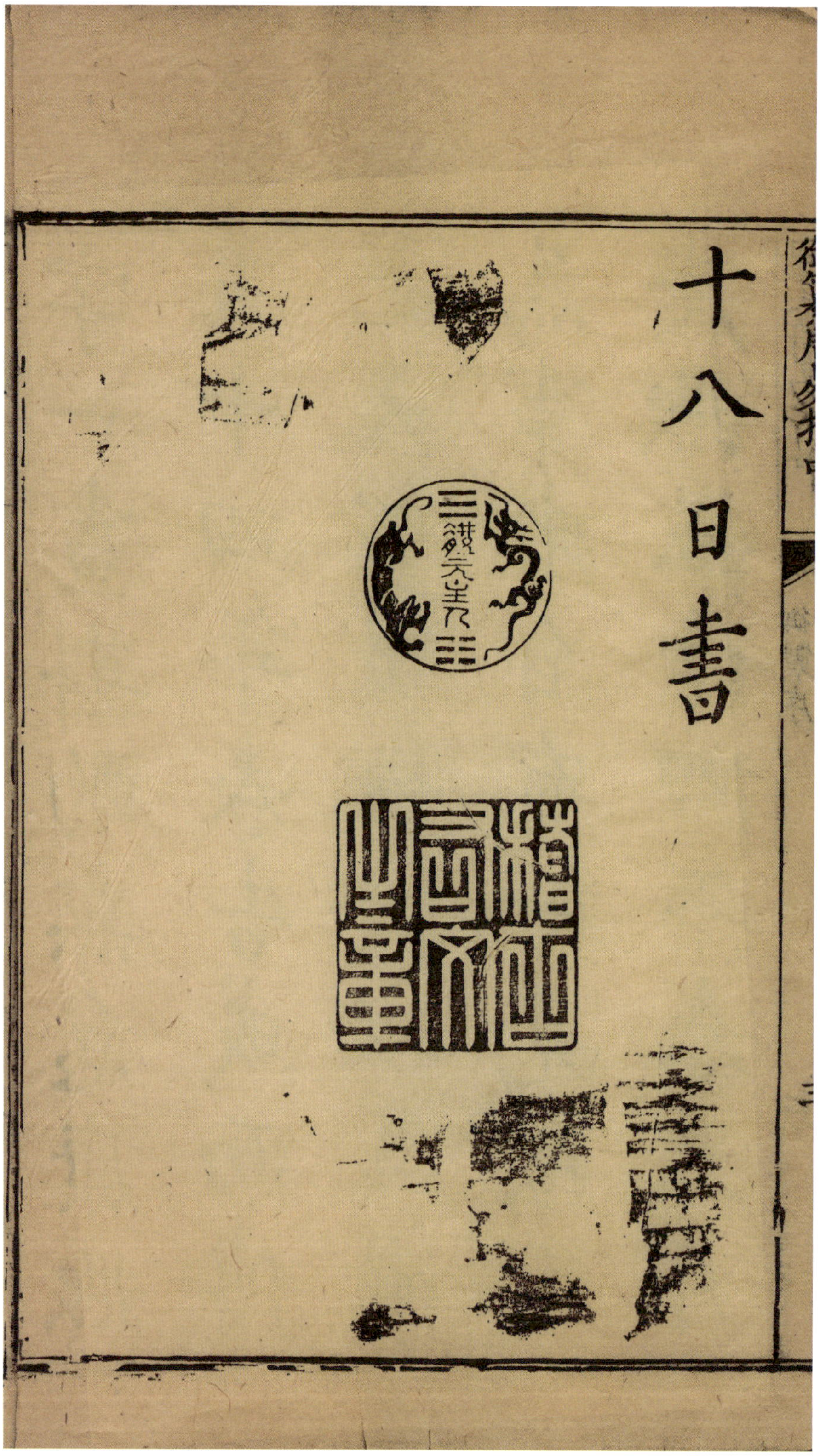

024　御纂七经二百九十四卷（12）

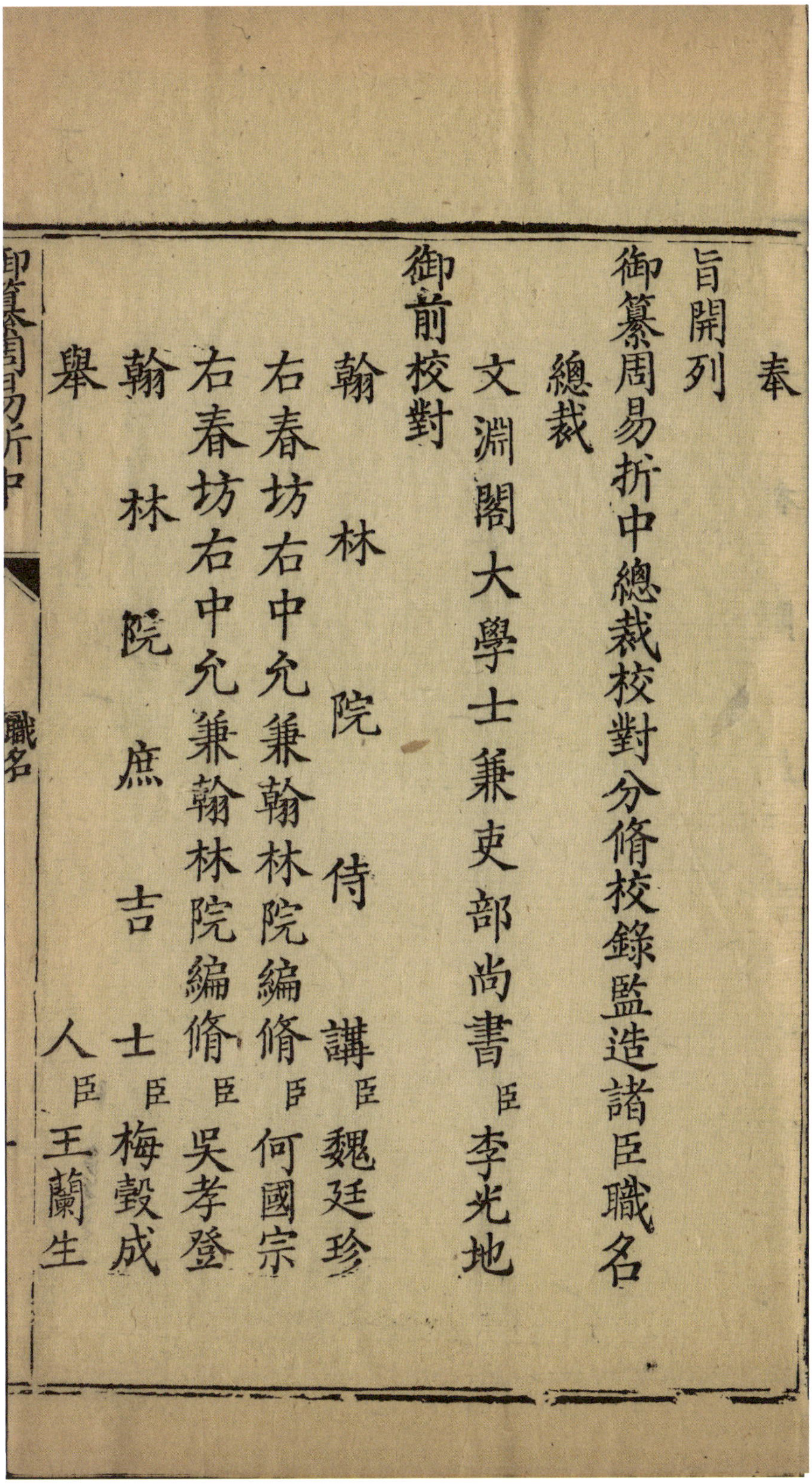
奉
旨開列
御纂周易折中總裁校對分脩校錄監造諸臣職名
總裁
文淵閣大學士兼吏部尚書臣李光地
御前校對
翰林院侍講臣魏廷珍
右春坊右中允兼翰林院編脩臣何國宗
右春坊右中允兼翰林院編脩臣吳孝登
翰林院庶吉士臣梅瑴成
舉人臣王蘭生
御纂周易折中　職名

024　御纂七经二百九十四卷（13）

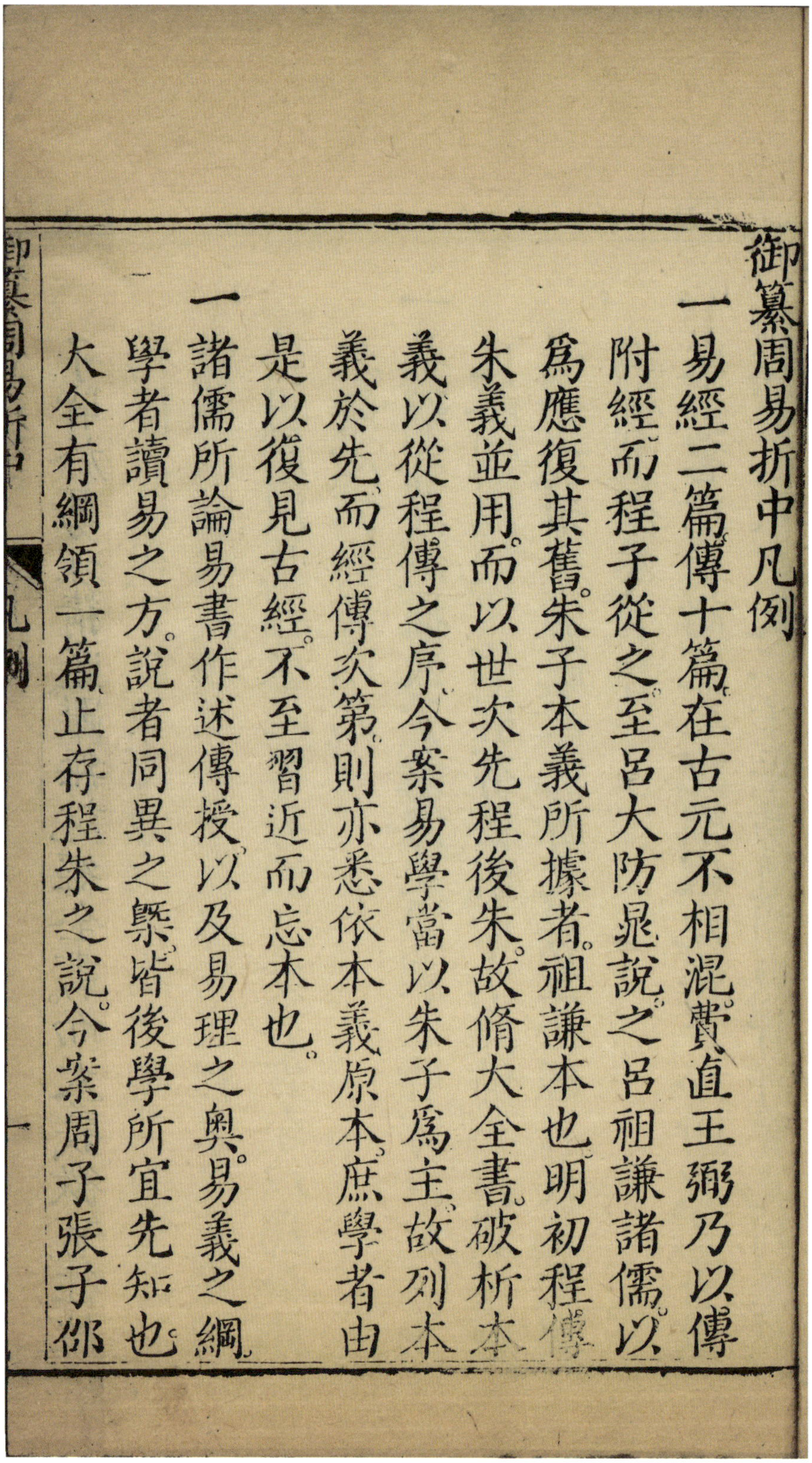

御纂周易折中凡例

一易經二篇傳十篇在古元不相混費直王弼乃以傳附經而程子從之至呂大防晁說之呂祖謙諸儒以爲應復其舊朱子本義所據者祖謙本也明初程傳朱義並用而以世次先程後朱故脩大全書破析本義以從程傳之序今案易學當以朱子爲主故列本義於先而經傳次第則亦悉依本義原本庶學者由是以復見古經不至習近而忘本也

一諸儒所論易書作述傳授以及易理之奧易義之綱學者讀易之方說者同異之槩皆後學所宜先知也大全有綱領一篇止存程朱之說今案周子張子邵

御纂周易折中 凡例 一

024　御纂七经二百九十四卷（14）

024 御纂七經二百九十四卷

清李光地、王頊齡等奉敕修。清康熙五十四年(1715)至清乾隆十三年(1748)間内府刻本。匡高二十一·八厘米，廣十六厘米，半葉八行，行二十二字，白口，單魚尾，四周雙邊。二十七函二百零六冊。舘藏號：000137–000342。入選第三批《山西省珍貴古籍名録》，名録號：00448。

李光地，前《御製性理精義》提要已著録。王頊齡(1642–1725)，字顓士，號瑁湖，江南華亭（今上海市）人。康熙十五年（1676)進士，授翰林院編修，歷官禮部侍郎、吏部左侍郎、武英殿大學士兼工部尚書。《御纂七經》为儒家經典叢書，是對《易》《書》《詩》《春秋》《周禮》《儀禮》《禮記》七部經典的纂釋。全書含《周易折中》二十二卷卷首一卷；《詩經傳説》二十一卷附卷首二卷，詩序二卷；《書經傳説》二十一卷附卷首二卷；《禮記義疏》八十二卷附卷首一卷；《儀禮義疏》四十八卷附卷首一卷；《周官義疏》四十八卷附卷首一卷；《春秋傳説》三十八卷附卷首二卷。自戰國始，儒家經典以《詩》《書》《禮》《樂》《易》《春秋》為「六經」，後因《樂經》亡佚，改稱「五經」，之後經過歷代增加，先後形成「七經」、「九經」、「十一經」、「十二經」，至北宋形成「十三經」。「七經」在各時期内容有異。東漢《一字石經》作《易》《詩》《書》《儀禮》《春秋》《公羊》《論語》；《後漢書·張純傳》作《詩》《書》《禮》《樂》《易》《春秋》《論語》；宋劉敞《七經小傳》作《書》《詩》《周禮》《儀禮》《禮記》《公羊》《論語》。

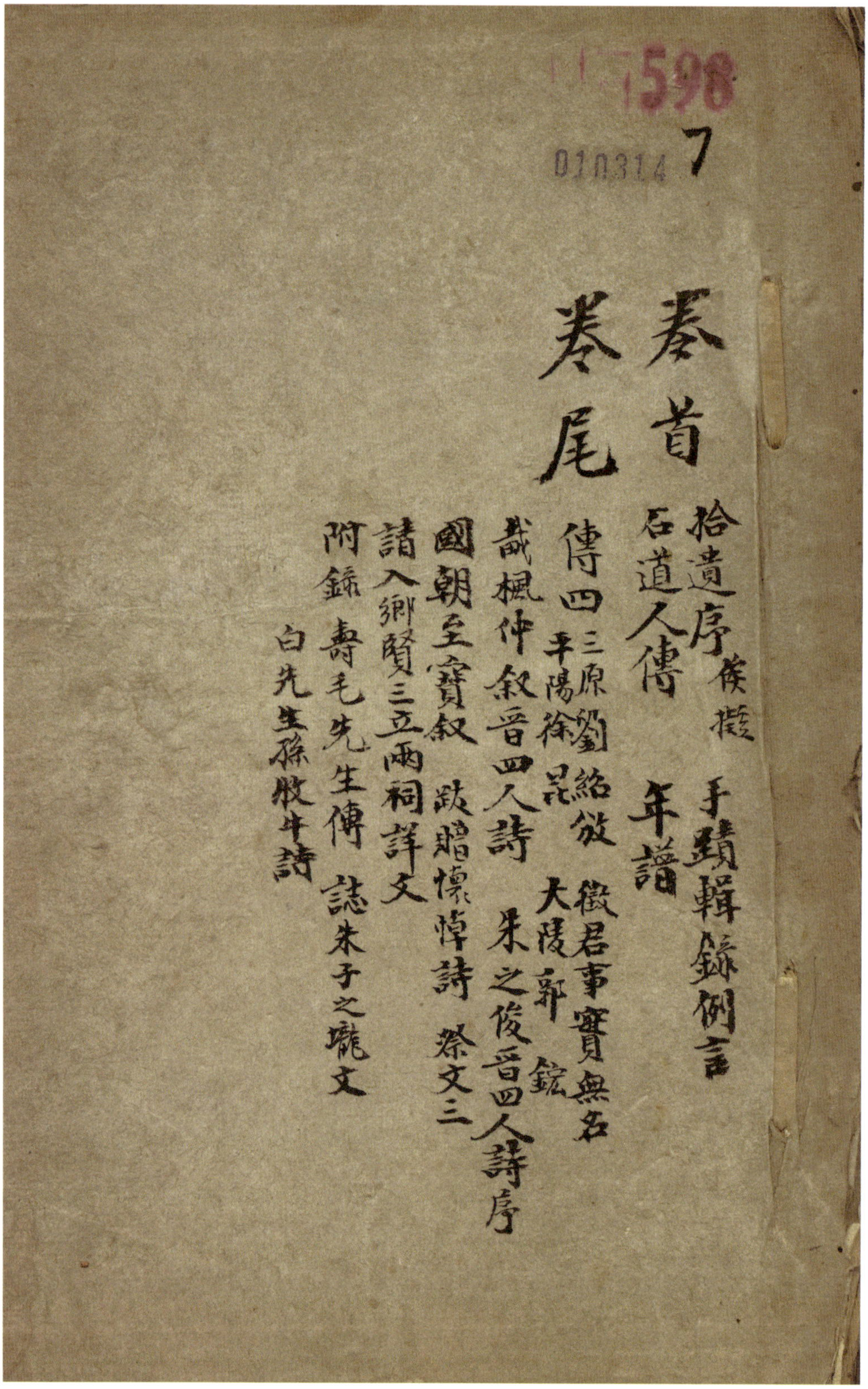

025 霜紅龕拾遺不分卷 （清）傅山撰 張廷鑑輯 清抄本

開本高 26 厘米，廣 17 厘米。

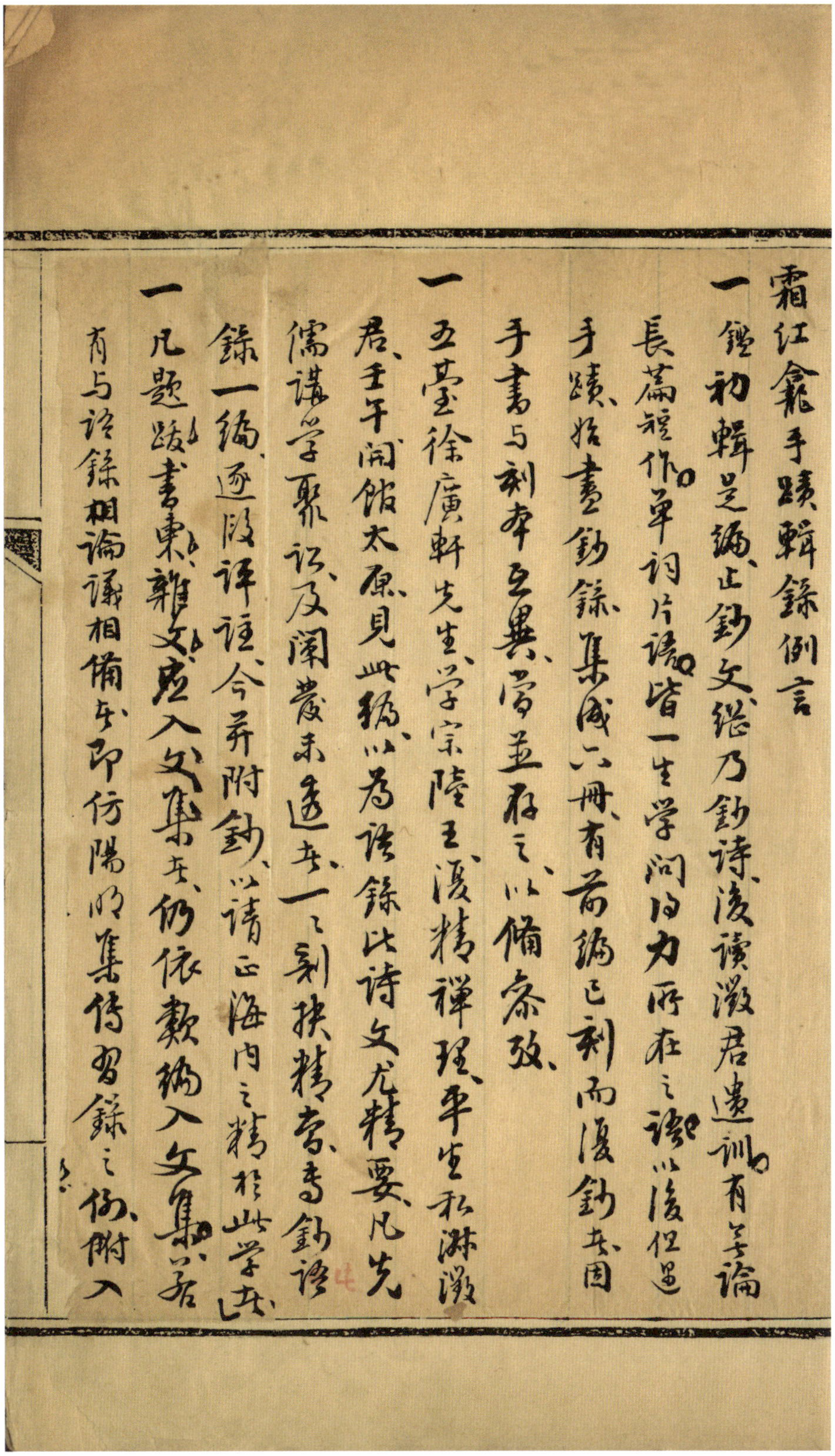

霜紅龕手蹟輯錄例言

一 鐙初輯是編、止鈔文、繼乃鈔詩、後讀徵君遺訓、有等論長篇、短作如草詞片語、皆一生學問心力所在之語、以後但是手蹟、皆盡鈔錄、集成六冊、有前編已刻而復鈔者、因手書與刻本互異、當並存之、以備參攷、

一 五臺徐廣軒先生、學宗陸王、邃精禪理、平生私淑徵君、壬午開館太原、見此稿、以爲語錄比詩文尤精要、凡先儒講學聚訟、及闡發未透者、一一剖抉精奇、奇鈔語錄一編、逐段評註、今并附鈔、以請正海內之精於此學者、

一 凡題跋、書柬、雜文、應入文集者、仍依數編入文集、以若有與語錄相論議相備者、即仿陽明集傳習錄之例、附入

025　霜紅龕拾遺不分卷（2）

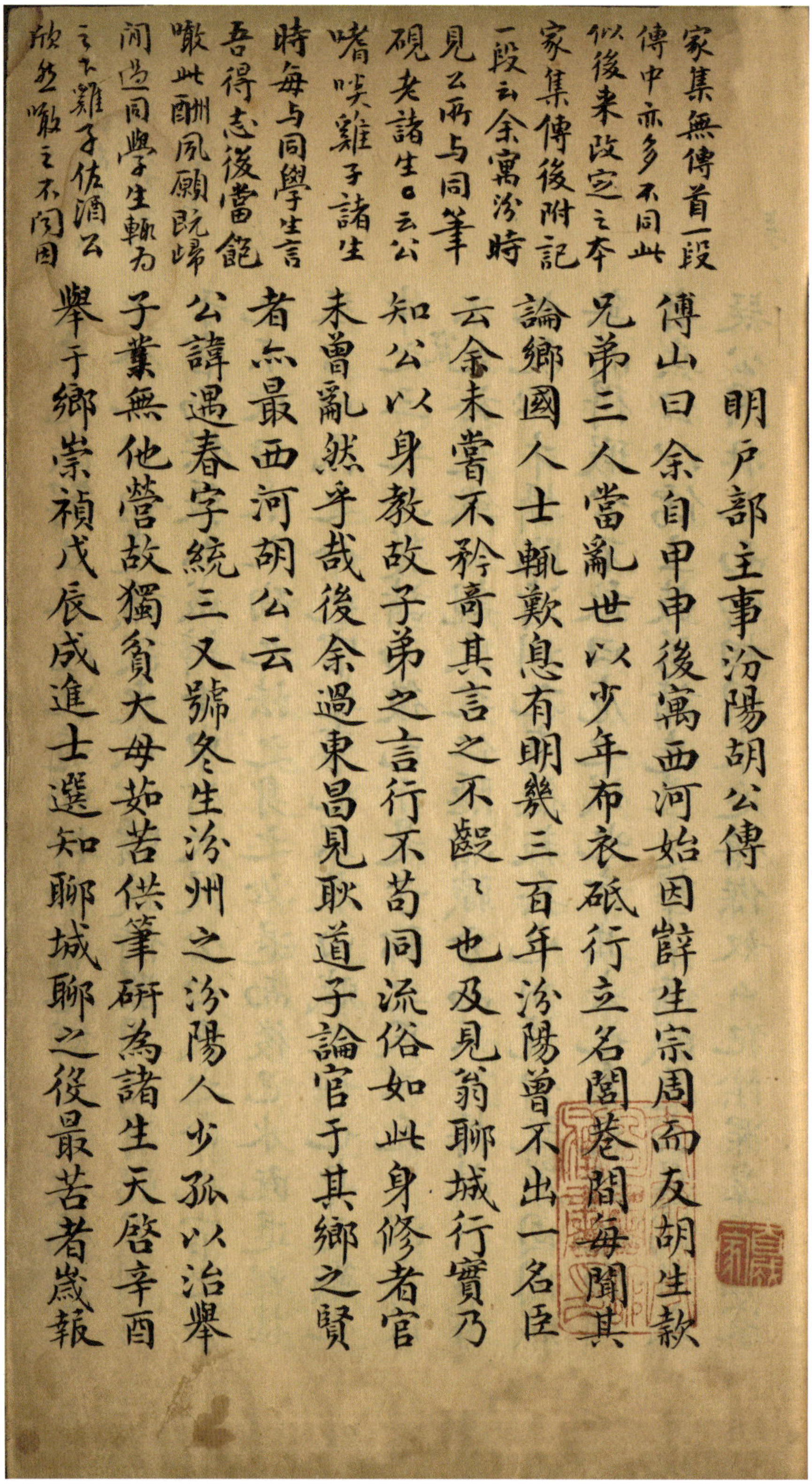

明戶部主事汾陽胡公傳

傅山曰余自甲申後寓西河始因薛生宗周而友胡生款兄弟三人當亂世以少年布衣砥行立名閭巷間每聞其論鄉國人士輒歎息有明幾三百年汾陽曾不出一名臣云余未嘗不矜奇其言之不齪齪也及見翁聊城行實乃知公以身教故子弟之言行不苟同流俗如此身修者官未曾亂然乎哉後余過東昌見耿道子論官于其鄉之賢者亦最西河胡公云

公諱遇春字統三又號冬生汾州之汾陽人少孤以治舉子業無他營故獨貧大母茹苦供筆研為諸生天啟辛酉舉于鄉崇禎戊辰成進士選知聊城聊之役最苦者歲報

家集無傳首一段傳中亦多不同此似後來改定之本家集傳後附記一段云余寓汾時見公所与同筆硯老諸生。云公嗜奕雜子諸生時每与同學生言吾得志後當飽噉此酬夙願既歸閒過同學生輒為之下雜子佐酒公欣然噉之不問因

025　霜紅龕拾遺不分卷（3）

○

明定遠將軍張軍公循吾先生傳

甲申二月丁卯太原失守阜城樓、協守定遠將軍張宏業、自經死、傅子時寓嘉山、聞頞之、曰、賢哉將軍、以為鄉尚多稱士大夫登朝廷科名受爵祿者、尚多能死之、有奇節哉、既聞過西山舊菴、詢夫城事、乃守城士大夫無死者、即有死、死擄掠幽繫、無敢言、乃始益敬難將軍、哭之曰、賢哉將軍、是知辱之不可避矣、聞城破、人奔潰、將軍徐下樓、入樓南一窩鋪、將軍有壻某從將軍、與將軍共理一繩、似欲與將軍經、以死者理遺、時手戰結繩梁間不着、將軍顧笑曰再誤我事、推壻出閉門、壻窺窗中、見將軍徐解鞓帶腰刀下、結

025　霜紅龕拾遺不分卷（4）

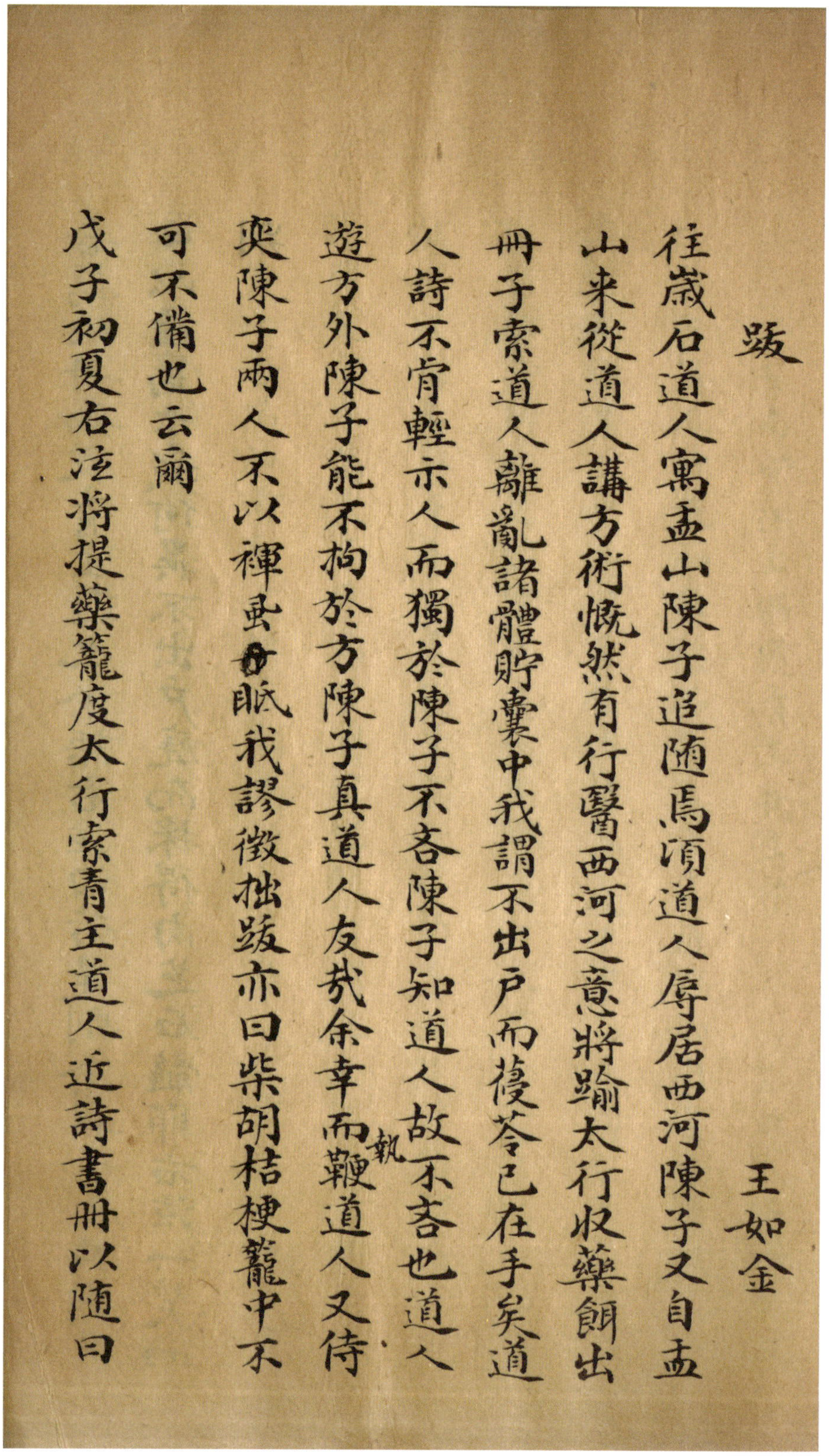

跋　　王如金

往歲石道人寓盂山陳子追随馬須道人辱居西河陳子又自盂
山来從道人講方術慨然有行醫西河之意將踰太行收藥餌出
冊子索道人離亂諸體貯囊中我謂不出戸而蓡苓已在手矣道
人詩不肯輕示人而獨於陳子不吝陳子知道人故不吝也道人
遊方外陳子能不拘於方陳子真道人友哉余幸而鞭〔執〕道人又侍
奕陳子兩人不以禪要眂我謬徵拙跋亦曰柴胡桔梗籠中不
可不備也云爾
戊子初夏右注將提藥籠度太行索青主道人近詩書冊以隨曰

025　霜紅龕拾遺不分卷（5）

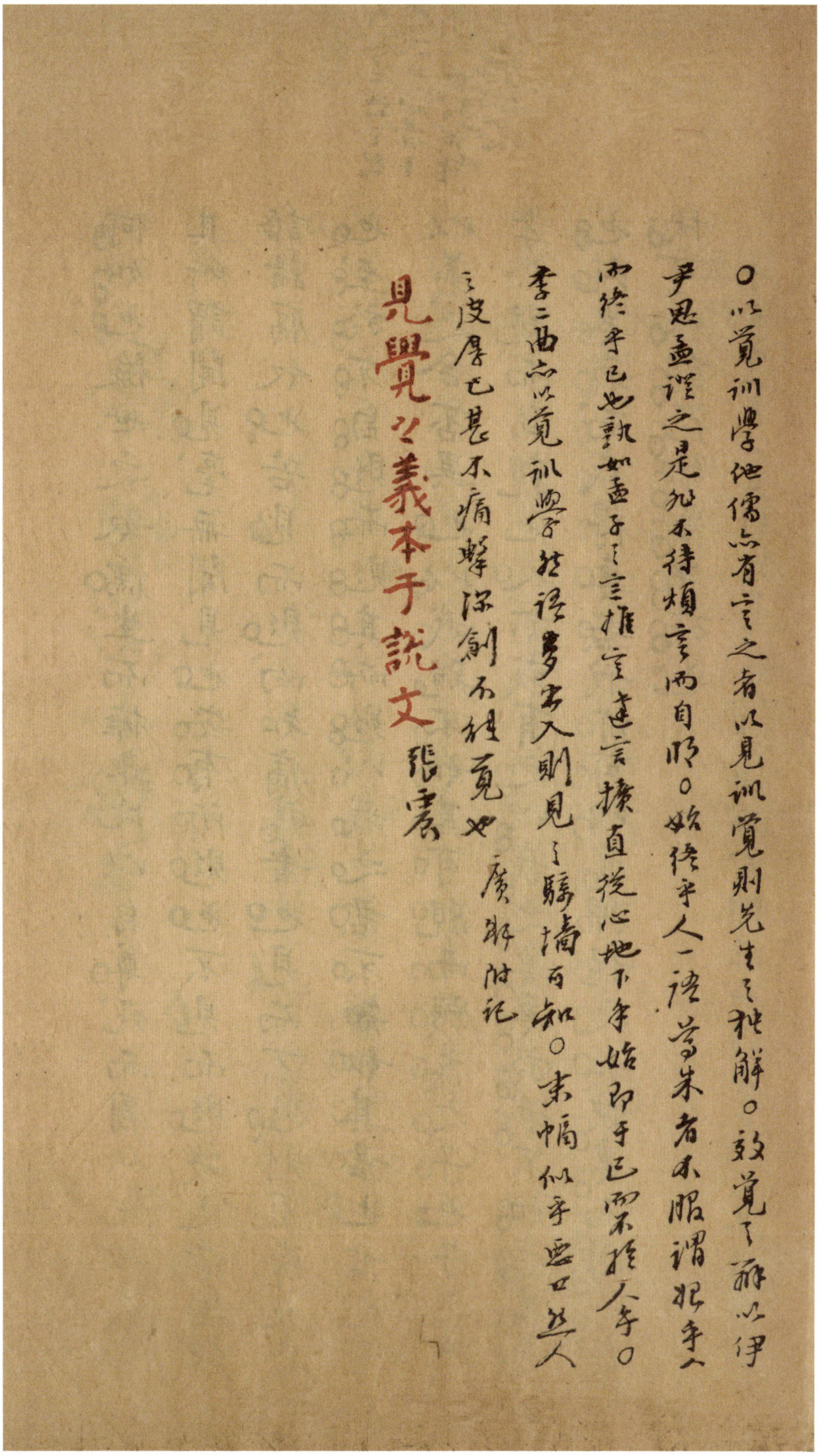
○以覺訓學他儒亦有言之者以見訓覺則先生之獨解○致覺了非以伊
尹思孟證之是亦不待煩言而自明○然後乎人一語當求者不暇謂非乎人
而後乎己也孰如孟子之言推實達言據直從心地下手始印乎己而不在人乎○
李二曲亦以覺訓學於語多出入則見之騎墻可知○末幅似乎照口出人
之皮膚已甚不痛癢深劇不在覺也 廣斯附記
見覺之義本于說文 張震

025 霜紅龕拾遺不分卷 (6)

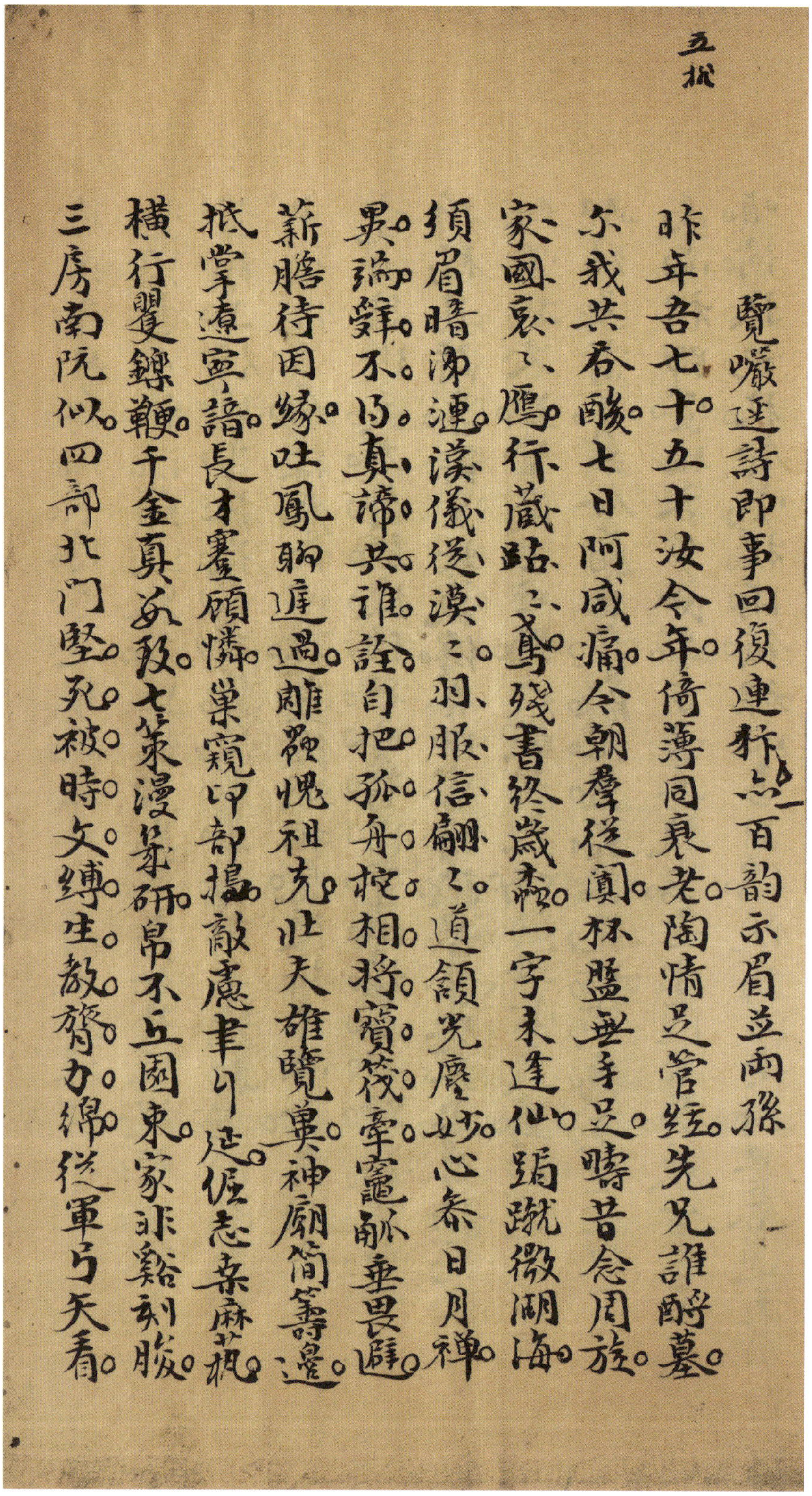
五枇

覽巖廷詩即事回復連軒点之百韻示眉並兩孫
昨年吾七十。五十汝今年。倚薄同衰老。陶情足管絃。先兄誰酹墓。
尔我共吞酸。七日阿咸痛。今朝摩從顛。林盤無手足。疇昔念周旋。
家國哀哀。雁行藏跕跕。鳶。殘書終歲森。一字未逢仙。蹈蹴微湖海。
須眉晴沸漣。漢儀從漢漢。羽服信翩翩。道領光塵妙。心參日月禪。
異端鮮不易。真諦共誰詮。自把孤舟柁。相將寶筏牽。竈龢垂畏避。
薪膽侍因緣。吐鳳騎庭過。離龍愧祖先。壯夫雄覽異。神廟簡籌邊。
抵掌遼寧語。長才蹇頑憐。巢窺印部攝。敵慮聿刂延。佢志棄麻桃。
橫行矍鑠鞭。千金真此致。七策漫箋研。帛不立國東。家非豁刻賤。
三房南阮似。四部北门堅。死被時文縛。生教脊力綿。從軍弓天看。

025　霜紅龕拾遺不分卷（7）

無家賦

某嘗讀漢將軍霍去病傳以未滅塞外匈奴爲家曰嗟哉
天乎斯何時也桑弧蓬矢我非男子也哉頎孱弱不振痛
哭流涕之不遑尚安能汲汲室家也者作無家賦
鼎湖之龍髯驍驕鬛髮而騂騁兮嬰䎘鼂而胡鰕鰊以蛟蛣
角榜桅觲觡而觘觶觿以胵贅兮鱗爋爛以瞳矌晷矙矓睹
驙騔騋而螟蟚蛑兮尾鈖鉥炊鯢以綽䰠遺霾隨而靄霧靐
靐兮倏引電而熮㷊以煜雷雲靅霴靉靆而來頷兮端翳冶
儗以蠖略蝘蹇蜷蜷而生璘瑞兮趀踏蚴蟉以踸踱黃帝乘
以御天兮柰安歸而誰適羌僬而操抦兮捨砧傳而不適二
嬈知余之介銘兮推紫貝斑駁之闕以余留潔瞟矑而可畜

025　霜紅龕拾遺不分卷（8）

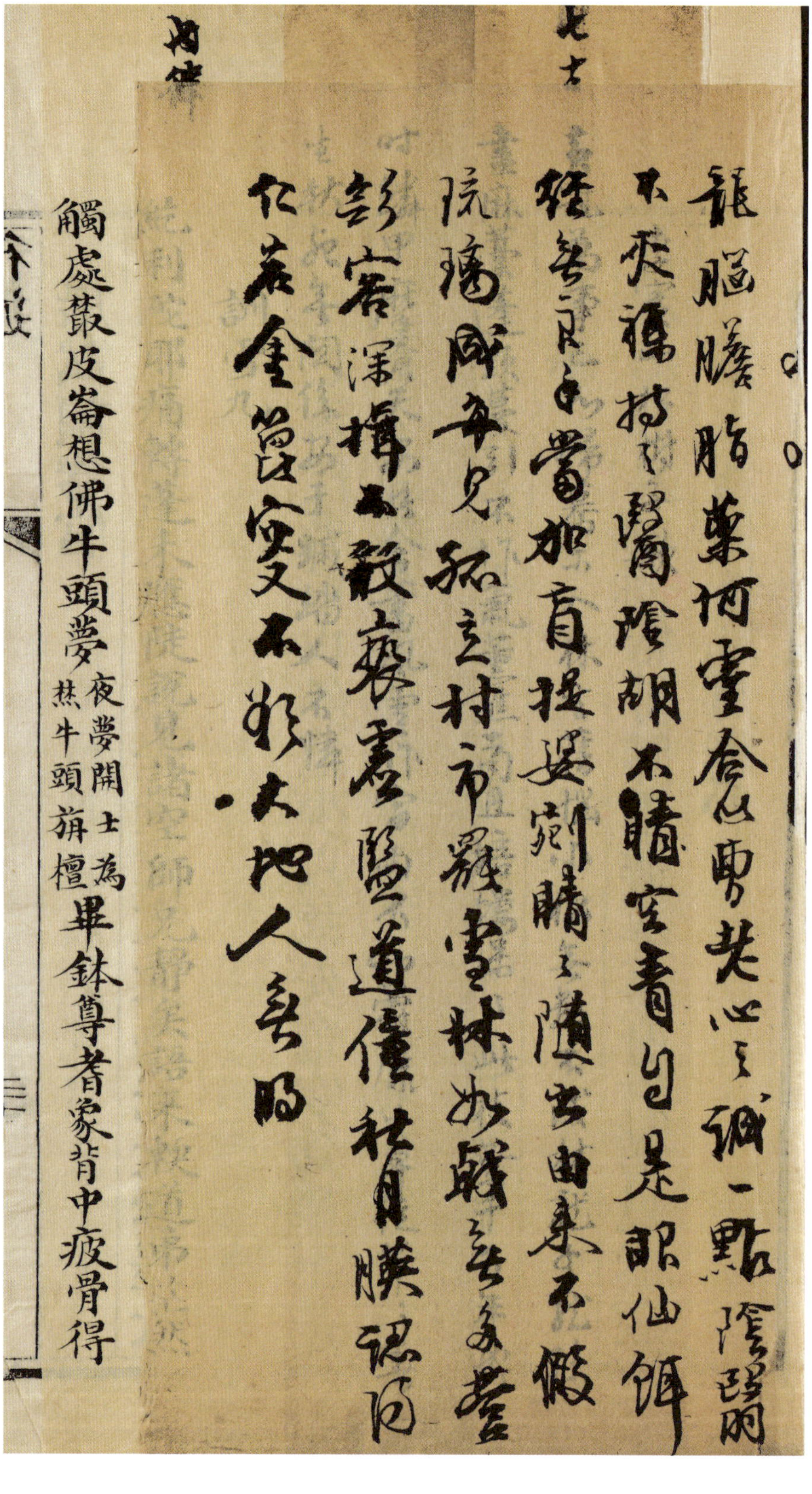

025　霜紅龕拾遺不分卷（9）

抄高士傳題辭

夫龕聶古高士玄軌既亂蕩矣艸昏屠維赤奮若閒辟檗嶺之麓舤舊遊箎皇甫編篤畢子仁逸書既與論諸高蹟人人殊才知學術無所用測要以黃老為宗披衣之流尚矣次則高才不際乾乾降志辱身焉虞不得已而居山風之上亦云儒之蹇哉然可以觀羞惡是非不汲汲富貴戚戚貧賤者所能潛夫之鳴富貴君子之室非所以為君子貧賤小人之室非所以為小人尚其友論其世羲農邈然自堯舜迄於今茲其間富富貴貴富貧貧富貴賤賤貴瓌奇有志之士觀之較然不以彼易此是代有芳澤云編中收錄

025　霜紅龕拾遺不分卷（10）

025 霜紅龕拾遺不分卷

清傅山撰，張廷鑑輯。清抄本。開本高二十六厘米，廣十七厘米。一函七冊，舘藏號：010308—010314。入選第一批《山西省珍貴古籍名録》，名録號：00085。

傅山（1607—1684），字青主，又有真山、石道人、朱衣道人等别號，山西太原人。明諸生。明亡後為道士，隱居鄉里。清康熙年間薦舉博學宏詞，堅辭不就而歸。著有《霜紅龕集》《兩漢姓名韻》《荀子評注》《傅氏女科》《紅羅鏡》等。張廷鑑，字靜山，清陽曲人。《霜紅龕集》最早有戴楓仲、張思孝兩種刻本，但因其搜集内容多有非議，遂毁其版。張廷鑑在其基礎上擴為六卷，謂之拾遺，惜原稿真草雜沓，稿本未及付梓即卒世。《霜紅龕拾遺》無刻本傳世，此抄本收入《中國古籍善本書目》。全書包括《霜紅龕手跡輯録》一冊、《霜紅龕拾遺》六冊。《霜紅龕手跡輯録》内容有霜紅龕拾遺序、手跡輯録例言、石道人傳、年譜、傅青主先生傳四（三原劉紹攽撰傅青主先生傳、無名氏撰傅徵君事實、平陽徐昆撰青主先生、大陵郭鋐撰徵君傅先生傳）、戴楓仲敘晉四人詩、朱之俊晉四人詩敘、國朝至實敘、跋贈懷悼詩、祭文三、清入鄉賢三立兩祠詳文。附録部分為壽毛先生傳、誌朱子之隴文、白先生孫牧牛詩。《霜紅龕拾遺》第一冊録古體詩、騷、賦；第二冊録傅山遺文；第三冊録經論、史論、子論、佛經論；第四冊録講學附字解、垂訓雜語；第五冊録雜藝論、書柬；第六冊録諸子注解、傳史鈔、家訓、杜遇餘論、書歷代名臣像後、題李龍眠畫觀音冊二相石刻。全書保存了許多珍貴可信的原始資料，體現出傅山的思想性格特徵及其文學藝術成就，内容可補《霜紅龕集》之缺，對研究傅山及清初山西文化風貌具有極其珍貴的史料價值。書内有清刘雪崖、张震、张廷鑑、徐润第、徐繼畬等批校，并鈐有「自成一家」（白文）方形閑章一枚。

圖書在版編目(CIP)數據

太原市圖書舘珍貴古籍名録圖録 / 郭欣萍主編. —太原：三晉出版社，2013.10

ISBN 978-7-5457-0831-8

Ⅰ. ①太… Ⅱ. ①郭… Ⅲ. ①古籍—圖書目録—太原市 Ⅳ. ①Z838

中國版本圖書舘 CIP 數據核字(2013)第 249044 號

太原市圖書舘珍貴古籍名録圖録

主　　編：郭欣萍
責任編輯：張仲偉
責任印製：李佳音

出 版 者：山西出版傳媒集團·三晉出版社（原山西古籍出版社）
地　　址：太原市建設南路 21 號
郵　　編：030012
電　　話：0351-4922268（發行中心）
0351-4956036（綜合辦）
0351-4922203（印製部）
E-mail：sj@sxpmg.com
網　　址：http://sjs.sxpmg.com

經 銷 者：新華書店
承 印 者：山西臣功印刷包裝有限公司

開　　本：889mm×1194mm　1/16
印　　張：12.5
版　　次：2013 年 10 月　第 1 版
印　　次：2013 年 10 月　第 1 次印刷
書　　號：ISBN　978-7-5457-0831-8
定　　價：368.00 圓

ISBN 978-7-5457-0831-8
9 787545 708318 >

依法依规　敢于担当
真抓实干　善有作为

山西能源监管工作

/// 山西能源监管办安全监管工作座谈会。

/// 山西能源监管办召开 2014 年供电监管培训暨工作会议。

/// 山西能源监管办张建平专员赴晋能光伏发电站调研。

/// 山西能源监管办农村工作队冒雨在包扶的老营镇老营村。

/// 山西能源监管办开展迎接建党 93 周年活动。

/// 山西能监办团委组织广大青年员工进行迎青奥跑步比赛活动。

/// 山西能监办开展社会捐助活动。